PENSIONS MILITAIRES

Volume mis à jour à la date du 15 juin 1925.

CHARLES-LAVAUZELLE & Cie

Éditeurs militaires

PARIS, Boulevard Saint-Germain, 124

LIMOGES, 62, Avenue Baudin | 53, Rue Stanislas, NANCY

N° 66[1].

PENSIONS MILITAIRES

Volume mis à jour à la date du 15 juin 1925.

CHARLES-LAVAUZELLE & Cie

Éditeurs militaires

PARIS, Boulevard Saint-Germain, 124

LIMOGES, 62, Avenue Baudin | 53, Rue Stanislas, NANCY

PENSIONS MILITAIRES

I^{RE} PARTIE.

Lois, ordonnances, décrets, etc., formant la réglementation du service des pensions militaires.

§ 1er. — Dispositions générales concernant l'armée de terre.

Extrait de la loi de finances du 25 mars 1817.

TITRE IV.

Dispositions relatives aux pensions.

Art. 22. Toutes les pensions à la charge de l'Etat seront inscrites sur le livre des pensions du trésor royal, à partir du 1er juillet 1817, et payées sur les fonds généraux, suivant le mode établi pour celles précédemment inscrites au Trésor, aux époques qui seront déterminées par des ordonnances.

Le montant de la dépense sera retranché des crédits ouverts aux ministères, et accroîtra d'autant le fonds de la dette publique.

Art. 23. En conséquence, les Ministres ne pourront faire payer dorénavant aucune pension sur les fonds de leurs départements respectifs, pour les arrérages postérieurs au 30 juin 1817.

Art. 24. L'inscription au Trésor aura lieu d'après les tableaux qui seront adressés, par le Ministre des différents départements, au Ministre des finances. Ces tableaux devront énoncer la date et la nature de l'acte constitutif de chaque pension, ainsi que les motifs sur lesquels elle a été accordée.

Art. 25. Le Ministre des finances ne pourra faire inscrire ni payer aucune pension dont la création ne serait pas justifiée comme il est prescrit ci-dessus, ou dont le montant dépasserait le maximum fixé par les lois.

Art. 26. .... (1)

Art. 27. .... (2)

Néanmoins les pensions de retraite pour services militaires pourront être cumulées avec un traitement civil d'activité.

Loi sur les pensions de l'armée de terre (3).

A. Paris, au Palais-Royal, le 11 avril 1831.

Louis-Philippe, Roi des Français, à tous présents et à venir, salut.

---

(1) Abrogé par l'article 40 de la loi du 16 avril 1895 (voir p. 73).

(2) Le premier alinéa de cet article a été modifié par l'art. 31 de la loi du 9 juin 1853 sur les pensions civiles (volume 66³) et par l'art. 11 de la loi du 5 août 1879 et l'art. 40 de la loi du 30 décembre 1913 (voir pages 115 et 73).

(3) Modifiée par les lois du 31 mars 1919 (vol. 664). et du 14 avril 1924.

Les Chambres ont adopté, Nous avons ordonné et ordonnons ce qui suit :

TITRE Ier.

Des pensions de retraite pour ancienneté de service.

___

SECTION Ire.

DES DROITS A LA PENSION (1).

Art. 1er (1). Le droit à la pension de retraite par ancienneté est acquis à trente ans accomplis de service effectif.

Art. 2. Les années de service, pour la pension militaire de retraite, se comptent de l'âge où la loi permet de contracter un engagement volontaire.

Art. 3. Le service des marins incorporés dans l'armée de terre leur est compté pour le temps antérieur à cette incorporation, d'après les lois qui régissent les pensions de l'armée de mer.

Art. 4. Est compté pour la pension militaire de retraite le temps passé dans un service civil qui donne droit à pension, pourvu toutefois que la durée des services militaires soit au moins de vingt ans.

Art. 5. Il est compté quatre années de service effectif, à titre d'études préliminaires, aux élèves de l'Ecole polytechnique, au moment où ils entrent comme officiers dans les armes spéciales.

Art. 6. Le temps passé hors de l'activité. avec jouissance d'une pension de retraite, ne peut entrer dans la supputation du service effectif.

Il en est de même du temps pendant lequel une pension militaire aura été cumulée avec la solde d'activité dans les corps détachés de la garde nationale, comme auxiliaires de l'armée. à moins que le pensionnaire n'ait acquis dans ces corps, et par les causes énoncées au titre II ci-après, des droits a une pension plus élevée, ou qu'il n'y ait fait campagne, auquel cas il jouira du bénéfice de l'article 7.

___

(1) Voir pages 15, 32 et suivantes, la loi du 14 avril 1924, le règlement du 2 septembre 1924 et l'instruction du Ministre des finances.

Art. 7 (1). Les militaires qui auront droit à pension seront admis à compter, en sus de leurs services effectifs, les bénéfices de campagne d'après les règles suivantes :

(Voir, page 19, l'article 36 de la loi du 14 avril 1924.)

Art. 8 (2). Dans la supputation des bénéfices attachés aux campagnes par l'article 7, chaque période dont la durée aura été moindre de douze mois sera comptée comme une année accomplie.

Néanmoins, il ne peut être compté plus d'une année de campagne dans une période de douze mois.

La fraction qui excédera chaque période dont la durée aura été de plus d'une année sera comptée comme une année entière.

SECTION II.

FIXATION DE LA PENSION D'ANCIENNETÉ.

Art. 9. Après trente (3) années de service effectif, les militaires ont droit au minimum de la pension d'ancienneté déterminée, pour leur grade, par le tarif annexé à la présente loi (4).

Chaque année de service au delà de trente ans et chaque année de campagnes supputées selon les articles 7 et 8 ajoutent à la pension un vingtième de la différence du minimum au maximum.

Le maximum est acquis à cinquante ans de service, campagnes comprises, aux officiers et assimilés.

Art. 10. La pension d'ancienneté se règle sur le grade dont le militaire est titulaire (5).

Si néanmoins *il demande* sa retraite avant d'avoir au moins deux ans d'activité dans ce grade, la pension se règle sur le grade immédiatement inférieur.

Art. 11. . . . . (6).

---

(1) Texte nouveau (loi du 16 avril 1920, voir page 83.

(2) Cet article 8 a été modifié par la loi du 15 mars 1904 (voir p. 257).

(3) Vingt-cinq ans pour les sous-officiers et soldats (voir page 17).

(4) Voir page 124 les tableaux-barèmes.

(5) Voir page 16 l'article 2 de la loi du 14 avril 1924 et l'article 30 de la notification du 12 octobre 1924, page 39.

(6) Abrogé par les lois des 22 juin 1878 et 21 mars 1905.

TITRE II.

Des pensions de retraite pour cause de blessures ou d'infirmités (1).

SECTION Ire.

DES DROITS A LA PENSION (1).

Art. 12. Les blessures donnent droit à la pension de retraite lorsqu'elles sont graves et incurables et qu'elles proviennent d'événements de guerre ou d'accidents éprouvés dans un service commandé.

Les infirmités donnent le même droit lorsqu'elles sont graves et incurables et qu'elles sont reconnues provenir des fatigues ou dangers du service militaire.

Les causes, la nature et les suites des blessures ou infirmités

---

(1) Voir page 24, l'article 47 de la loi du 14 avril 1924 et ci-après les articles 3 à 5 de la loi du 31 mars 1919, qui modifient les articles 12 à 14.

Art. 3. Ouvrent droit à pension :

1° Les blessures constatées avant le renvoi du militaire dans ses foyers, à moins qu'il ne soit établi qu'elles ne proviennent pas d'événements de guerre ou d'accidents éprouvés par le fait ou à l'occasion du service;

2° Les infirmités causées ou aggravées par les fatigues, dangers ou accidents éprouvés par le fait ou à l'occasion du service.

Il y a droit à pension définitive quand l'infirmité causée par la blessure ou la maladie est reconnue incurable.

Il y a droit à pension temporaire tant que l'infirmité n'est pas reconnue incurable.

Le point de départ de la pension est fixé au jour de la décision prise par la commission de réforme.

Art. 4. Les pensions définitives ou temporaires sont établies suivant le degré d'invalidité.

L'invalidité constatée doit être au minimum de 10 p. 100.

En cas de pluralité de lésions, dont l'une n'est pas incurable, le militaire ou marin est admis à pension temporaire pour l'ensemble de ses infirmités.

Art. 5. Toutes les maladies constatées chez un militaire ou marin, pendant la période où il a été incorporé ou pendant les six mois qui ont suivi son renvoi dans ses foyers, sont présumées, sauf preuve contraire, avoir été contractées ou s'être aggravées par suite des fatigues, dangers ou accidents du service.

Le délai de six mois prévu au précédent paragraphe ne courra, pour les militaires actuellement renvoyés dans leurs foyers, qu'à partir de la promulgation de la présente loi.

Ils profiteront de la présomption établie par le présent article, dès lors seront justifiées dans les formes et dans les délais qui seront déterminés par un règlement d'administration publique.

Art. 13. Les blessures ou infirmités provenant des causes énoncées dans l'article précédent ouvrent un droit immédiat à la pension si elles ont occasionné la cécité, l'amputation ou la perte absolue de l'usage d'un ou de plusieurs membres (1).

Art. 14. Dans les cas moins graves, elles ne donnent lieu à la pension que sous les conditions suivantes :

1° Pour l'officier, si elles le mettent hors d'état de rester en activité et lui ôtent la possibilité d'y rentrer ultérieurement ;

2° Pour le sous-officier, caporal, brigadier et soldat, si elles le mettent hors d'état de servir et de pourvoir à sa subsistance (1).

SECTION II.

FIXATION DE LA PENSION.

Art. 15. Pour la cécité, l'amputation ou la perte absolue de l'usage de deux membres, la pension est fixée conformément au tarif annexé à la présente loi (2).

Art. 16. Les blessures ou infirmités qui occasionnent la perte absolue de l'usage d'un membre, ou qui y sont reconnues équivalentes, donnent droit au minimum de la pension d'ancienneté, quelle que soit la durée des services.

Chaque année de service, y compris les campagnes, supputées selon les articles 7 et 8, ajoute à cette pension un vingtième de la différence du minimum au maximum d'ancienneté.

Le maximum est acquis à vingt ans de service, campagnes comprises.

Art. 17. Pour les blessures ou infirmités qui mettent le militaire dans une des positions prévues par l'article 14, les pensions

---

qu'avant l'expiration du délai de six mois prévu au paragraphe 1er, ils auront adressé au directeur du service de santé de leur région, par lettre recommandée, une demande invitant ce service à constater leur maladie ou leur infirmité.

(1) Voir page 7 l'article 3 de la loi du 31 mars 1919 (B. O., p. 1077).

(2) Voir les tarifs annexés à la loi du 31 mars 1919 (vol. 66e).

Les tarifs en vigueur, pour les droits antérieurs au 2 août 1914, sont ceux des lois du 22 juin 1878, 13 juillet 1911 (pour les officiers), du 9 août 1914 (pour la troupe).

sont fixées pareillement au minimum d'ancienneté; mais elles ne sont augmentées, dans la proportion déterminée par l'article précédent, que pour chaque année de service au delà de trente ans, campagnes comprises.

Le maximum est acquis à cinquante ans de service, y compris les campagnes.

Art. 18 (1). La pension pour cause de blessures ou infirmités se règle sur le grade dont le militaire est titulaire.

TITRE III.

Des pensions des veuves et orphelins.

SECTION Ire.

DES DROITS A LA PENSION

Art. 19. Ont droit à une pension viagère (2) :

1° Les veuves de militaires tués sur le champ de bataille ou dans un service commandé ;

---

(1) Le second paragraphe a été abrogé par les lois des 22 juin 1878 et 21 mars 1905.

(2) Voir les lois des 10 avril 1869 (page 114), 15 avril 1885 (page 64), 13 avril 1898 (page 74, article 44), 25 février 1901 (page 118, article 48) et page 25. les articles 48 et suivants de la loi du 14 avril 1924, et les articles 14 à 18 de la loi du 31 mars 1919 ci-après.

Article 14. Ont droit à la pension :

1° Les veuves des militaires et marins dont la mort a été causée par des blessures ou suites de blessures reçues au cours d'événements de guerre ou par des accidents ou suite d'accidents éprouvés par le fait ou à l'occasion du service;

2° Les veuves des militaires et marins dont la mort a été causée par des maladies contractées ou aggravées par suite de fatigues, dangers ou accidents survenus par le fait ou à l'occasion du service;

3° Les veuves des militaires et marins morts en jouissance d'une pension définitive ou temporaire correspondant à une invalidité égale ou supérieure à 60 p. 100, ou en possession de droits à cette pension.

Dans les trois cas, il n'y a droit à pension que si le mariage est antérieur, soit à la blessure, soit à l'origine ou à l'aggravation de la maladie.

Exception, toutefois, est faite à cette règle en faveur des femmes qui ont épousé un mutilé de la présente guerre atteint d'une invalidité égale ou supérieure à 80 p. 100. Elles auront droit à une pension de réversion si leur mariage a été contracté dans les deux ans de la réforme de leur époux, ou de la cessation des hostilités, et si ce mariage a duré une année ou a été rompu par la mort accidentelle de l'époux.

Le défaut d'autorisation militaire en ce qui concerne le mariage con-

2° Les veuves des militaires qui ont péri à l'armée ou hors d'Europe et dont la mort a été causée soit par des événements de guerre, soit par des maladies contagieuses ou endémiques, aux influences desquelles ils ont été soumis par les obligations de leur service;

3° Les veuves de militaires morts des suites de blessures reçues soit sur le champ de bataille, soit dans un service commandé, pourvu que le mariage soit antérieur à ces blessures.

La cause, la nature et les suites des blessures seront justifiées dans les formes et dans les délais prescrits par un règlement d'administration publique;

4° Les veuves de militaires morts en jouissance de la pension

---

tracté par les militaires ou marins en activité de service n'entraîne pas, pour leurs ayants cause, perte du droit à pension.

Art. 15. Les demandes de pension de taux normal ou de taux exceptionnel formulées par les veuves ou orphelins des anciens militaires ou marins décédés dans leurs foyers, doivent être accompagnées d'un rapport médico-légal établi par le médecin qui a soigné l'ancien militaire ou marin pendant la dernière maladie, ou, à défaut de soins pendant la dernière maladie, par le médecin qui a constaté le décès.

Ce rapport fera ressortir d'une façon précise la relation de cause à effet entre le décès et la blessure reçue ou la maladie contractée en service. (Loi du 28 juillet 1921, B. O., p. 2721.)

Toutes les blessures constatées et toutes les maladies contractées ou aggravées pendant la période où le militaire ou marin a été mobilisé sont réputées, sauf preuve contraire, provenir des fatigues, dangers ou accidents du service, si le militaire est mort dans le délai d'un an à partir du renvoi définitif dans ses foyers.

La même présomption s'applique aux militaires et marins décédés plus d'un an après leur renvoi dans leurs foyers, si leur décès se produit avant la promulgation de la présente loi ou dans les trois mois qui suivront cette promulgation.

Art. 16. En cas de décès de la mère ou, lorsqu'elle est inhabile à recueillir la pension, les droits qui lui appartiennent ou qui lui auraient appartenu passent aux enfants mineurs du défunt, selon les règles établies par les lois en vigueur en matière de pensions.

Art. 17. Si la veuve vient à décéder, laissant des enfants d'un précédent mariage, dont le militaire défunt avait été le soutien, ces enfants jouiront des mêmes avantages que les orphelins.

Art. 18. Si la veuve contracte un second mariage, elle peut, à l'expiration de l'année qui le suit et dans les conditions fixées par un règlement d'administration publique, renoncer à sa pension. Dans ce cas, elle a droit au versement immédiat d'un capital représentant trois annuités de cette pension, et la pension est, en outre, si le défunt a laissé des enfants mineurs, transférée sur leur tête jusqu'à la majorité du dernier d'entre eux.

En outre, si la veuve qui se remarie et qui conserve sa pension a des enfants mineurs nés de son mariage avec le décédé, la jouissance de la moitié de la pension est déléguée à ces enfants jusqu'à la majorité du dernier d'entre eux. La jouissance des majorations leur appartient.

de retraite, ou en possession de droits à cette pension, pourvu que le mariage ait été contracté deux ans avant la cessation de l'activité ou du traitement militaire du mari, ou qu'il y ait un ou plusieurs enfants issus du mariage antérieur à cette cessation (1).

Dans les cas prévus par le présent article, le mariage contracté par les militaires en activité de service postérieurement à la promulgation du décret du 16 juin 1808. n'ouvrira de droits à la pension aux veuves et enfants qu'autant qu'il aura été autorisé dans les formes prescrites par ledit décret;

Art. 20 (2). En cas de séparation de corps la veuve d'un militaire ne peut prétendre à aucune pension ; les enfants, s'il y en a, sont considérés comme orphelins.

Art. 21 (2). Après le décès de la mère, ou lorsque, par l'effet de dispositions de l'article précédent, elle se trouve déchue de ses droits à la pension, l'enfant ou les enfants mineurs des militaires morts dans les cas prévus par l'article 19 ont droit, quel que soit leur nombre, à un secours annuel égal à la pension que la mère aurait été susceptible d'obtenir.

Ce secours est payé jusqu'à ce que le plus jeune d'entre eux ait atteint l'âge de 21 ans accomplis; mais, dans ce cas, la part des majeurs est réversible sur les mineurs.

Droits des ascendants.

Voir en renvoi (3) les articles 28 et suivants de la loi du 31 mars 1919.

---

(1) La pension des officiers en réserve spéciale n'est réversible sur les veuves et les orphelins que si le titulaire a accompli vingt-cinq ans de services dans l'armée active, ou s'il atteint ce chiffre en totalisant les années de services dans l'armée active et celles pendant lesquelles il a été mobilisé. La condition du mariage requise par la loi du 11 avril 1831 doit, en outre, être remplie (art. 2 de la loi du 13 août 1919, B. O., p. 508).

(2) Modifié par la loi du 25 juin 1861 et les articles 15 à 18 de la loi du 31 mars 1919, page 10.

(3) Art. 28. Si le décès ou la disparition du militaire ou marin est survenu dans des conditions de nature à ouvrir le droit à pension de veuve, ses ascendants auront droit à une allocation, s'ils justifient :

1° Qu'ils sont de nationalité française, à moins qu'il ne s'agisse d'une mère résidant en France, ayant perdu, antérieurement à la mort de son fils, sa qualité de Française, par suite de son mariage avec un sujet d'une nation neutre ou alliée, père de son fils décédé;

2° Qu'ils sont, ou infirmes, ou atteints d'une maladie incurable, ou âgés de plus de 60 ans, s'il s'agit d'ascendants du sexe masculin et de plus de 55 ans, s'il s'agit d'ascendants du sexe féminin.

La mère veuve, divorcée ou non mariée, sera considérée comme rem-

SECTION II.

FIXATION DES PENSIONS DES VEUVES.

Art. 22. . . . .

Néanmoins, la pension des veuves des maréchaux de France et amiraux est fixée à dix-huit mille francs (18.000 fr.) (art. 48 de la loi du 14 avril 1924).

. . . .

plissant la condition d'âge, même si elle a moins de 55 ans, si elle a à sa charge un ou plusieurs enfants infirmes ou âgés de moins de 16 ans;

3° Qu'ils ne sont pas inscrits au rôle de l'impôt général sur le revenu, tel qu'il est fixé par la loi actuellement en vigueur;

4° Qu'il n'y a pas, à l'époque de la demande, d'ascendants d'un degré plus rapproché du défunt.

Art. 29. Le recours prévu par l'article 5 de la loi du 14 juillet 1905 pourra être exercé par l'Etat contre toutes personnes tenues, à l'égard de l'ascendant, de la dette alimentaire, à la condition qu'elles soient elles-mêmes inscrites au rôle de l'impôt sur le revenu.

Art. 30. La jouissance de l'allocation aura pour point de départ le jour de la promulgation de la loi. pour les ascendants qui rempliront à ce moment les conditions prescrites par l'article 28, et le jour de la demande pour ceux qui ne rempliront ces conditions que postérieurement.

L'allocation est fixée pour le père à 400 francs; pour la mère, veuve, divorcée ou non mariée, à 800 francs; pour la mère non remariée ou qui a contracté mariage depuis le décès du militaire ou marin, à 400 francs; pour le père et la mère conjointement, à 800 francs.

Art. 31. Si le père ou la mère ont perdu plusieurs enfants des suites de blessures reçues ou de maladies contractées ou aggravées sous les drapeaux, l'allocation sera augmentée de 100 francs pour chaque enfant décédé, à partir du second inclusivement.

Art. 32. A défaut du père et de la mère, l'allocation sera accordée aux grands-parents, dans les conditions prévues à l'article 28. Elle sera, dans chaque ligne, de 300 francs pour le grand-père ou la grand'mère remariée, de 600 francs pour le grand-père et la grand'mère conjointement et de 600 francs pour la grand'mère veuve.

Chaque grand-parent ou chaque couple de grands-parents ne pourra recevoir qu'une seule allocation.

L'allocation sera augmentée de 100 francs pour chaque petit enfant décédé, jusqu'à concurrence de trois, à partir du second inclusivement.

Art. 33. Les droits des ascendants du premier degré sont ouverts à toute personne qui justifie avoir recueilli, élevé et entretenu l'enfant orphelin ou abandonné et avoir remplacé ses parents auprès de lui jusqu'à sa majorité ou son appel sous les drapeaux.

Art. 34. L'allocation est accordée pour deux ans. Elle est renouvelée d'office, à moins que le militaire ou marin n'ait reparu ou que le tribunal

Le premier et le dernier alinéa ont été abrogés par les lois du 26 avril 1856 et 18 août 1879 (voir page 60).

TITRE IV.

Dispositions générales.

Art. 23. Dans les cas, non prévus par la présente loi, où il y aura lieu de récompenser des services militaires éminents ou extraordinaires, les pensions ne pourront être accordées que par une loi spéciale.

Art. 24. Les pensions militaires sont personnelles et viagères ; elles sont inscrites, comme dette de l'Etat, au livre des pensions du Trésor public.

Art. 25. Tout pourvoi contre la liquidation d'une pension militaire doit être formé, à peine de déchéance, dans le délai de trois (1) mois à partir du jour du premier paiement des arrérages, pourvu que, avant ce premier paiement, les bases de la liquidation aient été notifiées.

Art. 26. Le droit à l'obtention ou à la jouissance des pensions militaires est suspendu :

---

compétent, saisi par le Ministre de la guerre, de la marine ou des colonies, ne décide que l'ascendant ne remplit plus les conditions fixées par l'article 28.

Les allocations d'ascendants sont incessibles et insaisissables dans les mêmes termes que les pensions.

Loi concernant les allocations prévues aux articles 28 à 34, et décret de la loi du 31 mars 1919 :

Art. unique. Les ascendants de nationalité étrangère, lorsqu'un ou plusieurs de leurs fils, incorporés dans l'armée française, sont décédés ou disparus dans des conditions de nature à ouvrir le droit à pension de veuve, sont admis, s'ils résident en France, au bénéfice des allocations prévues aux articles 28 à 34 de la loi du 31 mars 1919, à condition :

1° Qu'ils aient établi leur résidence sur le territoire français antérieurement au 2 août 1914;

2° Qu'ils ne soient pas actuellement ressortissants de l'une des nations en guerre avec la France de 1914 à 1919;

3° Qu'ils ne soient pas bénéficiaires d'une allocation d'ascendant servie par un gouvernement étranger.

(1) Délai réduit à trois mois par l'article 66 de la loi du 14 avril 1924. Voir, volume 664, les articles 35 et suivants de la loi du 31 mars 1919.

Par la condamnation à une peine afflictive ou infamante pen·
dant la durée de la peine ;

Par les circonstances qui font perdre la qualité de Français
durant la privation de cette qualité ;

. . . . (1).

Art. 27. Les pensions militaires dans la fixation desquelles il
sera fait application de l'article 4 de la présente loi ne pourront,
en aucun cas, être cumulées avec un traitement civil d'activité.

Art. 28. Les pensions militaires et leurs arrérages sont inces·
sibles et insaisissables, excepté dans le cas de débet envers l'E-
tat ou dans les circonstances prévues par les articles 203 et
205 du Code civil (2).

Dans ces deux cas, les pensions militaires sont passibles de
retenues qui ne peuvent excéder le cinquième de leur montant
pour cause de débet, et le tiers pour aliments.

TITRE V.

Dispositions transitoires.

Art. 29. Le service militaire antérieur à la promulgation de la
présente loi ne pourra être compté au-dessous de l'âge de 14
ans, pour les tambours et trompettes, et de l'âge de 16 ans, tant
pour les autres militaires que pour les élèves des écoles spéciales, sauf le cas prévu par l'article 5.

Art. 30, 31 et 32. . . . . (3)

. . . .

Art. 33. . . . . (4)

Art. 34, 35 et 36. . . . . (3)

. . . .

Art. 37. Sauf les cas prévus par les articles 29, 30, 31, 32, 33,
34 et 35, tous règlements, décrets, ordonnances et lois, antérieurement rendus ou promulgués, tant sur les droits et titres
auxquels sont et peuvent être accordées les pensions militaires
que sur la fixation de ces pensions, sont et demeurent abrogés.

La présente loi, discutée, délibérée et adoptée par la Chambre

---

(1) Paragraphe abrogé (loi du 13 juillet 1923, *B. O.*, p. 2022).
(2) Voir page 27, l'article 54 de la loi du 14 avril 1924.
(3) Devenus sans objet.
(4) L'article 11 est abrogé (loi du 22 juin 1878, voir p. 143).

des Pairs et par celle des Députés, et sanctionnée par nous ce jourd'hui, sera exécutée comme loi de l'État.

Donnons en mandement à nos cours et tribunaux, préfets, Corps administratifs et tous autres, que les présentes ils gardent et maintiennent, fassent garder, observer et maintenir, et pour les rendre plus notoires à tous, ils les fassent publier et enregistrer partout où besoin sera ; et, afin que ce soit chose ferme et stable à toujours, nous y avons fait mettre notre sceau.

Fait à Paris, au Palais-Royal, le 11 avril 1831.

Loi du 31 mars 1919 modifiant la législation des pensions des armées de terre et de mer en ce qui concerne les décès survenus, les blessures reçues et les maladies contractées ou aggravées en service.

Cette loi et les tarifs font l'objet du volume 66¹.

Ordonnance du 24 février 1832 relative aux titulaires de pensions militaires résidant en pays étranger et dans les pays de protectorat.

(Sans objet, loi du 13 juillet 1923, *Bulletin officiel,* page 2022.)

Extrait de la loi du 14 avril 1924 portant réforme du régime des pensions civiles et des pensions militaires (Bulletin officiel, page 1276).

DISPOSITIONS GÉNÉRALES.

Article 1ᵉʳ. Les dispositions de la présente loi s'appliquent aux fonctionnaires civils et aux employés appartenant au cadre permanent de l'administration ou des établissements de l'Etat, aux militaires et marins de tous grades des armées de terre et de mer, au personnel civil admis au bénéfice de la législation des pensions militaires, ainsi qu'à leurs veuves et leurs orphelins.

Article 2. La pension civile ou militaire est basée sur la moyenne des traitements, soldes et émoluments de toute nature, soumis à retenue dont l'ayant droit a joui pendant les trois dernières années d'activité.

Le minimum de la pension allouée à titre d'ancienneté de services est, en principe, fixé à la moitié du traitement moyen ou de la solde moyenne. Toutefois, il est élevé aux 3/5es, sans pouvoir excéder 4.000 francs, lorsque le traitement moyen ou la solde moyenne ne dépassent pas 8.000 francs.

Le minimum de la pension est accru, au delà de la durée des services exigée pour obtenir droit à pension, à raison :

De 1/60° des émoluments moyens pour chaque année de services civils rendus dans la partie sédentaire;

De 1/50e des émoluments moyens pour chaque année de services rendus dans la partie active ou dans les armées de terre et de mer.

La pension, telle qu'elle est déterminée par l'application des dispositions ci-dessus, est majorée de 10 p. 100 pour tous titulaires ayant élevé trois enfants jusqu'à l'âge de 16 ans. Si le nombre des enfants élevés jusqu'à l'âge de 16 ans est supérieur à trois, des majorations supplémentaires de 5 p. 100 sont ajoutées pour chaque enfant au delà du troisième. Cette majoration ne se cumule pas avec l'indemnité pour charges de famille.

Lorsque, à la cessation de l'activité, le bénéficiaire d'une pension d'ancienneté ou d'invalidité de la présente loi aura des enfants âgés de moins de 16 ans, sa pension sera majorée des indemnités pour charges de famille dont il bénéficiait pendant l'activité.

Sous réserve des dispositions des articles 34 et 80, le montant des pensions civiles et militaires ne peut dépasser les trois quarts du traitement moyen ou de la solde moyenne, ni excéder 18.000 francs.

Article 3. Les bénéficiaires de la présente loi supportent une retenue de 6 p. 100 sur les sommes payées à titre de traitement fixe ou éventuel, de soldes et accessoires de solde, de préciput, de suppléments de traitement ou de solde, de remises proportionnelles, de commissions ou constituant un émolument personnel faisant corps avec le traitement ou la solde.

A cette retenue s'ajoutent, le cas échéant, celles qui sont prélevées pour cause de congé, d'absence ou par mesure disciplinaire.

. . . .

Article 5. Jusqu'à revision générale des traitements, soldes et indemnités de toutes natures, prévues par l'article 39 de la loi du 30 avril 1921, les retenues sur la solde des militaires et marins demeurent fixées par la législation en vigueur.

Jusqu'à cette même date, leur pension sera calculée en tenant compte de la solde métropolitaine de présence à terre proprement dite, augmentée des indemnités temporaires de so'de et de l'indemnité pour charges militaires au taux le plus réduit dans chaque grade.

Pour le calcul de la pension, la solde de base des officiers mariniers du corps des équipages de la flotte sera augmentée d'une allocation forfaitaire de vivres fixée à 1 fr. 50 par jour.

TITRE II.

MILITAIRES DES ARMÉES DE TERRE ET DE MER.

CHAPITRE PREMIER.

Pensions d'ancienneté et proportionnelle.

Article 30. Le droit à la pension d'ancienneté de services est acquis, pour les officiers des armées de terre et de mer, à trente ans accomplis de services militaires effectifs et, pour les personnels militaires non officiers, à vingt-cinq ans accomplis de services militaires effectifs.

Toutefois, ce droit est acquis à vingt-cinq ans de services militaires effectifs pour les officiers de toutes armes, de tous corps ou services, des armées de terre ou de mer lorsqu'ils comptent six ans de services accomplis hors d'Europe ou en navigation au service de l'Etat. Les services en navigation devront être accomplis dans les conditions fixées par un règlement d'administration publique.

Le temps passé par un officier des troupes coloniales entre le 2 août 1914 et le 11 novembre 1918 sur l'un quelconque des théâtres d'opérations autre que les colonies ou pays de protectorat français lui sera compté pour la moitié de sa durée effective comme temps de séjour aux colonies.

Sont assimilées au service en navigation les fonctions remplies par les officiers des armées de terre et de mer appartenant aux personnels volants ou navigants de l'aéronautique, sous la réserve qu'ils aient justifié durant quatre ans de services aériens exécutés dans les conditions fixées par l'article 37 ci-après.

Ont également droit à la pension d'ancienneté après vingt-cinq ans accomplis de services effectifs, les officiers qui, bien que ne réunissant pas six ans de services de la nature définie au paragraphe 2 ci-dessus, ont été placés en non-activité pour infirmités temporaires et reconnus, par un conseil d'enquête, non susceptibles d'être rappelés à l'activité.

Les officiers qui, aux termes de l'article 116 de la loi du 30 juin 1923, peuvent être mis à la retraite avec le grade supérieur et la jouissance de la pension de ce grade, continueront à bénéficier des avantages de cette loi, sans qu'il soit tenu compte du traitement de leurs trois dernières années d'activité.

Cette disposition s'appliquera aux officiers de cette catégorie mis à la retraite après le 1er janvier 1923.

Article 31. Pour la détermination du droit à la pension militaire de retraite à titre d'ancienneté de service, le point de départ des années de services effectifs se compte d'après les règles fixées par les lois de recrutement sans que, toutefois, l'effet de cette disposition puisse faire remonter le point de départ des services avant l'âge de 16 ans.

En ce qui concerne les élèves admis dans les grandes écoles militaires et navales et dans les écoles militaires préparatoires de l'Etat et à l'école coloniale, antérieurement à tout engagement militaire, les services effectifs se comptent du jour de l'entrée à l'école, sous réserve de la disposition restrictive visée à l'alinéa précédent.

Article 32. Les services civils entrent en compte pour l'établissement du droit à pension militaire.

Article 33. En temps de guerre, les retraités militaires rappelés à l'activité reçoivent la solde d'activité et les accessoires de solde de leur grade. S'ils perçoivent une solde mensuelle, le payement de leur pension de retraite est suspendu jusqu'au moment où ils sont rendus à la vie civile.

Les prescriptions interdisant le cumul d'une solde et d'une pension militaire sont, d'autre part, suspendues, pendant toute la durée de la mobilisation, pour les retraités militaires rappelés à l'activité et touchant une solde journalière.

La pension est revisée sur la solde du grade le plus élevé en tenant compte des nouveaux services.

Article 34. Chaque année de services effectifs au delà du minimum de temps de service exigé pour le droit à pension et chaque année de campagne donnent droit à une majoration d'un cinquantième de la solde moyenne.

Toutefois, la pension ne pourra dépasser les trois quarts de la solde moyenne que pour les militaires et marins non officiers qui pourront obtenir quinze annuités supplémentaires au delà du minimum sans dépasser ce nombre

Le minimum de la pension des caporaux et soldats ou des militaires des armées de terre et de mer de grade correspondant ne peut être inférieur à 2.120 francs pour les caporaux et à 1.920 francs pour les soldats. Les maxima sont, dans ce cas, de 2.550 francs pour les caporaux et 2.220 francs pour les soldats, chaque annuité correspondant à un quinzième de la différence entre le maximum et le minimum.

Article 35. Les officiers généraux placés dans la 2ᵉ section de l'état-major général reçoivent une solde égale au taux de la pension à laquelle ils auraient droit s'ils étaient retraités.

Article 36. Aux militaires de tous grades de l'armée de terre ainsi qu'aux personnels militaires des différents corps de la marine qui réunissent les conditions voulues pour l'admission à pension de retraite, il est attribué en sus de la durée effective de leurs services à l'Etat des bénéfices de campagne décomptés selon les règles ci-après :

A. — Double en sus de la durée effective pour le service accompli en opérations de guerre :

1° Soit dans les opérations des armées françaises et des armées alliées;

2° Soit à bord des bâtiments de guerre de l'Etat, des bâtiments de commerce au compte de l'Etat ou des mêmes bâtiments des puissances alliées.

Dans les cas envisagés ci-dessus, le bénéfice de la double

campagne ne prendra fin pour tout blessé de guerre qu'à l'ex piration d'une année complète à partir du jour où il a reçu sa blessure.

B. — Totalité en sus de la durée effective :

1° Pour le service accompli sur le pied de guerre pour tous les militaires et marins autres que ceux placés dans les positions définies au paragraphe A ci-dessus;

2° Pour le service accompli en voyage de découverte ou d'exploration sur l'ordre du gouvernement;

3° Pour le temps passé en captivité pour les militaires et marins prisonniers de guerre;

4° Pour le service accompli en Corse et dans l'Afrique du Nord par la gendarmerie.

C. — Totalité en sus ou moitié en sus de la durée effective, selon le degré d'insalubrité ou les conditions d'insécurité du territoire envisagé, lesquels seront déterminés par un règlement d'administration publique; le service accompli, soit à terre, soit à bord des bâtiments de l'Etat ou des bâtiments de commerce au compte de l'Etat :

1° En Algérie, dans les colonies, pays de protectorat ou territoires à mandat, pour les militaires et marins envoyés de la métropole, d'Algérie ou d'une autre colonie ou pays de protectorat;

Sont considérés à cet égard comme envoyés d'Europe les militaires et marins français originaires d'Europe ou nés dans une colonie, pays de protectorat ou territoire à mandat, de père et mère tous deux Européens, de passage dans ces régions et n'y étant pas définitivement fixés.

2° Dans un pays étranger, pour les troupes d'occupation de terre et de mer et pour les catégories de personnel désignées par décret contresigné par le ou les Ministres intéressés et par le Ministre des finances.

D. — Moitié en sus de la durée effective :

1° Pour le service accompli sur le pied de paix à bord des bâtiments de l'Etat armés et dans les conditions fixées par un décret;

2° Pour le temps passé à bord des mêmes bâtiments ou de bâtiments de commerce, en temps de paix, entre la métropole et un territoire colonial ou à mandat, de protectorat ou étranger, en cas d'embarquement pour rejoindre ou quitter son poste.

E. — Moitié de la durée effective, et à titre de bonification seulement, la navigation accomplie, en temps de guerre seulement, à bord des bâtiments ordinaires du commerce. Les bonifications ainsi acquises ne pourront jamais entrer pour plus d'un tiers dans l'évaluation totale des services admis en liquidation.

Article 37. En dehors des opérations de guerre, l'exécution d'un service aérien commandé donne droit à des bonifications dans la limite maximum du double en sus de la durée effective des services à l'Etat.

Des décrets rendus sur la proposition des Ministres de la guerre ou de la marine ou des Ministres disposant de personnel exécutant des services aériens, contresignés par le Ministre des finances, détermineront les conditions dans lesquelles le service aérien doit être exécuté pour donner droit à des bonifications et en fixeront la quotité.

Dans aucun cas celles-ci ne pourront, par période de douze mois consécutifs, dépasser deux ans, ni se cumuler au delà de ce chiffre avec des bonifications obtenues pour d'autres causes.

Article 38. Lorsque les services effectifs sont de nature à donner à la fois des droits à plusieurs des bonifications prévues à l'article 36 ci-dessus, les bonifications ainsi allouées s'additionnent sans toutefois que la période supplémentaire fictive, accordée comme bonification, puisse jamais dépasser le double de la durée effective du service auquel elle se rapporte.

Article 39. Les bénéfices de campagne sont calculés sur la durée des services qu'ils rémunèrent. Toutefois, lorsqu'un nombre impair de jours de services effectifs donne lieu à bonification de moitié en sus, cette bonification est complétée à un nombre entier de jours.

Lorsque le décompte final des services effectifs et des bonifications pour campagne fait ressortir dans le total une fraction de mois, celle-ci, dans le calcul du taux de la pension à allouer, est décomptée pour un douzième entier d'annuité.

Article 40. Le mode de décompte des bénéfices de campagne

établi par la présente loi sera appliqué à tous les services accomplis à dater de la promulgation de la présente loi; pour les service antérieurs, les règles en vigueur antérieurement à l'application de la présente loi demeureront applicables.

Article 41. Les pensions des militaires non officiers de la gendarmerie sont augmentées, pour chaque année d'activité passée dans la gendarmerie au delà de quinze ans de services militaires effectifs :

De 55 fr. pour le chef de brigade H. C. ou de..... 1re classe.
De 50 — — ..... 2° —
De 45 — — ..... 3° —
De 40 — — ..... 4° —
De 35 francs pour le gendarme.

Le droit à ces annuités, basé sur le grade dont le militaire est titulaire à l'époque de sa mise à la retraite, est acquis après vingt-cinq ans de services effectifs. Le maximum de l'augmentation est atteint à trente ans de services effectifs.

Le militaire qui, après être sorti de la gendarmerie pour une cause quelconque, y est réadmis, ne profite de la majoration dont il s'agit que pour le temps accompli dans cette arme depuis sa réadmission.

En cas d'admission à la retraite à titre de blessures ou d'infirmités contractées au service, le bénéfice des annuités déterminé ci-dessus est acquis au militaire, mais seulement pour le nombre d'années de présence dans la gendarmerie.

Les dispositions du présent article sont applicables aux militaires de la gendarmerie maritime qui ont été versés d'office dans ce corps par suite de la suppression du personnel de surveillance des prisons maritimes. Les services accomplis par ces militaires, en qualité de surveillants des prisons maritimes, seront réputés accomplis dans la gendarmerie pour le calcul de la majoration spéciale.

Article 42. Les droits à pension d'ancienneté ou à pension proportionnelle pour les militaires indigènes recrutés par voie d'engagement ou d'appel individuel sont acquis dans les mêmes conditions que pour les militaires français. Le taux et les règles d'allocation desdites pensions, pour les militaires indigènes non officiers, sont fixés par des règlements d'administration publique, d'après les conditions de la vie locale.

Article 43. Les militaires servant ou ayant servi au titre étranger ont les mêmes droits à pension que les militaires servant ou ayant servi au titre français, sauf dans le cas où ils participeraient à un acte d'hostilité contre la France. Toutefois, sous la réserve que les autres conditions requises par la présente loi pour la réversibilité de la pension seront remplies, le droit à pension n'est réversible que si l'intéressé a épousé une Française.

Article 44. Les militaires et marins de tous grades et de tous les corps peuvent être admis sur leur demande, après quinze ans accomplis de services effectifs et 33 ans d'âge, au bénéfice d'une pension de retraite proportionnelle calculée d'après les règles ci-après.

Si le total des services effectifs et des annuités pour bénéfices de campagne est égal ou inférieur à vingt-cinq ans, pour les militaires ou marins non officiers et pour les officiers réunissant, d'autre part, six années de services hors d'Europe ou en navigation au service de l'Etat, ou à trente ans pour les officiers ne réunissant pas cette dernière condition, le taux de la pension est égal, suivant le cas, à autant de vingt-cinquièmes ou de trentièmes de la pension qui reviendrait à l'ayant cause s'il était admis à la retraite à titre d'ancienneté de services.

Si le total des services effectifs et des annuités pour campagnes dépasse vingt-cinq ou trente annuités, suivant le cas, la pension est liquidée comme pension d'ancienneté en ajoutant au minimum de la pension correspondant à vingt-cinq ou trente annuités, et pour chaque annuité supplémentaire, un cinquantième de la solde moyenne.

Dans tous les cas, et pour les officiers seulement, la jouissance de cette pension est différée jusqu'au jour où l'ayant cause aurait eu droit à une pension d'ancienneté ou aurait été atteint par la limite d'âge s'il était resté au service. De plus, le nombre des retraites proportionnelles d'officiers à accorder chaque année sur demande sera déterminé annuellement par la loi de finances.

Les militaires et marins venant à quitter le service pour quelque cause que ce soit, sans pouvoir prétendre à pension, auront droit au remboursement de la retenue subie d'une manière effective sur leur solde dans les conditions prévues à l'article 17 (paragraphes 2 et 3).

Article 45. Tout officier placé en position de réforme pour

infirmités incurables dans les conditions fixées par la loi du 19 mai 1834 sur l'état des officiers et pour infirmités non imputables au service reçoit, s'il a moins de quinze ans de services effectifs à l'Etat, pendant un temps égal à la durée de ses services, une solde de réforme égale aux deux tiers du minimum de la pension qui lui serait allouée s'il était admis à la retraite à titre d'ancienneté de services.

Si la réforme est prononcée par mesure disciplinaire, le montant de la solde est fixé à la moitié de la pension.

L'officier ayant au moment de sa réforme plus de quinze ans de services à l'Etat reçoit une pension proportionnelle calculée dans les conditions prévues à l'article précédent pour les retraites proportionnelles. La jouissance de cette pension est immédiate.

Si la réforme est prononcée par mesure disciplinaire, la pension est exclusive de toute majoration pour bénéfice de campagne.

Le sous-officier ou l'officier marinier qui, après avoir servi pendant cinq ans au delà de la durée légale, serait réformé sans avoir acquis des droits, soit à une pension proportionnelle, soit à une pension d'invalidité, reçoit, pendant un temps égal à la durée de ses services effectifs, une solde de réforme égale au montant de la pension proportionnelle de son grade.

Article 46. Les officiers et assimilés admis dans les cadres de l'activité dans des conditions telles que la durée de leurs services, au moment où ils sont atteints par la limite d'âge, ne serait pas suffisante pour leur donner droit à une pension d'ancienneté, reçoivent une pension proportionnelle calculée dans les conditions prévues à l'article 44.

CHAPITRE II.

Pensions d'invalidité.

Article 47. Les pensions d'invalidité restent fixées par la législation spéciale sur les pensions pour invalidité des militaires et marins pour toutes les invalidités contractées ou aggravées par le fait et à l'occasion du service.

L'article 59 de la loi du 31 mars 1919 est étendu à tous les cas où l'infirmité est attribuable à un service accompli en opérations de guerre.

En aucun cas, la pension d'invalidité accordée à un militaire mis à la retraite pour infirmité le rendant définitivement incapable d'accomplir son service ne pourra être inférieure à la pension minimum d'ancienneté du grade, augmentée des annuités pour campagnes acquises par l'intéressé.

CHAPITRE III.

Pensions des veuves et orphelins des militaires et marins.

Article 48. Sont applicables aux ayants cause des militaires et marins dont les droits ne se trouvent pas régis par la législation spéciale des pensions pour invalidité les dispositions du chapitre III du titre Ier de la présente loi, sous réserve de la disposition particulière ci-après :

La pension des veuves des maréchaux de France et amiraux est fixée à 18.000 francs.

Article 49. La pension des ayants cause des militaires et marins de tous grades, décédés titulaires d'une pension proportionnelle, est calculée en prenant pour base le taux de cette pension.

Les ayants cause des militaires des armées de terre et de mer, décédés en activité de service, après quinze ans de services effectifs à l'Etat, reçoivent une pension dont le montant est également calculé d'après le taux de la pension proportionnelle à laquelle aurait pu prétendre le militaire décédé, que celui-ci ait ou non demandé le bénéfice du 4e alinéa de l'article 44.

Article 50. Les droits à pension des ayants cause des militaires et marins décédés titulaires d'une pension d'invalidité ou décédés en activité des suites de blessures ou de maladies aggravées ou contractées en service sont fixés par la législation spéciale sur les pensions pour invalidité.

Lorsque les dispositions de l'article 51 ne leur sont pas applicables, la pension qui leur est dévolue ne peut être inférieure à celle qui leur reviendrait en prenant pour base celle prévue au dernier alinéa de l'article 47.

Article 51. Lorsqu'un militaire ou marin réunissant les conditions requises pour l'obtention d'une pension fondée sur **la** durée des services vient à décéder, par le fait ou à l'occasion du service, en possession d'une pension réversible **d'invalidité** ou de droits à une pension de cette nature, ses ayants cause peuvent opter pour la pension fixée par les tarifs de la loi spéciale aux pensions d'invalidité ou pour la pension de réversion fixée par la présente loi.

Dans ce dernier cas, la pension de réversion d'ancienneté est augmentée de la pension à laquelle la veuve ou les orphelins d'un soldat décédé en possession des droits, et dans les conditions spécifiées ci-dessus, pourraient prétendre en vertu de la loi spéciale aux pensions d'invalidité.

Article 52. Les droits des ayants cause des militaires ou marins indigènes de l'Algérie, des colonies, pays de protectorat et territoires à mandat, appelés ou engagés dans les conditions prévues à l'article 42, seront déterminés par des règlements d'administration publique qui statueront, pour chaque colonie, d'après les conditions de la vie locale.

CHAPITRE IV.

Dispositions spéciales.

Article 53. Les inspecteurs des colonies, ainsi que leurs ayants cause, sont soumis aux dispositions générales et à l'application des règles tracées aux chapitres Ier, II et III du présent titre pour les militaires des armées de terre et de mer.

Les surveillants militaires des établissements pénitentiaires coloniaux ainsi que leurs ayants cause, sont soumis aux mêmes dispositions.

TITRE III

DISPOSITIONS D'ORDRE COMMUNES AUX PENSIONS CIVILES ET MILITAIRES.

Article 54. Les pensions instituées par la présente loi sont incessibles et insaisissables, sauf en cas de débet envers l'Etat, les services locaux des colonies ou pays de protectorat, ou pour les créances privilégiées aux termes de l'article 2101 du Code civil et dans les circonstances prévues par les articles 203, 205, 206, 207 et 214 du même Code.

Les débets envers l'Etat, ainsi que ceux contractés envers les services locaux des colonies ou pays de protectorat, rendent les pensions passibles de retenues jusqu'à concurrence d'un cinquième de leur montant. Il en est de même pour les créances privilégiées. Dans les autres cas, prévus au précédent alinéa, la retenue peut s'élever jusqu'au tiers du montant de la pension.

La retenue du cinquième et celle du tiers peuvent s'exercer simultanément.

En cas de débets simultanés envers l'Etat et les colonies ou pays de protectorat, les retenues devront être effectuées, en premier lieu, au profit de l'Etat.

Article 55. Lorsqu'un bénéficiaire de la présente loi, titulaire d'une pension, a disparu de son domicile et que plus d'un an s'est écoulé sans qu'il ait réclamé les arrérages de sa pension, sa femme ou les enfants mineurs qu'il a laissés peuvent obtenir, à titre provisoire, la liquidation des droits de réversion qui leur seraient ouverts par les dispositions de la présente loi.

La même règle peut être suivie à l'égard des orphelins lorsque la mère pensionnée ou en possession de droits à pension a disparu depuis plus d'un an.

Une pension peut être également attribuée, à titre provisoire, à la femme ou aux enfants mineurs d'un bénéficiaire de la présente loi, disparu, lorsque celui-ci était en possession de droits à pension au jour de sa disparition et qu'il s'est écoulé au moins un an depuis ce jour.

La pension provisoire est convertie en pension définitive lorsque le décès est officiellement établi ou que l'absence a été déclarée par jugement passé en force de chose jugée.

Article 56. Le droit à l'obtention ou à la jouissance de la pension est suspendu :

Par la condamnation à la destitution prononcée par application des articles du Code de justice militaire ou maritime;

Par la condamnation à une peine afflictive ou infamante, pendant la durée de la peine;

Par les circonstances qui font perdre la qualité de Français, durant la privation de cette qualité;

Pour les veuves et femmes divorcées, par la déchéance de la puissance paternelle.

S'il y a lieu, par la suite, à la liquidation ou au rétablissement de la pension, aucun rappel pour les arrérages antérieurs n'est dû.

Article 57. La suspension de la pension prévue à l'article précédent n'est que partielle si le pensionnaire a une femme ou des enfants mineurs; en ce cas, la femme ou les enfants mineurs reçoivent, pendant la durée de la suspension, la pension à laquelle ils auraient droit si le pensionnaire était décédé.

Les frais de justice résultant de la condamnation du pensionnaire ne peuvent être prélevés sur la portion des arrérages ainsi réservés au profit de la femme et des enfants.

Article 58. Tout bénéficiaire de la présente loi qui est constitué en déficit pour détournement de deniers de l'Etat, des départements, des communes ou établissements publics, de dépôts de fonds particuliers versés à sa caisse ou de matières reçues et dont il doit compte, ou qui est convaincu de malversations relatives à son service, perd ses droits à la pension, lors même qu'elle aurait été liquidée et inscrite.

La même disposition est applicable au fonctionnaire ou militaire convaincu de s'être démis à prix d'argent, ou à des conditions équivalant à une rémunération en argent, ainsi qu'à son complice.

Article 59. Les titulaires de pensions civiles et militaires d'ancienneté nommés à un emploi civil rétribué soit par l'Etat, soit par les départements, colonies ou pays de protectorat, communes ou établissements publics, ne peuvent cumuler leurs pensions avec le traitement attaché à cet emploi qu'autant que le total n'excède pas 18.000 francs.

Si la pension et le traitement cumulés donnent une somme

supérieure à ce chiffre, cette somme ne peut excéder soit le montant du dernier traitement ou de la dernière solde d'activité, augmenté des accessoires de traitement ou de solde, soit le montant du traitement correspondant à l'emploi occupé.

Dans tous les cas où la limite est dépassée, la réduction porte sur le traitement attaché à l'emploi et non sur la pension. Toutefois, les indemnités afférentes audit traitement, ayant un caractère temporaire, ou représentatives de dépenses personnelles occasionnées par la résidence, ne sont pas sujettes à réduction.

Les sommes attribuées à titre de supplément colonial et celles ayant le caractère d'un remboursement de dépenses ou d'allocations non personnelles imposées par la fonction, ne rentrent pas en compte pour la détermination du maximum du cumul.

Les dispositions restrictives du cumul ne sont pas applicables aux membres de l'Institut et du Bureau des longitudes, aux membres de l'ordre national de la Légion d'honneur et aux médaillés militaires pour les traitements viagers qu'ils reçoivent en cette qualité, ni aux titulaires de pensions militaires proportionnelles.

Article 60. Les militaires ou marins de la réserve ou de la territoriale cumulent, en temps de paix, pendant les exercices ou manœuvres auxquels ils sont convoqués, la pension militaire dont ils jouissent, avec la solde et les prestations militaires afférentes à leur grade, mais le temps passé sous les drapeaux dans ces conditions n'entre pas dans la supputation des services militaires donnant droit à pension ou à revision de pension.

Article 61. Les indemnités allouées aux titulaires de pensions militaires à raison de l'exercice de fonctions militaires sont cumulables avec la pension dans les limites fixées à l'article 59, mais les services qu'elles rémunèrent ne peuvent en aucun cas ouvrir de nouveaux droits à la retraite ou à la revision de la pension.

Article 62. Le cumul de plusieurs pensions servies par l'Etat, les départements, colonies ou pays de protectorat, les communes ou établissements publics, est autorisé dans la limite de 18.000 francs. Au cas où cette limite est dépassée, l'excédent est retenu sur la pension servie par l'Etat.

Le cumul est interdit pour les pensions acquises dans l'exercice d'un même emploi.

En aucun cas, et pour quelque cause que ce soit, une veuve ne pourra cumuler sur sa tête deux pensions de réversion au titre de la présente loi. Il en est de même des orphelins.

Les dispositions du présent article ne sont pas applicables aux pensions que les lois antérieures ont affranchies des prohibitions du cumul, ni aux pensions militaires pour blessures ou infirmités pour lesquelles aucune modification n'est apportée aux dispositions en vigueur.

TITRE IV.

DISPOSITIONS SPÉCIALES OU TRANSITOIRES.

Article 63. Toute nomination d'un pensionné civil ou militaire à titre d'ancienneté de service, à un emploi de l'Etat, des départements, des communes ou établissements publics doit être notifiée dans les quinze jours au Ministre des finances par l'autorité qui l'a prononcée.

Article 64. La liquidation de la pension est faite par le Ministre compétent.

Lorsqu'il s'agit d'une pension civile d'invalidité attribuée dans les conditions de la présente loi ou d'une pension militaire d'invalidité ne résultant pas d'événements de guerre, cette liquidation est soumise à l'examen de la section des finances, de la guerre, de la marine et des colonies du Conseil d'Etat. Il en est de même s'il s'agit d'une pension d'ancienneté civile ou militaire, donnant lieu soit à un désaccord entre le Ministre liquidateur et le Ministre des finances, soit à une demande de renvoi faite par l'un des Ministres intéressés.

Les pensions civiles sont concédées par décret contresigné par le Ministre des finances. La pension est inscrite et le titre délivré après la publication au *Journal officiel*.

Il n'est rien modifié, en ce qui concerne la concession des pensions militaires, aux dispositions de l'article 2 (1er alinéa) de la loi du 27 avril 1920; ces pensions sont concédées par arrêtés interministériels signés du Ministre liquidateur et du Ministre des finances.

Ampliation du décret ou de l'arrêté interministériel est délivrée à la Caisse des pensions.

Article 65. Les pensions attribuées en vertu de la présente loi sont irrévocables. Elles peuvent toutefois être annulées et revisées, s'il y a lieu, dans les cas suivants, par un décret rendu sur le rapport du Ministre des finances, après avis du Conseil d'Etat :

1° Lorsqu'une erreur matérielle de liquidation ou de concession a été commise;

2° Lorsque les énonciations des actes ou des pièces sur le vu desquels la pension a été concédée sont reconnues inexactes, soit en ce qui concerne la fonction ou le grade, le décès ou le genre de mort, soit en ce qui concerne l'état civil ou la situation de famille;

3° Lorsqu'il est démontré que la pension a été accordée en raison d'infirmités dont l'intéressé n'était pas atteint au moment où son droit a été constaté;

4° Lorsqu'un ancien fonctionnaire ou militaire dont le prétendu décès a ouvert droit à pension de veuve ou d'orphelin est reconnu vivant.

La restitution des sommes payées indûment ne peut être exigée que si l'intéressé était de mauvaise foi. La restitution sera poursuivie, à la diligence de la Caisse des pensions, par l'agent judiciaire du Trésor.

Article 66. Tout pourvoi contre le rejet d'une demande de pension ou contre sa liquidation doit être formé, à peine de déchéance, dans un délai de trois mois à dater de la notification de la décision qui a prononcé le rejet ou qui a arrêté le chiffre de la pension concédée.

Article 67. Les fonctionnaires ou employés civils, les militaires ou marins auxquels la présente loi est applicable, ainsi que leurs ayants droit, sont tenus, à peine de déchéance, de se pourvoir en liquidation dans un délai de cinq ans à partir de la cessation de l'activité, ou en ce qui concerne la veuve et l'orphelin, du décès de l'intéressé.

Article 68. Les veuves des fonctionnaires, employés et ouvriers civils, des militaires et marins qui sont décédés en activité de service avant la promulgation de la loi sans avoir droit à pension recevront une allocation annuelle qui sera de 30, 40 ou 50 francs par année de service, suivant que l'agent décédé avait un traitement, solde ou salaire inférieur à 3.000 ou 6.000 francs, ou un traitement, solde ou salaire de 6.000 francs et au-dessus.

. . . . (1).

Extrait du décret du 2 septembre 1924 portant règlement d'administration publique en vue de l'exécution des dispositions de la loi du 14 avril 1924 sur la réforme des pensions civiles et militaires (Bulletin officiel, *page* 2533) (2).

TITRE III.

DISPOSITIONS SPÉCIALES AUX MILITAIRES ET MARINS DE CARRIÈRE ET A LEURS AYANTS CAUSE.

Article 26. La pension militaire est basée sur la moyenne des émoluments définis à l'article suivant, que l'ayant droit a effectivement perçus pendant les trois dernières années qui ont précédé sa radiation définitive des contrôles de l'activité.

Pour la détermination de la solde moyenne servant de base au calcul de la pension, le militaire ou marin qui, au cours des trois dernières années ayant précédé sa radiation définitive des contrôles, a occupé des situations admissibles pour la retraite, mais ne comportant pas allocation de la solde afférente à son grade et à l'échelon atteint par lui dans ce grade, est réputé avoir perçu cette solde dans ces différentes situations.

Les pensions qui, aux termes des deux derniers alinéas de l'article 30, du dernier alinéa de l'article 33, du dernier alinéa de l'article 47 et du dernier alinéa de l'article 50 de la loi, sont, à titre exceptionnel, basées sur le dernier grade, doivent être calculées d'après la solde afférente au dernier grade obtenu et à l'échelon atteint dans ce grade.

Si le militaire a été, au cours des trois dernières années d'activité, caporal ou soldat, on calcule séparément, pour le temps

---

(1) Alinéa abrogé par la loi du 10 mars 1925 (*B. O.*, p. 817).
(2) Voir page 39, l'instruction du 12 octobre 1924 relative à l'application de la loi du 14 avril 1924.

passé dans chaque situation, la pension qui lui reviendrait s'il avait occupé cette situation pendant les trois années considérées. Ses droits seront établis d'après la moyenne des pensions séparées ainsi obtenues, moyenne proportionnelle au temps passé dans chaque situation.

Article 27. Jusqu'à revision générale des soldes, la pension des militaires et marins sera calculée en tenant compte de la solde budgétaire métropolitaine de présence à terre, des indemnités temporaires, suppléments temporaires de solde, haute paye, suppléments de haute paye et de l'indemnité pour charges militaires au taux le plus réduit attribué aux célibataires dans chaque grade.

Les taux à considérer, dans chaque cas, seront indiqués dans des instructions qui seront arrêtées par les Ministres intéressés.

Article 28. Une pension à titre d'ancienneté de service est acquise aux officiers des armées de terre et de mer à trente ans de services effectifs admissibles pour le droit à pension et aux militaires non officiers à vingt-cinq ans accomplis de services effectifs, compte tenu, le cas échéant, des dispositions des articles 31 et 32 de la loi et 29 du présent règlement.

Ce droit est acquis à vingt-cinq ans de services effectifs admissibles pour le droit à pension pour les officiers des armées de terre et de mer de toutes armes, de tous corps ou services, non titulaires d'une pension au 17 avril 1924, lorsqu'ils comptent six ans de services accomplis hors d'Europe ou en navigation, quel que soit le lieu de leur naissance et quelle que soit la date à laquelle ces services ont été accomplis.

Le temps passé effectivement par les officiers des troupes coloniales entre le 2 août 1914 et le 11 novembre 1918 dans des formations ouvrant droit au bénéfice de la campagne double, conformément à l'article 10 de la loi du 16 avril 1920, leur est compté pour la moitié de sa durée effective comme temps de séjour hors d'Europe.

La pension des officiers placés en non-activité pour infirmités temporaires visés au cinquième alinéa de l'article 30 de la loi est basée sur la solde moyenne définie à l'article 27 qui précède; elle est égale au minimum de la pension d'ancienneté augmentée des annuités pour campagne.

Article 29. Les grandes écoles militaires et navales visées au deuxième alinéa de l'article 31 de la loi du 14 avril 1924 sont les écoles destinées au recrutement des officiers de carrière, dont l'énumération figure au tableau annexé au présent décret (paragraphe A).

Les écoles militaires préparatoires visées dans le même alinéa sont énumérées dans le même tableau (paragraphe B).

Lorsque des années de services sont forfaitairement allouées à titre de bénéfice d'études préliminaires aux officiers provenant de certaines écoles par des lois ou règlements régulièrement pris, elles comprennent les années passées par les intéressés comme élèves dans lesdites écoles.

Article 30. Les majorations spéciales à l'arme de la gendarmerie prévues par l'article 41 de la loi du 14 avril 1924 n'entrent pas en compte dans le calcul de la majoration pour famille nombreuse. Elles sont réversibles pour moitié sur la veuve et à raison de 10 p. 100 sur les orphelins, conformément aux prescriptions des articles 23, 24 et 26 de la loi du 14 avril 1924.

Article 31. Le droit à l'obtention ou à la jouissance d'une pension pour un militaire de nationalité étrangère se perd dans le cas où l'intéressé, postérieurement à sa libération du service, participerait à un acte d'hostilité contre la France.

Sous cette réserve, la veuve et les orphelins d'un militaire étranger pensionné ont droit à pension si la veuve était, lors de son mariage, en possession de la nationalité française.

Les militaires ayant servi à titre étranger et naturalisés Français sont régis par les mêmes règles que les militaires d'origine française. Il en est de même de leurs ayants droit, quelle que soit l'ancienne nationalité de ces derniers, si ceux-ci obtiennent eux-mêmes la nationalité française.

Article 32. Les dispositions de l'article 44 de la loi du 14 avril 1924 ne font pas obstacle à l'exercice du droit à pension proportionnelle reconnu par les lois de recrutement aux personnels non officiers des armées de terre et de mer visés par les lois lorsqu'ils quittent les drapeaux après quinze ans de services admissibles pour la retraite, mais sous réserve qu'ils aient en outre trente-trois ans d'âge.

Le droit au remboursement des retenues effectivement subies, prévu par le dernier alinéa de l'article 44 de la loi, est ouvert à tout militaire ou marin venant à quitter le service, pour quelque cause que ce soit, sans avoir été admis au bénéfice d'une pension d'ancienneté, proportionnelle, d'invalidité ou de réforme, et enlève tout droit à ces pensions sauf reversement des retenues.

Le remboursement des retenues entraîne pour l'intéressé incapacité de prétendre à l'allocation du pécule institué par l'article 80 de la loi du 1er avril 1923 et exclut la possibilité pour lui, sauf reversement, de faire état de ses précédents services pour l'obtention ultérieure d'une pension d'ancienneté ou proportionnelle ou d'une solde de réforme.

Le sous-officier ou l'officier marinier, réformé définitivement sans avoir acquis des droits à une pension proportionnelle ne peut obtenir la solde de réforme prévue au cinquième alinéa de l'article 45 de la loi que s'il n'a pas droit à une pension d'invalidité du fait de l'infirmité ayant entraîné la réforme.

Article 33. Les pensions proportionnelles acquises en exécution de l'article 46 de la loi du 14 avril 1924 sont à payement immédiat. Elles sont dues aux officiers lorsqu'ils sont atteints par la limite d'âge et accordées en sus du contingent prévu par l'avant-dernier alinéa de l'article 44.

Des arrérages des pensions ainsi concédées sera déduit, le cas échéant, le montant de la rente viagère correspondant aux versements effectués au nom des intéressés par application de l'article 7 de la loi du 30 avril 1920. Cette rente sera calculée, pour les officiers ayant effectué les versements à capital réservé, comme si ces versements avaient été effectués à capital aliéné. Un décret rendu sur la proposition du Ministre de la guerre, du Ministre des pensions et du Ministre des finances réglera les modalités d'exécution du présent alinéa.

Article 34. Les pensions auxquelles ont droit les officiers à titre temporaire conformément à la loi du 22 juillet 1921 sont calculées dans les conditions fixées par l'article 44 de la loi du 14 avril 1924 et sur la base de la moyenne des soldes perçues par les intéressés pendant les trois dernières années d'activité qui ont précédé leur radiation des contrôles de l'activité. Elles sont à payement immédiat et accordées en sus du contingent prévu par l'avant-dernier alinéa de l'article 44 précité.

Article 35. Les deuxième et troisième alinéas de l'article 47 de la loi du 14 avril 1924 sont applicables aux officiers des cadres actifs atteints d'infirmités graves et incurables les rendant définitivement incapables d'accomplir leur service et les mettant, par suite, hors d'état de rester en activité en leur ôtant la possibilité d'y rentrer ultérieurement.

Ils s'appliquent aux hommes de troupe qui servent au delà de la durée légale en vertu d'un contrat, atteints d'infirmités graves et incurables les rendant définitivement incapables d'accomplir leur service.

Les intéressés peuvent être mis à la retraite soit d'office dans les conditions prévues par l'article 1er de la loi du 30 avril 1920, soit sur leur demande. Ceux dont l'infirmité est attribuable à un service accompli en opérations de guerre peuvent se réclamer de l'article 59 de la loi du 31 mars 1919. La partie de pension leur revenant fondée sur la durée des services et campagnes est calculée dans les conditions fixées par l'article 44 de la loi du 14 avril 1924.

Le minimum prévu au dernier alinéa de l'article 47 de cette dernière loi est dû dans tous les cas où l'infirmité est imputable au service. Les intéressés ont, en outre, droit, le cas échéant, aux majorations prévues par l'article 13 de la loi du 31 mars 1919 et aux majorations supplémentaires temporaires prévues par l'article 138 de la loi de finances du 31 décembre 1921.

Article 36. Lorsque le décès du militaire n'est pas causé par une infirmité contractée ou aggravée par le fait ou à l'occasion du service, les droits des ayants cause sont les suivants :

1° Militaire titulaire d'une pension à jouissance immédiate ou différée fondée sur la durée des services :

a) Militaire non titulaire d'une pension mixte de l'article 59 ou 60 de la loi du 31 mars 1919 :

La pension des ayants cause est basée sur la pension du militaire.

b) Militaire titulaire d'une pension mixte de l'article 59 ou 60 de la loi du 31 mars 1919 :

Si l'invalidité était inférieure à 60 p. 100, la pension des ayants cause est basée sur la partie de pension du militaire fondée sur la durée des services.

Si l'invalidité était au moins égale à 60 p. 100, les ayants cause ont droit à la réversibilité de la partie de pension fondée sur la durée des services et, en outre, à la pension du taux de réversion prévue par la loi du 31 mars 1919 pour une veuve de soldat. Ils peuvent opter, aux lieu et place de cette pension mixte, pour la pension du taux de réversion prévue par la loi du 31 mars 1919 pour le grade du militaire;

2° Militaire décédé en activité de service après avoir accompli au moins quinze ans de services :

a) Militaire non titulaire d'une pension d'invalidité en exécution de l'article 2 de la loi du 30 avril 1920 :

La pension des ayants cause est calculée dans les conditions fixées par l'article 49 de la loi du 14 avril 1924 et selon le mode de décompte prescrit par l'article 44 de la même loi.

b) Militaire titulaire d'une pension d'invalidité en exécution de l'article 2 de la loi du 30 avril 1920 :

Si l'invalidité était inférieure à 60 p. 100, la pension des ayants cause est calculée conformément aux indications de l'alinéa 2°, *a*), qui précède.

Si l'invalidité était au moins égale à 60 p. 100, les ayants cause ont droit à la pension prévue par l'alinéa 2°, *a*), qui précède, pension augmentée d'une pension du taux de réversion prévue par la loi du 31 mars 1919 pour une veuve de soldat. Ils peuvent, aux lieu et place de cette pension mixte, opter pour la pension du taux de réversion prévue par la loi du 31 mars 1919 pour le grade du militaire;

3° Militaire décédé en activité de service sans avoir accompli quinze ans de services :

a) Militaire non titulaire d'une pension d'invalidité en exécution de l'article 2 de la loi du 30 avril 1920 :

Les ayants cause ont droit à une pension calculée d'après la rente viagère qui aurait été acquise au militaire le jour de son décès par application des paragraphes 2 et 3 de l'article 22 de la loi du 14 avril 1924;

b) Militaire titulaire d'une pension d'invalidité en exécution de l'article 2 de la loi du 30 avril 1920;

Si l'invalidité était inférieure à 60 p. 100, les ayants cause ont droit à la pension prévue à l'alinéa 3°, *a*), qui précède.

Si l'invalidité était au moins égale à 60 p. 100, les ayants cause ont droit à cette même pension et, en outre, à la pension de réversion du taux de soldat prévue par la loi du 31 mars 1919. Ils peuvent, aux lieu et place de ces émoluments, opter pour la pension du taux de réversion prévue pour le grade du militaire par la loi du 31 mars 1919.

Article 37. Lorsque le décès du militaire a pour cause une infirmité contractée ou aggravée par le fait ou à l'occasion du service, les droits des ayants cause sont les suivants :

1° Militaire titulaire d'une pension fondée en tout ou en partie sur la durée des services.

Les intéressés peuvent opter pour l'une des pensions ci-après :

a) Pension du taux prévu pour le grade du militaire par la loi du 31 mars 1919;

b) Pension mixte prévue par la loi du 31 mars 1919.

Toutefois, si l'une ou l'autre de ces pensions est inférieure au minimum déterminé au dernier alinéa de l'article 50 de la loi du 14 avril 1924, le montant de la pension est fixé à ce minimum;

2° Militaire décédé en activité de service après avoir accompli au moins quinze ans de service :

Les ayants cause peuvent opter pour l'une des trois pensions prévues à l'alinéa 1er qui précède;

3° Militaire décédé en activité de service avant d'avoir accompli au moins quinze ans de services. Les ayants cause peuvent opter pour l'une des pensions ci-après :

a) Pension du taux prévu pour le grade du militaire par la loi du 31 mars 1919;

b) Pension calculée dans les conditions fixées à l'alinéa 3°, *a*), de l'article précédent, et, en outre, pension du taux normal ou exceptionnel prévu par la loi du 31 mars 1919 pour une veuve de soldat.

Si la pension prévue au paragraphe *a*) qui précède ou le total des pensions prévues au paragraphe *b*) sont inférieurs au minimum déterminé au dernier alinéa de l'article 50 de la loi, le montant de la pension est fixé à ce minimum.

Article 38. Les dispositions du troisième alinéa de l'article 62 de la loi du 14 avril 1924 ne font pas obstacle au cumul d'une pension accordée au titre de cette dernière loi avec une pension allouée en exécution de la loi du 31 mars 1919, sous réserve des dispositions restrictives de l'article 58 de la loi du 31 mars 1919.

Article 39. Les dispositions du présent titre sont applicables aux ingénieurs militaires, agents et sous-agents militaires des poudres régis par la loi du 25 mars 1914 et à leurs ayants cause.

Notification, le 12 octobre 1924 (Bulletin officiel, page 2839), d'une instruction du Ministre des finances relative à l'application de la loi du 14 avril 1924, portant réforme du régime des pensions civiles et militaires et du règlement d'administration publique du 2 septembre 1924 rendu pour l'application de cette loi.

TITRE II.

Militaires des armées de terre et de mer.

CHAPITRE Ier.

PENSIONS D'ANCIENNETÉ ET PROPORTIONNELLES.

Article 30 (1).
(Articles 26 et 28 du règlement.)

Cet article, combiné avec les dispositions de l'article 2 (premier paragraphe), fixe les conditions du droit à pension d'ancienneté des militaires de tous grades des armées de terre et de mer.

On remarquera :

1° Que la pension des militaires est basée dérénavant, comme celle des agents civils, sur la moyenne des émoluments dont l'ayant droit a joui pendant les trois dernières années d'activité, sauf les dérogations strictement délimitées par la loi nouvelle.

La règle posée par l'article 10 des lois de 1831 qui basait la pension sur le grade dont le militaire est titulaire, sauf dans le cas où il demandait sa retraite avant d'avoir au moins deux ans d'activité dans ce grade, est donc remplacée par une règle nouvelle. Dans ces conditions, les textes antérieurs à la loi du 14 avril 1924, qui prévoyaient la liquidation de la pension d'après le dernier grade, se référant à l'ancienne législation, ne sauraient être regardés comme dérogeant à la nouvelle règle générale (c'est le cas, par exemple, de l'article 59 de la loi du 31 mars 1919). D'ailleurs, les paragraphes 2, 3 et 4 de l'article 26 du règlement indiquent limitativement les cas où la pension militaire, à titre exceptionnel, ne sera pas calculée sur la moyen-

---

(1) Voir également page 272 pour tout ce qui concerne les pensions militaires, l'instruction du 15 octobre 1924.

ne des soldes des trois années précédant la radiation des contrôles.

2° Que l'une dés exceptions à la règle qui base la pension sur la moyenne des soldes des trois dernières années vise les caporaux et soldats, pour lesquels est maintenu le régime de la pension forfaitaire basée sur le grade (dernier paragraphe de l'article 34 de la loi).

Le dernier paragraphe de l'article 26 du règlement indique comment sera calculée la solde moyenne, dans l'hypothèse où le militaire aurait occupé, au cours de ces trois dernières années, d'une part, la situation de caporal ou de soldat, d'autre part, une situation comportant un grade plus élevé.

3° Que le droit à pension est acquis à vingt-cinq ans de services effectifs pour les officiers de toutes armes, lorsqu'ils comptent six ans de services accomplis hors d'Europe ou en navigation au service de l'Etat. Cet avantage appartient aux intéressés, quelle que soit la date à laquelle ces services ont été accomplis et quel que soit le lieu de leur naissance (article 28, paragraphe 2, du règlement). Pour l'obtention de cet avantage, la condition d'être envoyé d'Europe n'est donc pas exigée, au contraire de la règle qui est posée par l'article 36, C. (1°), de la loi pour l'attribution des bénéfices de campagnes;

4° Que les officiers des troupes coloniales peuvent compter comme temps de séjour aux colonies, pour la moitié de leur durée effective, les services accomplis entre le 2 août 1914 et le 11 novembre 1918, mais seulement lorsque ces services ont été accomplis dans les formations ouvrant droit au bénéfice de la campagne double, conformément à la loi du 16 avril 1920 (paragraphe 3 de l'article 28 du règlement).

5° Que la pension acquise, après vingt-cinq ans de services effectifs, aux officiers placés en non-activité pour infirmités temporaires, non susceptibles d'être rappelés à l'activité, est fixée au minimum de la pension d'ancienneté, augmentée des annuités pour campagnes, quel que soit le nombre des années passées dans la position de non-activité (dernier alinéa de l'article 28 du règlement).

Article 31.

(Article 29 du règlement.)

L'article 31 fixe le point de départ des services valables pour le droit à pension, à partir de l'âge minimum de 16 ans. Ce point de départ se trouvera précisé, suivant les catégories, par l'instruction spéciale aux pensions militaires.

D'autre part, le deuxième paragraphe de l'article admet que les services effectifs entreront en compte du jour de l'entrée à l'école, sans toutefois pouvoir remonter en deçà de l'âge de 16 ans, pour les élèves admis dans les écoles militaires dont l'énumération figure dans le tableau annexé au règlement.

Le dernier alinéa de l'article 29 du règlement précise que les bénéfices d'études préliminaires ne s'ajouteront pas à ce temps d'école, mais se confondront avec lui.

Le bénéfice d'études préliminaires prévu pour les élèves commissaires de la marine par le décret du 11 mai 1875 continuera de leur être accordé, dans les conditions prévues par ce décret.

La loi est muette au sujet des bénéfices d'études, aussi bien pour les fonctionnaires civils que pour les militaires. Ce silence doit être interprété comme le maintien du *statu quo ante*. La réglementation et la jurisprudence antérieures sont donc maintenues.

On rappellera ici que, sauf pour les anciens élèves de l'Ecole polytechnique, qui tiennent leur bénéfice d'études des lois de 1831, les bénéfices accordés par décrets à différentes catégories de militaires (médecins et pharmaciens militaires, vétérinaires, etc.), se perdent, selon les décisions et la jurisprudence, par suite du passage dans un autre corps et n'entrent en compte ni dans le calcul des pensions militaires de réforme ni dans le calcul des pensions civiles.

Article 32.

L'article 32 admet les services civils pour l'établissement du droit à pension militaire, sans fixation d'une durée minimum de services militaires.

Les services civils rendus aux colonies bénéficieront de la bonification spéciale aux services civils visés à l'article 16 du règlement.

Article 33.

Cet article comporte confirmation des principes appliqués au cours de la dernière guerre en cas de rappel des titulaires de pensions militaires à l'activité en temps de guerre.

Ces principes se résument ainsi :

Suspension de la pension, suivant la règle posée par -l'article 4 de la loi du 28 fructidor an VII, pour les militaires jouissant d'une solde mensuelle;

Cumul de la pension et de la solde, autorisé pour les retraités militaires touchant une solde journalière, suivant le précédent résultant du décret-loi du 12 août 1914;

Revision de la pension sur la solde du grade le plus élevé. Il s'agit ici de la revision au titre de nouveaux services et non de la revision générale des retraites, qui est réglée par les dispositions de l'article 91 de la loi du 14 avril 1921.

Article 34.

Cet article règle l'attribution des annuités d'accroissement, acquises au delà du minimum de temps de services exigé pour le droit à pension; chaque annuité de service ou de campagne donnera droit à un cinquantième de la solde moyenne.

Le minimum étant fixé aux trois cinquièmes ou à la moitié, le maximum, en principe, aux trois quarts, il y aura donc entre le minimum et le maximum une marge de $\dfrac{7\,1/2}{50}$ si le minimum est des trois cinquièmes, de $\dfrac{12\,1/2}{50}$ si le minimum est de la moitié.

Mais le deuxième paragraphe de l'article 34 autorise, en ce qui concerne les militaires et marins non officiers, le dépassement du maximum des trois quarts. Ils pourront obtenir quinze annuités supplémentaires au delà du minimum, ce qui portera leur pension aux neuf dixièmes de la solde moyenne, si le minimum est des trois cinquièmes, aux huit dixièmes si le minimum est de la moitié. :

$$\frac{3}{5} \;\text{ou}\; \frac{30}{50} + \frac{15}{50} = \frac{45}{50} = \frac{9}{10}$$

$$\frac{1}{2} \;\text{ou}\; \frac{25}{50} + \frac{15}{50} = \frac{40}{50} = \frac{8}{10}$$

L'article 80 admet d'ailleurs un dépassement analogue du maximum des trois quarts au profit des fonctionnaires civils ou militaires anciens combattants ayant acquis des annuités supplémentaires au titre des bénéfices de campagne pendant la guerre 1914-1919.

Le dernier paragraphe de l'article 34 déroge aux principes

généraux du projet de loi en établissant, pour les caporaux et soldats ou les militaires de grade correspondant, un régime forfaitaire analogue au régime des lois de 1831, et comportant un minimum, un maximum et, pour chaque annuité, entre le minimum et le maximum, une rétribution supplémentaire correspondant au quinzième de la différence entre le maximum et le minimum.

Article 35.

Cet article, qui règle le cas des officiers généraux placés dans la 2ᵉ section de l'état-major, ne fait que confirmer la législation antérieure (voir notamment article 67 de la loi du 31 mars 1903).

Articles 36 à 40.

Les articles 36 à 40 déterminent le mode de décompte des bénéfices de campagnes accordés aux personnels militaires des armées de terre et de mer. Ces textes ont le caractère d'une mise au point des dispositions déjà prévues à cet égard par les articles 9 à 13 de la loi du 16 avril 1920, et d'une coordination des règles applicables dans l'armée et dans la marine.

On remarquera :

1° Que la réglementation, résultant des articles 36 et suivants, sur les bénéfices de campagnes, ne vaudra que pour l'avenir. Pour les services antérieurs, les règles en vigueur avant la loi du 14 avril 1924 demeureront applicables (article 40 de la loi).

Par conséquent, pour l'application, soit aux militaires, soit aux fonctionnaires civils anciens combattants de la dernière guerre, des bénéfices de campagne acquis au titre de cette guerre, il y aura lieu de se référer aux règles tracées par les articles 10 et 12 de la loi du 16 avril 1920, peu différentes, d'ailleurs, de celles établies, pour l'avenir, par la loi du 14 avril 1924.

De même pour les services aériens commandés, antérieurs à la loi nouvelle, les bonifications resteront réglées par le décret du 30 octobre 1913;

2° Que la loi prévoit le cumul possible des bonifications de campagne, pour une même période, sans que le total des bonifications puisse jamais excéder le double de la durée effective du service auquel il se rapporte (article 33 de la loi).

On rappelle que les bonifications de campagne n'entrent pas dans la supputation des services requis pour que s'ouvre le droit à pension et qu'elles n'ont d'effet que sur la liquidation de la pension.

Article 41.

(Article 30 du règlement.)

L'article 41 attribue des majorations de retraites aux militaires non officiers de la gendarmerie, majorations qui seront acquises après vingt-cinq ans de services effectifs, pour les années passées dans la gendarmerie au delà de quinze. En cas d'admission à la retraite pour des infirmités dont l'origine est imputable au service, la majoration est allouée même avant vingt-cinq ans de services effectifs; elle est donc due si l'ayant droit bénéficie d'une pension allouée, soit en exécution des dispositions générales de la loi du 31 mars 1919, soit par application de l'article 60 de la même loi, soit en conformité du dernier alinéa de l'article 47 de la loi du 14 avril 1924.

L'article 30 du règlement précise que ces majorations seront réversibles sur les ayants cause, mais ne seront pas majorées au titre de la bonification pour famille nombreuse.

L'article 34 de la loi n'admettant aucune dérogation à la règle qui fixe à quinze annuités supplémentaires au delà du minimum le maximum de la pension des militaires non officiers, il y a lieu de conclure que le maximum acquis au titre de ces quinze annuités ne pourra se trouver débordé au titre de la majoration spéciale à la gendarmerie.

Article 42.

Cet article vise les droits à pension des militaires indigènes recrutés par voie d'engagement ou d'appel individuel.

En ce qui concerne les conditions d'obtention de la pension, ils bénéficieront des mêmes règles que les militaires français.

Pour les tarifs de la pension, les indigènes officiers bénéficieront en tous points et *de plano* des tarifs métropolitains. En ce qui touche les non-officiers, les taux seront fixés ultérieurement par des règlements d'administration publique d'après les conditions de la vie locale.

La loi est muette en ce qui concerne les militaires indigènes qui ne sont pas recrutés par voie d'engagement ou d'appel individuel; on doit en conclure que leurs droits à pension continueront à être réglés par des textes réglementaires particuliers, conformément à la délégation conférée au pouvoir exécutif par l'article 20 de la loi du 7 juillet 1900.

Article 43.

(Article 31 du règlement.)

Confirmant la jurisprudence antérieure, l'article 43 ouvre droit à pension aux militaires servant ou ayant servi au titre étranger, sauf dans le cas où ils participeraient à un acte d'hostilité contre la France.

Le droit à pension est réversible si la veuve était, lors de son mariage, en possession de la nationalité française. De même les orphelins ne pourront obtenir la réversibilité que si leur père avait épousé une Française.

Article 44.

(Article 32 du règlement.)

L'article 44 est relatif aux conditions d'obtention et aux règles de liquidation de la pension militaire proportionnelle.

La possibilité d'obtenir une pension de retraite proportionnelle après quinze ans de services effectifs et 33 ans d'âge reste la règle pour les militaires et marins non-officiers.

Les officiers, à titre exceptionnel, pourront également acquérir la pension proportionnelle sous les réserves indiquées au quatrième paragraphe de l'article 44; les retraites proportionnelles des officiers ne seront accordées que dans la limite des besoins du service, limite qui sera déterminée chaque année par la loi de finances. D'autre part, la pension proportionnelle des officiers ne sera pas à jouissance immédiate; la jouissance en sera différée jusqu'au jour où l'intéressé aurait eu droit à une pension d'ancienneté s'il était resté en service ou bien, dans le cas exceptionnel où la limite d'âge l'atteindrait avant l'époque où il aurait eu droit à une pension d'ancienneté, jusqu'au jour de cette limite d'âge.

Les titulaires de pensions proportionnelles différées recevront, au moment de la concession de la pension, un certificat d'inscription délivré sous forme de lettre par la direction de la dette inscrite. Au moment de la date d'entrée en jouissance de la pension, il leur sera délivré un livret de pension contre remise de ce certificat d'inscription et d'un certificat de vie établi par le maire dans les formes réglementaires au plus tôt le jour de départ des arrérages.

La pension proportionnelle est basée sur le minimum forfai-

taire établi au deuxième paragraphe de l'article 2 de la loi pour
la pension d'ancienneté et calculée à raison d'un vingt-cinquième ou un trentième de ce minimum forfaitaire, pour chaque annuité. Au delà de vingt-cinq ou trente annuités, il est attribué
pour chaque annuité supplémentaire un cinquantième de la solde
moyenne.

Les liquidateurs devront donc commencer par calculer le traitement moyen des trois dernières années d'activité. D'après ce
traitement moyen, ils établiront le minimum forfaitaire et, d'a-
près ce minimum forfaitaire, le produit de la liquidation jusqu'à vingt-cinq ou trente annuités, selon la distinction prévue au
deuxième paragraphe de l'article 44. Au chiffre ainsi dégagé, ils
ajouteront ensuite, s'il y a lieu, les annuités d'accroissement.

Il est rappelé que les titulaires de pensions proportionnelles
ne peuvent prétendre ni à la majoration pour enfants ni aux
indemnités pour charges de famille prévues par la loi nouvelle.

Le dernier paragraphe de l'article 44 prévoit le remboursement des retenues effectivement subies par les militaires et marins venant à quitter le service sans pouvoir prétendre à pension. Le remboursement de ces retenues, grossies des intérêts
simples calculés conformément à l'article 10 du règlement, s'ef-
fectuera dans les conditions qui ont été déjà indiquées sous l'article 17 pour les fonctionnaires civils.

L'avant-dernier paragraphe de l'article 32 du règlement précise que le remboursement des retenues exclut la possibilité
d'obtenir une pension militaire ou une solde de réforme et entraîne l'incapacité de prétendre à l'allocation du pécule institué
par l'article 80 de la loi du 1ᵉʳ avril 1923, sauf reversement des
retenues remboursées avec leurs intérêts.

Article 45.

L'article 45 règle les droits à pension des officiers placés en
position de réforme pour infirmités incurables non imputables
au service ou par mesure disciplinaire dans les conditions
fixées par la loi du 19 mai 1834.

Le dernier paragraphe de cet article vise la situation du sous-
officier réformé après cinq ans de services sans avoir acquis
droit à pension : ce sous-officier recevra une solde de réforme
égale au montant de la pension proportionnelle afférente à son
grade servie pendant un temps égal à la durée de ses services
effectifs. Ce texte implique que le droit à la pension exclut le

droit à la solde; mais, comme le précise le dernier paragraphe de l'article 32 du règlement, cette exclusion ne peut être opposée à l'intéressé que si une pension d'invalidité lui est concédée au titre de la même infirmité qui a provoqué la réforme.

Article 46.

(Article 33 du règlement.)

L'article 46 règle à nouveau la situation au point de vue des droits à la retraite des officiers et assimilés admis dans les cadres de l'activité trop tardivement pour pouvoir prétendre à la pension d'ancienneté lorsqu'ils sont atteints par la limite d'âge.

Ils reçoivent une pension proportionnelle à payement immédiat.

Certains de ces officiers avaient été affiliés, par application de l'article 7 de la loi du 30 avril 1920, à la Caisse nationale des retraites pour la vieillesse. Leur situation sera réglée dans des conditions analogues à celle des fonctionnaires entrés tardivement dans les cadres, visés à l'article 29 de la loi.

CHAPITRE II.

PENSIONS D'INVALIDITÉ.

Article 47.

L'article 47 concerne les pensions militaires d'invalidité. Le paragraphe 1er se borne, pour le règlement de ces pensions, à une simple référence à la législation spéciale sur les pensions pour invalidité des militaires et marins. On sait que la loi fondamentale en la matière est la loi du 31 mars 1919.

En principe et sauf les exceptions explicitement indiquées dans la loi nouvelle, les pensions militaires d'invalidité de la loi du 31 mars 1919 n'entrent pas dans le champ d'application de la loi du 14 avril 1924. Lorsque le texte de la loi nouvelle vise « les pensions de la présente loi », il y a donc lieu de considérer que les pensions d'invalidité de la loi du 31 mars 1919 ne sont pas comprises dans cette désignation.

Toutefois, la loi du 14 avril 1924 modifie certaines des dispositions de la loi du 31 mars 1919, en ce qui touche les militaires de carrière, ou leurs ayants cause, bénéficiaires des pensions mixtes des articles 59 et 60 de la loi du 31 mars 1919.

C'est ainsi que, pour ces militaires de carrière, le deuxième paragraphe de l'article 47 étend l'application de l'article 59 de la loi du 31 mars 1919 à tous les cas où l'infirmité est attribuable à un service accompli en opérations de guerre.

D'autre part, le dernier paragraphe de l'article 47 garantit un minimum, le minimum de la pension d'ancienneté du grade, aux militaires mis à la retraite pour invalidités résultant du service et hors d'état de rester en activité. L'article 35 du règlement précise les conditions exigées pour l'application de ce paragraphe. (Il y a lieu de noter que, pour l'application dudit paragraphe, la comparaison doit se faire entre le *minimum nu* d'une part, et le principal de la pension d'invalidité accru, le cas échéant, des allocations spéciales aux grand invalides d'autre part, les majorations pour enfants n'étant pas intégrées dans les éléments servant de termes de comparaison.)

La dernière disposition de l'article 47, si elle modifie le montant de la pension d'invalidité, n'en altère pas le caractère; elle restera pension d'invalidité, même si le chiffre résultant de l'application de la loi du 31 mars 1919 est élevé au taux de la pension minimum d'ancienneté du grade.

Les bénéficiaires du dernier paragraphe de l'article 47 auront donc droit, le cas échéant, ainsi que le précise le dernier paragraphe de l'article 35 du règlement, aux diverses majorations ou bonifications attachées à la pension d'invalidité. Mais ils ne pourront prétendre à celles afférentes aux pensions d'ancienneté.

CHAPITRE III.

PENSIONS DE VEUVES ET ORPHELINS DES MILITAIRES ET MARINS.

Article 48.

(Articles 4, 5, 36 et 37 du règlement.)

L'article 48 règle les droits des ayants cause, veuves et orphelins, des militaires et marins, en tant qu'ils sont fondés sur la durée des services, par une simple référence aux dispositions prévues pour les veuves et orphelins des fonctionnaires civils.

On ne peut donc que renvoyer pour les conditions d'exercice de ces droits aux explications qui ont été déjà données sous les articles 23, 24 et suivants. Il est à noter toutefois que le droit à pension ne saurait exister pour les ayants cause des militaires n'ayant pas effectivement subi de retenues et comptant moins

de quinze ans de services, puisque la rente viagère servant à
calculer la pension présuppose (article 22) le versement de retenues.

L'article 49 précise le mode de calcul de la pension des ayants
cause des militaires et marins titulaires d'une pension proportionnelle ou pouvant prétendre à cette pension.

Les ayants cause d'un officier titulaire d'une pension proportionnelle à jouissance différée auront droit à une pension calculée d'après les droits du mari où du père, et à payement immédiat, même si le décès du mari ou du père intervient avant
l'échéance de la pension différée.

Article 50.

(Article 37 du règlement.)

L'article 50 renvoie à la législation spéciale sur les pensions
pour invalidité (loi du 31 mars 1919) pour le règlement des
droits à pension des ayants cause des militaires et marins de
carrière, décédés titulaires d'une pension d'invalidité ou décédés en activité des suites de blessures ou de maladies résultant
du service.

Le dernier paragraphe de l'article, par parallélisme avec la
disposition finale de l'article 47, dispose que la pension des
ayants cause des militaires et marins de carrière, en cette hypothèse. ne pourra être inférieure à celle qui leur reviendrait
si on prenait pour base la pension minimum d'ancienneté du
grade. Conformément à l'observation présentée sous l'article
47, l'application de ce minimum garanti ne modifiera pas le
caractère de la pension acquise par les ayants cause, qui restera une pension pour décès.

Article 51.

L'article 51 se réfère au cas où les ayants cause posséderaient
des droits à pension, à la fois du chef de l'ancienneté de leur
auteur et au titre d'un décès résultant du service; ils pourront
opter soit pour la pension pour décès du grade du mari ou du
père, soit pour une pension de réversion grossie de la pension
du taux normal ou exceptionnel prévue par la loi du 31 mars
1919 pour une veuve de soldat.

L'article 37 du règlement précise le jeu des articles 50 et 51
dans les diverses hypothèses à envisager.

Article 52.

L'article 52 concerne les droits à pension fondés sur la durée des services des ayants cause des militaires et marins indigènes de l'Algérie et des colonies ou pays de protectorat, lorsqu'ils sont appelés ou engagés dans les conditions prévues à l'article 42. Le texte se borne à renvoyer, pour le règlement de ces droits, à des règlements d'administration publique qui statueront d'après les conditions de la vie locale.

CHAPITRE IV.

DISPOSITIONS SPÉCIALES.

Article 53.

Cet article précise que les règles concernant les militaires doivent être appliquées aux inspecteurs des colonies, qui bénéficient du statut militaire, et aux surveillants militaires des établissements pénitentiaires coloniaux.

TITRE III.

Dispositions d'ordre communes aux pensions civiles et militaires.

Article 54.

Les dispositions de l'article 54 confirment dans leur ensemble la législation antérieure en matière d'incessibilité et d'insaisissabilité des pensions.

Les pensions demeurent, en principe, incessibles et insaisissables, sauf en cas de débet envers l'Etat (la quotité saisissable sera en ce cas du cinquième), sauf pour les créances privilégiées de l'article 2101 du Code civil (frais de justice, frais funéraires, frais de dernière maladie, salaire des gens de service, fournitures de subsistances, créances des victimes d'accidents); sauf enfin pour les créances alimentaires des articles 203 (obligation des parents vis-à-vis des enfants), 205 (obligation des enfants vis-à-vis des parents), 206 (obligation des gendres et belles-filles vis-à-vis des beaux-pères et belles-mères),

207 (réciprocité des obligations alimentaires) et 214 (obligation du mari vis-à-vis de la femme) du Code civil. Pour ces créances privilégiées ou alimentaires, la quotité saisissable s'élèvera jusqu'au tiers de la pension.

La retenue du cinquième pourra se cumuler avec la retenue du tiers.

Article 55.

(Article 7 du règlement.)

L'article 55 règle le cas des ayants cause du fonctionnaire ou militaire disparu.

Le temps exigé pour que puisse s'ouvrir le droit à pension provisoire des ayants cause est réduit à un an à dater de la disparition. Ce délai d'un an courra à dater de la dernière échéance non touchée de la pension lorsque le disparu était titulaire d'une pension; à dater du jour où le chef de service aura constaté la disparition par acte spécial, lorsque l'agent était en possession de droits à pension au jour de sa disparition.

Pour le cas où le disparu viendrait à reparaître, deux hypothèses sont à envisager.

1° *Le disparu était titulaire d'une pension.* — S'il reparaît, il aura droit seulement, pour la période écoulée depuis sa disparition, à la différence entre les arrérages lui revenant et ceux qui ont été perçus par ses ayants droit, ceux-ci étant considérés comme ayant eu en quelque sorte délégation tacite pendant la durée de son absence;

2° *Le disparu n'était pas pensionnaire.* — La pension de ses ayants cause tombera automatiquement si elle est encore provisoire au moment de la réapparition. Si elle est devenue définitive, elle sera annulée par application des règles prévues à l'article 65 de la loi (rapport Lugol, n° 4225, page 141).

Article 56.

L'article 56 prévoit le cas de perte du droit à pension ou du droit à la jouissance de la pension.

La plupart de ces cas étaient déjà visés par la législation antérieure. Toutefois, le nouveau texte dispose expressément pour la première fois que la déchéance de la puissance paternelle mettra fin au droit à pension pour les veuves et les femmes divorcées.

Par application du quatrième paragraphe de l'article, les veuves, en cas de nouveau mariage avec un étranger, perdront leurs droits à pension, sauf dans les cas exceptionnels où ce nouveau mariage n'entraînerait pas la perte de la nationalité française. Si elles ne conservent pas la nationalité française, elles ne pourront donc réclamer le payement du capital de trois annuités d'arrérages que peuvent obtenir les veuves contractant un nouveau mariage.

Ils convient d'observer que le droit à la pension n'est que *suspendu* par les circonstances prévues à l'article 56. Les fonctionnaires ou pensionnaires visés par ce texte ne pourront se prévaloir de la suspension de leurs droits pour réclamer le remboursement de leurs retenues.

Article 57.

L'artice 57 dispose que la suspension de la pension ne sera que partielle, dans les hypothèses prévues à l'article précédent, si le pensionnaire a une femme et des enfants mineurs. Il leur sera maintenu des arrérages égaux à ceux auxquels ils auraient droit si le pensionnaire était décédé, sans que le montant desdits arrérages puisse dépasser celui de la pension suspendue.

Article 58.

(Article 8 du règlement.)

L'article 58 règle, conformément au précédent de l'article 27 de la loi du 9 juin 1853, le cas du fonctionnaire constitué en déficit pour détournement de deniers ou convaincu de malversations; il perd ses droits à pension.

La perte de la pension ou du droit à pension sera constatée dans les mêmes formes que la concession.

Article 59.

(Article 9 du règlement.)

L'article 59 règle le cumul d'un traitement et d'une pension civile ou militaire. La limite du cumul est élevée à 18.000 francs. Toutefois, cette limite est portée, s'ils sont supérieurs, soit au montant du dernier traitement ou de la dernière solde, avec leurs accessoires, soit au montant du traitement correspondant à l'emploi occupé.

L'article 9 du règlement définit ce qu'il faut entendre par

« accessoires de traitement ou de solde »; ce seront les éléments entrant en compte dans le calcul du traitement moyen pour l'établissement de la pension et visés aux articles 3 et 6 de la loi nouvelle.

Le dernier paragraphe de l'article 59 délimite les cas où les dispositions restrictives du cumul ne seront pas applicables; en sont affranchis notamment les titulaires de pensions militaires proportionnelles.

Il est à noter que l'article 59 ne comportera aucune dérogation aux règles résultant de l'article 58 de la loi du 31 mars 1919, qui autorise le cumul sans limitation des traitements civils et des pensions d'invalidité acquises au titre de cette loi (1); et d'autre part que les pensions prévues par le dernier alinéa de l'article 47 de la loi du 14 avril 1924, sont régis, en cette matière, par l'article 58 de la loi du 31 mars 1919.

L'article 59 est calqué, de façon générale, sur l'article 37 de la loi du 30 décembre 1913, qui réglait auparavant le cumul d'un traitement et d'une pension. Certains alinéas de l'article 37 se trouvent modifiés par le nouveau texte. D'autres, au contraire, ne sont pas reproduits par la loi nouvelle. Il y a lieu de considérer que ces derniers restent en vigueur; par exemple, ainsi que le précise le deuxième paragraphe de l'article 9 du règlement, le deuxième paragraphe de l'article 37 de la loi de 1913 est maintenu : seront considérées comme traitements, pour l'application de l'article 59, les sommes allouées à raison de services rémunérés au mois ou à l'année, à l'exclusion des salaires journaliers.

De même, l'avant-dernier et le dernier paragraphes de l'article 37 de la loi de 1913 ne sont pas abrogés et demeurent en vigueur.

Article 60.

L'article 60 est inspiré des articles 1er et 2 de la loi du 1er juin 1878 qui autorise le cumul, pendant les périodes d'exercice des officiers de complément, de la pension militaire et de la solde et qui, corrélativement, exclut le temps passé sous les drapeaux dans ces conditions, de la supputation des services militaires donnant droit à pension ou à revision de pension.

---

(1) On rappelle que les règles sur le cumul demeurent applicables aux pensions mixtes de la loi du 31 mars 1919 pour la partie « services ».

Article 61.

L'article 61 place hors des atteintes des règles sur le cumul des indemnités allouées aux retraités militaires à l'occasion de l'exercice de certaines fonctions militaires, mais les services qu'elles rémunèrent ne pourront ouvrir de nouveaux droits pour la revision de la retraite (Cf. article 38 de la loi du 30 décembre 1913).

Article 62.

(Article 38 du règlement.)

L'article 62 élève à 18.000 francs la limite du cumul de plusieurs pensions. Toutefois, le cumul est interdit de façon absolue pour les pensions acquises dans l'exercice d'un même emploi; il y aura donc lieu d'interdire le cumul de deux pensions qui, ne fût-ce que pour une période limitée, comporteraient rémunération des mêmes services.

Les dispositions transitoires du paragraphe 3 de l'article 40 de la loi du 30 décembre 1913, qui réglait antérieurement le cumul de plusieurs pensions, demeurent en vigueur. De même, demeure en vigueur la règle posée au troisième paragraphe de l'article 58 de la loi du 31 mars 1919, qui affranchit des règles du cumul les pensions d'invalidité de cette loi lorsque l'invalidité est supérieure au taux de 60 p. 100.

Le troisième paragraphe de l'article 62 interdit le cumul, sur la tête d'une veuve ou d'un orphelin, de plusieurs pensions de réversion, ce terme désignant toute pension acquise au titre de la réversion d'une pension déjà obtenue par le mari ou le père, ou au titre des services rendus par lui. Aux pensions de « réversion », au sens de l'article 62, s'opposent les pensions attribuées à titre personnel aux intéressés. Une veuve ne pourra donc cumuler deux pensions obtenues par application de la loi nouvelle du chef de deux maris successivement décédés, mais, par contre, elle pourra cumuler, dans la limite de 18.000 francs, une pension acquise au titre d'un mari décédé et une pension qui lui serait concédée à titre personnel.

Circulaire interministérielle relative à l'application de l'article 64 de la loi du 31 mars 1919 aux militaires et marins en activité de service ou en non-activité.

(Cabinet du Ministre; Bureau de la Correspondance générale.)

Paris, le 3 novembre 1922.

Il a été demandé si l'article 64 de la loi du 31 mars 1919, modifié par la loi du 18 juillet 1922, est applicable aux militaires et marins soit en activité de service, soit en non-activité.

Les dispositions du paragraphe Ier dudit article sont formelles :

« L'Etat doit à tout militaire ou marin bénéficiaire de la loi du 31 mars 1919 la gratuité des soins médicaux, chirurgicaux et pharmaceutiques nécessités par la blessure ou la maladie contractée ou aggravée en service, qui a motivé la pension. »

Mais il convient d'établir, dans l'application de la gratuité ainsi prévue, une distinction essentielle suivant qu'il s'agit des militaires et marins en activité ou des militaires et marins en non-activité.

I. — Militaires et marins en activité de service.

a) *Hospitalisés.* — L'hospitalisation est gratuitement assurée par les établissements qui relèvent du service de santé militaire et du service de santé de la marine.

Les frais d'hospitalisation sont remboursés par le ministère des pensions au ministère de la guerre et au ministère de la marine, selon le tarif adopté dans chaque établissement pour les militaires et marins du même grade.

Frais de déplacement des hospitalisés. — Les militaires et marins hospitalisés au titre de l'article 64, ont droit aux frais de déplacement nécessités par leur hospitalisation. Les frais de déplacement à mettre à la charge du ministère des pensions correspondent au prix du billet de 2e classe au tarif militaire.

b) *Non hospitalisés.* — La gratuité des soins médicaux, chirurgicaux et pharmaceutiques est assurée exclusivement à l'aide du personnel et des ressources du service de santé militaire ou du service de santé de la marine.

Toutefois, les cessions de médicaments faites dans les conditions prévues par les dispositions en vigueur aux militaires maintenus en activité, donneront lieu à remboursement par le ministère des pensions (1).

A cet effet, dans chaque cas, le médecin militaire appelé à donner ses soins à l'intéressé appréciera si les soins pharmaceutiques que réclame son affection sont bien nécessités par la blessure ou la maladie qui a motivé la pension, et, dans l'affirmative, inscrira, en tête du bon modèle n° 95 destiné à recevoir sa prescription, après le nom et le grade du militaire, la mention « Bénéficiaire de l'article 64 de la loi du 31 mars 1919 », en indiquant la date de la décision de la commission de réforme, le numéro et le montant de la pension et le taux d'invalidité.

Les dispositions qui précèdent sont également applicables aux délivrances de médicaments faites par la marine aux bénéficiaires de l'article 64 de la loi du 31 mars 1919. Le bon de délivrance portera des indications analogues à celles que prévoit le bon n° 95 de la guerre, et les mentions visées à l'alinéa précédent.

Les bons remis au pharmacien militaire ne donneront pas lieu à remboursement par la partie prenante; ils seront totalisés en fin de trimestre et feront l'objet d'une facture, dont le montant sera remboursé par le ministère des pensions au service de santé de la guerre ou de la marine, par virement.

Les militaires et marins en activité n'ont pas à se faire inscrire sur les listes spéciales des bénéficiaires de l'article 64, à la mairie de leur résidence, ni à recevoir le carnet de soins gratuits délivré à la suite de cette inscription.

II. — Militaires et marins en non-activité.

La gratuité est assurée conformément aux dispositions du décret du 25 octobre 1922.

Loi relative à l'ouverture d'un crédit extraordinaire, etc., aux crédits d'inscription, aux rappels d'arrérages, etc.

Palais des Tuileries, le 17 avril 1833.

Louis-Philippe, Roi des Français, à tous présents et à venir, salut.

Les Chambres ont adopté, Nous avons ordonné et ordonnons ce qui suit :

. . . .

---

(1) Additif du 20 janvier 1925. (B. O., p. 184.)

Art. 3. A l'avenir, et pour mémoire seulement, le budget du ministère de la guerre contiendra un chapitre éventuel et spécial destiné à faire connaitre les besoins que nécessitera, dans le courant de l'année, l'inscription des pensions militaires.

Le crédit nécessaire au payement de ces pensions pendant la même année sera ouvert au budget du ministère des finances, jusqu'à concurrence des deux tiers du crédit éventuel d'inscription ouvert au Ministre de la guerre.

Art. 4. A partir de 1834, le Ministre de la guerre ne pourra imputer, sur les crédits annuels d'inscription ouverts en vertu de l'article ci-dessus, que les pensions liquidées et accordées dans le cours de l'année pour laquelle chaque crédit aura été alloué.

Les portions de crédit demeurées sans emploi seront définitivement annulées, et le compte en sera présenté aux Chambres.

Art. 5. .... (1)

Art. 6. A l'avenir, tout militaire, veuve ou orphelin de militaire, qui se trouvera en demeure de faire valoir ses droits à l'obtention d'une pension ou d'un secours annuel, sera tenu de se pourvoir en liquidation auprès du Ministre de la guerre, dans un délai dont la durée ne pourra excéder cinq ans, sans préjudice des règles déjà fixées et des déchéances encourues ou à encourir d'après la législation en vigueur sur les pensions de l'armée de terre; passé ce délai, les demandes ne seront pas admises.

Les ayants droit qui, au jour de la promulgation de la présente loi, se trouveront déjà en demeure depuis plus de cinq ans, auront un délai d'un an pour se pourvoir, à partir de cette promulgation.

La présente loi, discutée, délibérée et adoptée par la Chambre des Pairs et par celle des Députés, et sanctionnée par nous ce jour-d'hui, sera exécutée comme loi de l'Etat.

Donnons en mandement à nos cours et tribunaux, préfets, corps administratifs, et tous autres, que les présentes ils gardent et maintiennent, fassent garder, observer et maintenir, et, pour les rendre plus notoires à tous, ils les fassent publier et enregistrer partout où besoin sera ; et, afin que ce soit chose ferme et stable à toujours, Nous y avons fait mettre notre sceau.

Fait à Paris, au palais des Tuileries, le 17e jour du mois d'avril, l'an 1833.

---

(1) Abrogé par l'article 40 de la loi du 16 avril 1895 (voir p. 73).

Ordonnance du 7 *avril* 1841.

(Pensions militaires ; Veuves ; Séparation de corps.)

[Aux termes de la loi du 11 avril 1831 (article 20), « en cas e separation de corps, la veuve d'un militaire ne peut prétendre à aucune pension » :

La réconciliation des époux divorcés et leur cohabitation fait-elle cesser la séparation de corps et toutes les conséquences qui peuvent en résulter par rapport à l'application de la loi du 11 avril 1831? — Rés. aff.]

(14.811. — 7 avril 1841. — Dame MAZIAN.)

LOUIS-PHILIPPE, etc... — Vu les requêtes sommaire et ampliative à nous présentées par la dame Mazian, née Barachin, veuve du sieur Mazian (Antoine), colonel de gendarmerie, décédé en activité le 10 décembre 1836, tendantes à ce qu'il nous plaise annuler une décision rendue par notre Ministre de la guerre le 4 juillet 1839, qui a rejeté la demande qu'elle avait formée en réversion de la pension à laquelle elle croit avoir droit comme veuve d'un militaire ;

Vu l'acte de notoriété tendant à prouver que la veuve s'était réconciliée et vivait en bonne intelligence avec son mari ;

Vu l'article 20 de la loi du 11 avril 1831 ;

Considérant que si, aux termes de l'article 20 de la loi du 11 avril 1831, en cas de séparation de corps, la veuve d'un militaire ne peut prétendre à aucune pension, il résulte de l'instruction qu'il y a eu, postérieurement au jugement de séparation, réconciliation et cohabitation entre les époux Mazian; que, dès lors, la séparation de corps avait cessé d'exister, ainsi que toutes les conséquences qui pouvaient en résulter par rapport à l'application de la loi du 11 avril 1831 ;

Art. 1er. La décision de notre Ministre de la guerre du 4 juillet 1839 est annulée.

M. Richaud, auditeur, rapp. — M. Hély d'Oissel, maître des requêtes, ff. du m. p. — Me Coffinières, avocat.

Extrait de la Loi qui modifie celle du 11 avril 1831, sur les Pensions de l'armée de terre.

Du 25 juin 1861.

Napoléon, par la grâce de Dieu et la volonté nationale, Empereur des Français,

A tous présents et à venir, salut.

Avons sanctionné et sanctionnons, promulgué et promulguons ce qui suit :

LOI.

(Extrait du procès-verbal du corps législatif.)

Le Corps législatif a adopté le projet de loi dont la teneur suit :

. . . .

Art. 2. Auront droit exceptionnellement, après vingt-cinq ans de service effectif, au minimum de la pension de retraite attribuée à leur grade, les officiers mis en non-activité pour infirmités temporaires, lorsqu'ils auront été reconnus par un conseil d'enquête, conformément aux prescriptions de la loi du 19 mai 1834, non susceptibles d'être rappelés à l'activité.

Art. 3. A partir du 1er janvier 1832, le service militaire accompli en Algérie ne sera compté que pour le double de sa durée effective.

Art. 4. .... (1)

Art. 5. Pour l'amputation d'un membre ou la perte absolue de l'usage de deux membres, les officiers, sous-officiers, caporaux, brigadiers et soldats, ainsi que leurs assimilés, reçoivent le maximum de la pension qui leur est attribuée par la présente loi ou par la loi du 26 avril 1855.

En cas d'amputation de deux membres ou de la perte totale de la vue, ce maximum est augmenté, pour les officiers et les assimilés, de vingt pour cent, et pour les sous-officiers, caporaux, brigadiers et soldats et assimilés, de trente pour cent.

Dans cette dernière augmentation se trouve compris le supplément alloué par l'article 33 de la loi du 28 fructidor an VII (2).

Art. 6. En cas de séparation de corps, la femme contre laquelle elle a été admise ne peut prétendre à la pension de veuve ; en ce cas, les enfants, s'il y en a, sont considérés comme orphelins (2).

. . . .

---

(1) Abrogé par les lois des 22 juin 1878 et 21 mars 1905.
(2) Modifié par la loi du 31 mars 1919 (voir vol. 664).

Art 8. Sont abrogées toutes les dispositions contraires à la présente loi.

Délibéré en séance publique à Paris, le 15 juin 1861.

(*Suivent les signatures.*)

***

Décret relatif à la procédure devant le Conseil d'État (1).

Du 2 novembre 1864.

Napoléon, par la grâce de Dieu et la volonté nationale, Empereur des Français, à tous présents et à venir, salut.

Vu les décrets des 11 juin et 22 juillet 1806 :

Vu l'ordonnance du 18 janvier 1826 :

Notre Conseil d'Etat entendu,

Avons décrété et décrétons ce qui suit :

Art. 1er. . . . .(2).

Art. 5. Les Ministres font délivrer aux parties intéressées qui le demandent un récépissé constatant la date de la réception et de l'enregistrement au ministère de leur réclamation.

Art. 6. Les Ministres statuent par des décisions spéciales sur les affaires qui peuvent être l'objet d'un recours par la voie contentieuse.

Ces décisions sont notifiées administrativement aux parties intéressées.

. . . .

Fait au palais de Saint-Cloud, le 2 novembre 1864.

***

Extrait de la loi du 18 *août* 1879, *sur les pensions des sous-officiers, caporaux ou brigadiers et soldats de l'armée de terre.*

Le Sénat et la Chambre des Députés ont adopté,

Le Président de la République promulgue la loi dont la teneur suit :

---

(1) Voir l'article 35 et suivants de la loi du 31 mars 1919.

(2) Article abrogé par la loi de finances du 17 avril 1906 (voir p. 75).

TITRE Ier.

Des droits à la pension de retraite.

Art. 1er. Les sous-officiers, caporaux, brigadiers, soldats de l'armée de terre et leurs assimilés acquièrent des droits à une pension de retraite soit par la durée de leurs services, soit par suite de blessures ou d'infirmités.

Art. 2. Le droit à la pension de retraite pour ancienneté est acquis à vingt-cinq ans de service effectif, par les militaires maintenus sous les drapeaux au delà des limites d'âge fixées par l'article 51 de la loi du 27 juillet 1872, en qualité de commissionnés ou par application des lois antérieures.

Art. 3. .... (1).

Art. 4. .... (2).

TITRE II.

Fixation du taux de la pension de retraite.

Art. 5. La pension pour ancienneté de service comporte un minimum et un maximum qui sont déterminés, pour chaque grade, par le tarif annexé à la présente loi.

Le minimum est acquis à vingt-cinq années de service effectif.

Le maximum est acquis à quarante-cinq ans de service, campagnes comprises.

Chaque année de service en sus des vingt-cinq années et chaque campagne augmentent le minimum d'une somme égale au vingtième de la différence du maximum au minimum.

Art. 6. .... (3).

Art. 7. Chaque année de service accomplie en sus des 15 ans, ainsi que chaque campagne, donnent droit à une augmentation égale à un dixième de la différence entre le minimum de la pension d'ancienneté et le minimum de la pension proportionnelle.

Toutefois, si les campagnes ajoutées aux années de service forment un total de plus de vingt-cinq ans, les années ou campa-

---

(1) Modifié par l'article 65 de la loi du 21 mars 1905.

(2) Modifié par l'article 85 de la loi du 1er avril 1923.

(3) Voir page 124 les tarifs résultant de l'application de la loi du 14 **avril 1924.**

gnes en sus sont calculées sur le taux d'accroissement des pensions d'ancienneté de vingt-cinq à quarante-cinq ans.

Art. 8. .... (1).

TITRE III.

Des pensions pour blessures ou infirmités.

Art. 9. La pension à titre de blessures ou d'infirmités est acquise dans les conditions déterminées par les prescriptions des lois antérieures.

La liquidation en est calculée d'après les règles indiquées dans lesdites lois (2).

TITRE IV.

Dispositions spéciales à l'arme de la gendarmerie.

Art. 10 (3). Les tarifs de la présente loi s'appliquent aux pensions des sous-officiers, brigadiers de gendarmerie ou gendarmes. Toutefois, les pensions des militaires de cette arme sont liquidées suivant les dispositions de l'ordonnance du 20 janvier 1841, et, de plus, elles sont augmentées, pour chaque année d'activité passée dans la gendarmerie au delà de quinze ans de service effectif, soit dans l'armée, soit dans la gendarmerie :

De 18 francs pour le sous-officier;
De 15 francs pour le brigadier;
De 8 francs pour le gendarme.

Le droit à ces annuités est acquis après vingt-cinq ans de service effectif. Le maximum de l'augmentation est atteint à trente ans de service effectif.

Art 11. Le militaire qui, après être sorti de la gendarmerie pour une cause quelconque, y est réadmis, ne profite de la majoration dont il s'agit que pour le temps accompli dans cette arme depuis sa réadmission.

Art. 12. En cas d'admission à la retraite à titre de blessures ou d'infirmités, le bénéfice des annuités déterminées à l'article précédent est acquis au militaire qui compte plus de quinze ans de

---

(1) Abrogé par la loi du 21 mars 1905.
(2) Voir la loi du 31 mars 1919 (vol. 664).
(3) Voir page 22 l'article 41 de la loi du 14 avril 1924 et article 30 du règlement du 2 septembre 1914.

service effectif, mais seulement pour le nombre d'années de présence dans l'arme de la gendarmerie (1).

Art. 13. Les annuités fixées par l'article 10 seront décomptées et fractionnées selon les règles générales adoptées pour la liquidation des pensions militaires; elles sont déterminées par le grade dont le militaire est titulaire à l'époque de sa mise à la retraite.

TITRE V.

Des pensions des veuves et des secours aux orphelins (2).

Art. 14. . . . . (3).

Art. 15. . . . . (3).

Art. 16. Dans le cas où les veuves et orphelins des militaires de la gendarmerie ont droit à des pensions ou à des secours annuels, ces pensions et secours annuels, calculés d'après les lois générales sur les pensions militaires, sont augmentés de la moitié des annuités afférentes au temps d'activité passé dans la gendarmerie par le mari ou le père, si ce dernier avait plus de quinze ans de service effectif soit dans l'armée, soit dans la gendarmerie.

Art. 17. Sont élevés aux trois quarts du maximum de la pension d'ancienneté affectée au grade dont le mari ou le père était titulaire, les pensions de veuves et les secours annuels accordés aux orphelins mineurs des sous-officiers, brigadiers de gendarmerie ou gendarmes qui ont péri par suite de lutte ou combat soutenu dans l'exercice de leurs fonctions.

Les pensions et secours annuels liquidés en vertu du présent article sont augmentés, en outre, des trois quarts des annuités énoncées aux articles 10, 11 et 12.

TITRE VI.

Dispositions générales et transitoires.

Art. 18. Sont abrogées les dispositions des lois et décrets antérieurs contraires à la présente loi.

Art. 19. Les dispositions de la présente loi sont applicables à toutes les pensions non encore inscrites, au moment de sa promulgation, au livre de la dette publique.

---

(1) Voir le tableau III de la loi du 31 mars 1919.

(2) Voir page 9 les articles 14 à 18 de la loi du 31 mars 1919 et page 25 l'article 48 de la loi du 14 avril 1924.

(3) Remplacés par les articles 23 et suivants de la loi du 14 avril 1924.

La présente loi, délibérée et adoptée par le Sénat et par la Chambre des députés, sera exécutée comme loi de l'Etat.

Fait à Paris, le 18 août 1879.

Loi portant : 1° *modification du paragraphe* 2 *de l'article* 19 *des lois des* 11 *et* 18 *avril* 1831 *sur les pensions des armées de terre et de mer;* 2° *application au département de la marine et des colonies des dispositions de l'article* 6 *de la loi du* 17 *avril* 1833, *concernant l'armée de terre, et relatives au délai pendant lequel une pension peut être réclamée.*

Paris, le 15 avril 1885.

Le Sénat et la Chambre des Députés ont adopté,

Le Président de la République promulgue la loi dont la teneur suit :

Art. 1ᵉʳ (1). Ont droit à la pension, les veuves des militaires, marins ou assimilés dont la mort a été causée soit par des événements de guerre, soit par des maladies contagieuses ou endémiques aux influences desquelles ils ont été soumis par les obligations de leur service, pourvu que le mariage soit antérieur auxdits événements de guerre et à l'origine desdites maladies.

Les causes, l'origine et la nature des événements de guerre et des maladies contagieuses ou endémiques seront constatées par un certificat d'origine dressé à l'époque où ils se seront produits, et, s'il y a lieu, avant le retour en France.

Si les faits se sont passés hors de France, lorsque les militaires et marins, à leur retour, ne se considéreront pas comme guéris, ils feront constater, par leurs services médicaux respectifs, que les effets desdits événements et maladies subsistent encore.

Cette constatation devra être renouvelée d'année en année, pendant leur séjour en France, par les officiers de santé militaire ou maritime de la localité où ils résideront.

Le médecin qui aura soigné le malade à son décès devra affirmer que les événements de guerre ou les maladies ci-dessus constatées ont été la cause directe de la mort.

Tous les certificats médicaux seront légalisés par l'autorité compétente.

---

(1) Voir la loi du 31 mars 1919 et les articles 23 et suivants de la loi du 14 avril 1924.

Si les militaires et marins sont décédés une année révolue après la date de la dernière constatation médicale, leurs veuves seront sans droit à la pension.

Art. 2. A l'avenir, tout marin ou assimilé, veuve ou orphelin de marin ou assimilé, qui se trouvera en demeure de faire valoir ses droits à l'obtention d'une pension ou d'un secours annuel, sera tenu de se pourvoir en liquidation auprès du Ministre de la marine, dans un délai dont la durée ne pourra excéder cinq ans, sans préjudice des règles déjà fixées et des déchéances encourues ou à encourir d'après la législation en vigueur sur les pensions de l'armée de mer; passé ce délai, les demandes ne seront pas admises.

Les ayants droit qui, au jour de la promulgation de la présente loi, se trouveront déjà en demeure depuis plus de cinq ans, auront un délai d'un an pour se pourvoir à partir de cette promulgation.

Art. 3. Toutes les prescriptions ci-dessus seront observées sous peine de déchéance.

La présente loi, délibérée et adoptée par le Sénat et par la Chambre des députés, sera exécutée comme loi de l'Etat.

Fait à Paris, le 15 avril 1885.

Décision ministérielle portant classification nouvelle des blessures ou infirmités ouvrant des droits à la pension de retraite (1).

Paris, le 23 juillet 1887.

Des omissions ont été constatées dans les tableaux du 3 janvier 1879 portant classification des blessures ou infirmités ouvrant des droits à la pension de retraite en vertu des lois des 11 et 18 avril 1831; de fréquentes difficultés d'appréciation ont été soulevées par la disposition de ces tableaux et ont démontré la nécessité de les reviser.

Une commission spéciale, constituée par les départements de la guerre et de la marine, a procédé à ce travail de revision; elle a préparé de nouveaux tableaux qui semblent de nature à faire disparaître à l'avenir toute difficulté.

En conséquence :

Le tableau annexé à la circulaire du 3 janvier 1879 et portant classification des blessures et infirmités ouvrant des droits à la pension de retraite est annulé; il est remplacé par la classification nouvelle ci-après, qui, seule, servira désormais de guide aux médecins pour l'application de la loi du 11 avril 1831.

---

(1) Voir le *Guide-barème des invalidités*, annexé au décret du 29 mai 1919.

Tableau de la classification des blessures et infirmités ouvrant des droits à la pension suivant les catégories fixées par les lois des 11 et 18 avril 1831 (1).

1re CLASSE.

Cécité ou perte totale et irrémédiable de la vue.

2e CLASSE.

Amputation de deux membres.

3e CLASSE.

Amputation d'un membre (pied ou main).

4e CLASSE.

Perte absolue de l'usage de deux membres.
Infirmités équivalentes.

1. Hémiplégie complète. . . . . . } d'origine traumatique ou occasionnée par les fatigues du service.
   Paraplégie complète. . . . . . }

2. Altération grave des fonctions cérébrales (abolition de la mémoire, de la parole, imbécillité, démence, aliénation mentale, etc.) résultant de : } blessures de la tête, congestion, insolation, méningo-encéphalite, fatigues du service, etc.

3. Paralysie générale à la période d'état gâteux.

4. Mutilations étendues de la face comprenant à la fois ou. . . . . } l'œil, l'orbite et le maxillaire supérieur d'un côté ; les deux maxillaires supérieurs et le nez ou un maxillaire supérieur et l'inférieur ; la mâchoire inférieure en totalité et la langue.

5. Fistule stomacale ; anus contre nature provenant de l'intestin grêle } résultant d'une blessure.

6. Ablation simultanée du pénis et des testicules par blessure.

---

(1) Voir le renvoi (1) de la page 65.

7. Ankylose simultanée de plusieurs articulations des membres supérieurs et des membres inférieurs, par suite d'affection rhumatismale contractée à l'occasion du service.

5ᵉ CLASSE.

Perte absolue de l'usage d'un membre. Infirmités équivalentes.

8(1) Amputation tarso-métatarsienne, médio-tarsienne, sous-astragalienne, lorsque la marche est possible sur le moignon.

9. Hémiplégie incomplète, paraplégie incomplète... } permettant quelques mouvements utiles, provenant d'un traumatisme ou des fatigues du service.

10. Paralysie générale progressive à la période d'état, provenant des fatigues du service.

11. Ataxie locomotrice progressive, provenant des fatigues du service.

12. Epilepsie, accès épileptiformes, chorée, spasmes fonctionnels, paralysie agitante, spasmodique ou autres névroses de la motilité et de la sensibilité, résultant d'un traumatisme ou d'un fait de service.

13. Paralysie d'un organe important (muscles de l'œil, de la langue, du pharynx, du larynx, de la vessie, du rectum, etc.), provenant d'un traumatisme ou des fatigues du service.

14. Atrophie musculaire progressive ayant envahi tout un membre, ou incomplètement deux membres, ou s'étendant aux muscles du tronc, provenant des fatigues du service.

15. Ulcère ou cicatrice ulcérée, résultant de plaie ou de grande perte de substance.

16. Eléphantiasis, lèpre, ulcères profonds, étendus ou multiples des pays chauds.

17. Cicatrice étendue et profonde du crâne avec perte de substance du péricrâne et des os dans toute leur épaisseur, provenant d'un traumatisme ou d'une opération.

18. Déviation persistante de la tête et du tronc, produisant une gêne considérable des mouvements et résultant d'un traumatisme ou d'une affection contractée à l'occasion du service (lésion du rachis ou des muscles).

---

(1) Le numéro 8 a été reporté de la 4ᵉ à la 5ᵉ classe par décision du 2 février 1905 (*B. O.*, 1ᵉʳ 1908, p. 787).

19. Surdité complète des deux côtés, résultant d'une blessure ou d'une maladie contractée à l'occasion du service.

20. Destruction, atrophie d'un œil ou perte complète de la vision avec déformation extérieure très apparente du globe oculaire (staphylôme, leucôme, hernie de l'iris, etc.).

21. Perte de la vue d'un côté et diminution de la vue de l'autre côté, ou affaiblissement de l'acuité visuelle inférieure à un quart des deux côtés, résultant d'une maladie contractée à l'occasion du service (ophtalmie granuleuse, iridochoroïdite, atrophie papillaire, etc.).

22. Déformation de la face, des paupières et des voies lacrymales ; ablation du nez, etc., occasionnant une gêne fonctionnelle importante, et résultant d'un traumatisme.

23. Déformation de l'une ou l'autre mâchoire, avec perte de substance étendue ; déviation des arcades dentaires ou perte de la plupart des dents ; ou destruction de la voûte palatine, du voile du palais ; ou ankylose de l'articulation temporo-maxillaire, résultant d'une blessure.

24. Fistule persistante ou rétrécissement des voies aériennes de cause traumatique (fracture du larynx, plaie de la trachée, etc.). Laryngo-trachéotomie pratiquée pour une maladie contractée à l'occasion du service et nécessitant le port permanent d'une canule.

25. Fistule persistante ou rétrécissement du pharynx et de l'œsophage, par suite de blessure.

26. Fistule persistante, ou rétraction considérable du thorax, résultant soit d'un traumatisme, soit d'une pleurésie ou de l'opération de l'empyème, si la maladie a été occasionnée par les fatigues ou dangers du service, indépendamment de toute prédisposition constitutionnelle appréciable.

27. Hernie irréductible du poumon de cause traumatique.

28. Affection chronique du cœur et des gros vaisseaux provenant d'un traumatisme ou d'une maladie rhumatismale ou infectieuse, contractée à l'occasion du service.

29. Bronchite chronique, compliquée d'emphysème et d'affection du cœur ou d'accès d'asthme provenant des fatigues du service.

30. Tuberculose des organes respiratoires (larynx, poumons, plèvres) ou des organes digestifs (intestin, péritoine, viscères, etc.) provenant des fatigues ou dangers du service, et indépendante de toute prédisposition constitutionnelle appréciable.

31. Affection chronique de l'estomac consécutive à une maladie endémique des pays chauds, ou provenant d'un long séjour dans ces contrées ou des fatigues du service en campagne.

32. Dysenterie, diarrhée chronique, ayant amené la détérioration de la constitution, contractée dans les pays chauds ou dans le service en campagne.

33. Engorgement chronique ou abcès du foie, dû à l'influence palustre ou à un séjour prolongé dans les pays chauds.

34. Cachexie palustre avec détérioration de la constitution et engorgement des viscères, ou néphrite et hydropisie.

35. Hernie ventrale volumineuse ou éventration.

36. Fistule stercoraire d'origine traumatique.

37. Rétrécissement ou prolapsus du rectum; fistule incurable à l'anus, à la suite de blessure, de diarrhée ou de dysenterie des pays chauds.

38. Néphrite et cystite purulente; concrétions urinaires; fistule vésicale ou uréthrale; rétrécissement incurable ou perte de substance irrémédiable de l'urèthre, causant l'incontinence ou la rétention d'urine d'origine traumatique.

39. Ablation totale du pénis; ablation ou destruction des deux testicules. (par suite de traumatisme.

40. Abcès par congestion symptomatique d'une lésion incurable du rachis ou du bassin, provenant d'un traumatisme ou des fatigues du service.

41. Impotence absolue d'un membre, résultant de..........

paralysie d'origine traumatique, rhumatismale ou autre;

atrophie musculaire ou trophique d'origine rhumatismale ou autre;

arthrite suppurée chronique d'une grande articulation, d'origine rhumatismale ou autre;

déformation et ankylose des articulations, consécutives à un rhumatisme chronique;

rétraction musculaire et tendineuse ou par brides et adhérences cicatricielles.

déviation ou raccourcissement considérable par suite de fracture vicieusement consolidée ou d'opération de résection;

pseudarthrose consécutive à une fracture ou à une résection;

41. Impotence abso-
     lue d'un mem-
     bre, résultant
     de (*suite*)..... { périosto-myélite généralisée chronique, de cause traumatique ; luxation non réduite d'une grande articulation ; anévrisme diffus, anévrisme artérioso-veineux étendu provenant d'une blessure.

42. Ankylose com-
     plète......... { de l'épaule ; du coude dans l'extension ; de la hanche dans la flexion ou avec déviation du membre ; du genou dans la flexion : du pied fortement dévié ou luxé. } par suite de traumatisme, de résection ou d'affection rhumatismale ou autre provenant des fatigues du service.

43. Flexion ou extension permanente de tous les doigts de la main, résultant d'un traumatisme ou d'une affection contractée à l'occasion du service.

44. Ablation simultanée du pouce et de l'index avec ou sans enlèvement des métacarpiens correspondants.

45. Ablation .. .... { de trois doigts et de leurs métacarpiens ; des quatre derniers doigts de la main ; de deux doigts avec gêne des mouvements ou déviation des doigts conservés et atrophie de la main.

46. Ablation ..... { des deux premiers métatarsiens ; des trois derniers métatarsiens

6ᵉ CLASSE.

47. Cicatrices étendues, douloureuses, rétractées, ulcéreuses, adhérentes aux organes profonds ou accompagnées de hernie musculaire occasionnant une gêne fonctionnelle importante, quelle que soit la région.

48. Fistule persistante provenant d'une périostite nécrosique ou carieuse d'origine traumatique.

49. Tumeur de nature diverse, occasionnant un trouble fonc-

tionnel grave et provenant manifestement d'un traumatisme subi dans le service.

50. Diminution très prononcée 'de l'ouïe des deux côtés, ou
surdité complète d'un côté avec paralysie faciale ou destruction de l'appareil auditif externe, résultant d'une
blessure ou d'une maladie contractée à l'occasion du
service

51. . . . . (1)

52. Hernie inguinale ou crurale (unique ou double), lorsqu'elle
est irréductible ou présente des difficultés exceptionnelles
de contention.

53. Hémorroïdes volumineuses et permanentes, ayant amené
l'affaiblissement de la constitution, et développées sous
l'influence du séjour dans les pays chauds.

54. Hydrocèle, hématocèle devenu incurable par l'épaississe-
ment des parois vaginales ou par toute autre complica-
tion, et ayant pour origine un traumatisme attribuable au
service.

55. Varices développées, (compliquées d'œdème permanent, de
oblitérations vei- } troubles trophiques prononcés ou
neuses . . . . (d'ulcères.

56. Paralysie incomplè- \ d'un membre, d'origine traumatique,
te, atrophie incom- / rhumatismale (sciatique ou autre),
plète . . . . / attribuable aux fatigues ou dangers
        du service.

57. Déviation partielle (d'un membre par contracture ou para-
et rétraction par- } lysie musculaire, cicatrices adhé-
tielle . . . . (rentes ou brides cicatricielles.

58. Cal irrégulier, difforme, avec chevauchement ou direction
vicieuse, ostéite ou cicatrice adhérente, etc., résultant
d'une fracture des os longs des membres, des os du bassin
ou de l'omoplate, et occasionnant une gène considérable
des fonctions.

59. Arthrite chronique non suppurée d'une grande articulation
d'origine traumatique, rhumatismale ou autre, attribuable
aux fatigues ou dangers du service.

---

(1) Suivant circulaire du 1er mars 1907, la perte de la vision d'un côté
est rangée, dans tous les cas, dans la 5e classe (*B. O.*, 1er 1903, p. 787).

60. Ankylose complète.
{ du coude dans la flexion ;
du poignet avec gêne des mouvements de pronation, de supination et des doigts :
de la hanche, dans la rectitude du membre ;
du genou dans l'extension ;
du pied avec déformation, engorgement ou atrophie et gêne des mouvements des orteils ; }
par suite de traumatisme, de résection ou d'affection rhumatismale ou autre provenant des fatigues du service.

61. Luxation non réduite du poignet ou des os du tarse, lorsqu'elle détermine une gène fonctionnelle importante.

62. Luxation non réduite du pouce ou du gros orteil, accompagnée de cicatrices adhérentes et de raideur des autres doigts.

63. Flexion ou extension permanente de trois doigts de la main, avec gêne des mouvements des autres doigts ou atrophie de la main et de l'avant-bras.

64. Ablation du pouce avec ou sans enlèvement simultané de son métacarpien.

65. Ablation...
{ de deux doigts avec enlèvement simultané des métacarpiens correspondants ;
de deux doigts avec raideur des doigts conservés ; }

Toute autre mutilation analogue des doigts et de la main, entraînant une gêne fonctionnelle importante.

66. Ablation...
{ de tous les orteils d'un pied ;
du premier métatarsien et du gros orteil ;
de deux autres métatarsiens. }

Extrait de la loi de finances du 16 avril 1895.

. . . .

Art. 40. A dater de la promulgation de la présente loi, les décrets de concession de toute nature à la charge de l'Etat seront publiés au *Journal officiel* et au *Bulletin des lois*.

Les pensions seront inscrites au Trésor public après la publication au *Journal officiel* des décrets de concession.

Il ne pourra, en aucun cas, y avoir lieu au rappel de plus de trois années d'arrérages antérieures à la date de la publication au *Journal officiel* du décret de concession.

Sont abrogés l'article 26 de la loi du 25 mars 1817, l'article 5 de la loi du 17 avril 1833 et le deuxième paragraphe de l'article 25 de la loi du 9 juin 1853.

. . . .

Loi relative au droit à pension militaire des fonctionnaires du service de la trésorerie et des postes aux armées.

Le Sénat et la Chambre des députés ont adopté,

Le Président de la République promulgue la loi dont la teneur suit :

Art. 1er. Dans le cas de blessures ou d'infirmités résultant de l'exercice de leurs fonctions en campagne ou pendant une période d'instruction, les agents et les sous-agents du service de la trésorerie et des postes sont traités, au point de vue des droits à l'obtention de pensions militaires, comme les militaires dont le rang leur est attribué par les articles 16 et 19 du règlement d'administration publique du 14 mars 1877, rendu en exécution de l'article 19 de la loi du 13 mars 1875.

Ont, de même, droit à pension militaire les veuves et orphelins desdits agents et sous-agents, pourvu que le mariage soit antérieur à l'événement qui a amené l'admission à la retraite ou la mort du mari.

Art. 2. Les dispositions qui précèdent seront applicables aux agents ou sous-agents, ainsi qu'aux veuves et orphelins dont les droits se seraient ouverts moins de cinq années avant la promulgation de la présente loi.

La présente loi, délibérée et adoptée par le Sénat et par la Chambre des députés, sera exécutée comme loi de l'Etat.

Fait au Havre, le 27 juillet 1895.

FÉLIX FAURE.

Par le Président de la République :

Le Ministre de la guerre,
Gal Zurlinden.

Le Président du conseil,
Ministre des finances,
A. Ribot.

Extrait de la loi de finances du 13 avril 1898.

. . . .

Art. 38 (1). Lorsqu'un pensionnaire militaire a disparu de son domicile et que plus de trois ans se sont écoulés sans qu'il ait réclamé les arrérages de sa pension, sa femme ou les enfants mineurs qu'il a laissés peuvent obtenir, à titre provisoire, la liquidation des droits de réversion qui leur seraient ouverts par les articles 19, 20 et 21 des lois des 11 et 18 avril 1831.

La même règle pourra également être suivie à l'égard des orphelins des militaires et des marins, et des orphelins de fonctionnaires et agents civils, lorsque la mère pensionnée ou en possession de droit à une pension aura disparu depuis plus de trois ans.

Les dispositions ci-dessus sont applicables aux pensionnaires de la Caisse des invalides de la marine.

Une pension à titre provisoire peut également être attribuée à la femme et aux enfants du militaire en activité qui a été déclaré absent par jugement.

. . . .

Art. 44. Les veuves de militaires, marins ou assimilés,. . . . ont droit à pension lorsque le mari réunit au jour de son décès, survenu après le 1er janvier 1896, vingt-cinq ans de services tant militaires que civils, et que la condition de durée de mariage, requise par la loi de pension sous le régime de laquelle le mari était placé en dernier lieu, aura été remplie.

---

(1) Article remplacé, pour les titulaires de la loi du 14 avril 1924, par l'article 55 de ladite loi (voir page 27).

Pour les veuves ou enfants des militaires disparus (voir l'art. 27 de la loi du 31 mars 1919).

*Voies de recours devant le tribunal départemental des pensions
ou devant le Conseil d Etat.*

(Voir l'article 35 de la loi du 31 mars 1919.)

Extrait de la loi de finances du 31 mars 1903.

Art. 58. Les officiers et assimilés et les fonctionnaires employés et agents du ministère des colonies visés à l'article 14 de la loi du 5 août 1879, qui sont placés hors cadres pour une période de trois années au plus, et dûment autorisés soit à seconder des entreprises industrielles ou commerciales intéressant spécialement les colonies ou les pays de protectorat français, soit à servir auprès d'une puissance étrangère, ou dans l'administration locale d'une colonie ou d'un pays de protectorat français, continuent à acquérir, dans cette situation, des droits à pension et sont astreints à verser au Trésor une retenue fixée à 5 p. 100 pour les officiers et les fonctionnaires qui leur sont assimilés et à 3 p. 100 pour le personnel n'ayant pas l'assimilation d'officier.

Ces retenues sont calculées sur le montant des émoluments perçus dans leur nouvelle situation à titre de solde ou d'accessoires de solde.

. . . .

Art. 67. A partir du 1er janvier 1903, les officiers généraux et assimilés placés dans la 2e section du cadre de l'état-major général avant d'avoir atteint la limite d'âge déterminée par la loi recevront une solde égale à la pension de retraite à laquelle ils auraient droit s'ils étaient retraités à la même date.

. . . . (1).

Extrait de la loi de finances du 17 avril 1906.

. . . . '

II. — *Autres impôts et revenus.*

Art. 4. Seront enregistrés en debet et jugés sans autres frais que le droit de timbre : les recours portés devant le Conseil d'État, en vertu de la loi des 7-14 octobre 1790, contre les actes des autorités administratives, pour incompétence ou excès de pouvoirs ; les recours contre les décisions portant refus de liquidation ou contre les liquidations de pensions.

---

(1) Remplacé par l'article 35 de la loi du 14 avril 1914 (voir pages 19 et 43).

En cas de rejet total ou partiel de la requête, les droits d'enregistrement du recours et de l'arrêt sont dus par le requérant. Il en est de même lorsque l'arrêt constate qu'il n'y a pas lieu de statuer, à moins que cette décision ne soit motivée sur le retrait de l'acte attaqué, opéré postérieurement à l'introduction du recours, au quel cas le requérant n'est tenu de payer aucun droit d'enregistrement.

Le pourvoi peut être formé sans l'intervention d'un avocat au Conseil d'Etat, en se conformant, d'ailleurs, aux prescriptions de l'article 1er du décret du 22 juillet 1806. L'article 1er du décret du 2 novembre 1864 est abrogé.

Extrait de la loi de finances du 12 avril 1922 (B. O., p. 1405).

Art. 18. Sont valablement payés entre les mains de l'époux survivant, à moins d'opposition de la part des héritiers, légataires ou créanciers :

1° . . . .

2° Les décomptes des arrérages restant dus au décès des titulaires de toutes pensions servies par l'Etat, les départements, les communes, les budgets locaux des colonies, la Caisse des dépôts et consignations ou la Caisse nationale des retraites pour la vieillesse.

L'époux survivant est, en pareil cas, dispensé de caution et d'emploi, sauf pour lui à répondre, s'il y a lieu, des sommes ainsi touchées, vis-à-vis des héritiers ou légataires, au même titre que de toutes autres valeurs dépendant de la succession ou de la communauté.

Les dispositions du présent article ne sont pas applicables aux époux séparés de corps.

Extrait de la loi portant ouverture et annulation de crédits au titre de l'exercice 1911.

(Direction du Contrôle; Bureau des Budgets
et Dépenses engagées.)

Paris. le 16 décembre 1911.

Le Sénat et la Chambre des députés ont adopté,
Le Président de la République promulgue la loi dont la teneur suit :

TITRE V.

Dispositions spéciales.

Art. 17. Est rectifié comme il suit, en ce qui concerne les veuves et orphelins, première catégorie, le tableau annexé à l'article 85 de la loi de finances du 13 juillet 1911 et relatif aux pensions des veuves et des orphelins des militaires de la gendarmerie :

« La moitié du maximum de la pension d'ancienneté du grade du mari, augmentée de la moitié de la majoration spéciale à laquelle le mari pouvait prétendre (1). »

Extrait de la loi du 30 décembre 1913 sur les pensions (1).

TITRE III.

Dispositions communes aux pensions civiles et militaires.

Art. 32. Les services rendus après l'âge de 20 ans dans le cadre local des administrations des départements, communes, colonies ou pays de protectorat, sont admissibles pour l'établissement du droit à pension, pourvu que la durée des services rendus à l'Etat soit au moins de douze ans dans la partie sédentaire et de dix ans dans la partie active ou dans les services coloniaux.

En ce qui concerne les fonctionnaires régis par la loi du 9 juin 1853, cette pension n'est liquidée que pour le temps pendant lequel ils ont subi les retenues prescrites par ladite loi.

Pour les fonctionnaires soumis aux dispositions de la loi du 22 août 1790, le temps passé au service de l'Etat entre seul en liquidation et il est rémunéré à raison de 1/30° par an de la pension correspondant à trente ans de services.

Pour les fonctionnaires placés sous le régime des lois des 11 ou 18 avril 1831, la pension est d'abord calculée comme si tous

---

(1) Dispositions et lois remplacées par les lois des 31 mars 1919 et 14 avril 1924.

les services avaient été rendus à l'Etat, puis elle est réduite en raison de la durée des services locaux, en commençant par défalquer les annuités les moins élevées. A l'égard des veuves ou orphelins de ces derniers fonctionnaires, la pension est réduite dans la mesure où les services locaux sont intervenus pour en permettre l'obtention.

Par mesure transitoire, les agents d'Etat en fonctions lors de la promulgation de la présente loi conservent le bénéfice des articles 9 de la loi du 9 juin 1853, 30 de la loi du 29 mars 1897, 56 de la loi du 30 janvier 1907, 87, 88 et 89 de la loi du 8 avril 1910.

Art. 33. Les fonctionnaires et employés civils, y compris ceux qui sont régis, au point de vue de la retraite, par l'article 14 de la loi du 5 août 1879, peuvent être détachés au service des départements, communes, colonies, pays de protectorat, pays étrangers, établissements publics ou privés. Ils conservent dans cette position leurs droits à l'avancement hiérarchique et à la pension.

Le détachement est autorisé pour une durée maximum de cinq ans, par arrêté du Ministre dont relève l'agent, sur avis conforme du Ministre des finances. Il peut être prorogé dans les mêmes formes, pour une ou plusieurs périodes égales.

L'intéressé subit les retenues légales sur le traitement d'activité qui lui serait alloué dans le corps ou service dont il est détaché.

Les retenues sont recouvrées pour le compte du Trésor, sur titres de perception établis par le Ministre des finances.

Les agents détachés ne peuvent être admis à la retraite qu'autant qu'ont pris fin les fonctions occupées en cette qualité.

Les avantages spéciaux attachés par la loi du 9 juin 1853, articles 5 (§ 2), 7 (§ 1er), 10 (§ 1er) et par la loi du 17 août 1876 à l'exercice de certaines fonctions publiques ne sont accordés qu'aux agents détachés dans des administrations publiques françaises ou de pays de protectorat pour y exercer des fonctions de même nature.

Art. 34. Les militaires, marins et assimilés qui seraient régulièrement détachés du service de l'Etat sont soumis aux dispositions des alinéas 3 et 4 de l'article précédent.

Art. 35. La part contributive des départements, des colonies ou pays de protectorat, communes ou autres établissements publics, dans les pensions civiles ou militaires inscrites au grand livre de la dette publique est soumise, en ce qui concerne la jouissance, aux mêmes règles que la part à la charge de l'Etat.

Art. 36. Les débets envers les services locaux des colonies ou des pays de protectorat sont assimilés aux débets envers l'Etat pour l'application de l'article 28 de la loi du 11 avril 1831, de l'article 30 de la loi du 18 avril 1831 et de l'article 26 de la loi du 9 juin 1853, déterminant les retenues dont sont passibles les pensions militaires et civiles payées sur les fonds du Trésor.

En cas de débets simultanés envers l'Etat et les colonies ou pays de protectorat, les retenues ne pourront excéder un cinquième de la pension, et devront être effectuées en premier lieu au profit de l'Etat.

. . . .

Art. 41. L'article 10 (§§ 2 et 3) de la loi du 30 novembre 1875 et le paragraphe 2 de l'article unique de la loi du 26 décembre 1887 sont abrogés et remplacés par les dispositions suivantes :

Tout fonctionnaire qui réunit vingt ans de services à l'époque de l'acceptation du mandat de sénateur ou de député pourra, dès qu'il aura atteint sa cinquantième année, obtenir une pension exceptionnelle.

Cette pension sera réglée, savoir :

« 1° Si l'intéressé était soumis aux dispositions de la loi du 9 juin 1853, conformément à l'article 12, paragraphe 3, de cette loi;

2° S'il était régi par la loi du 22 août 1790, à raison, pour chaque année de service, de un trentième de la pension qui lui aurait été acquise pour trente ans de service;

3° S'il était placé sous le régime des lois des 11 et 18 avril 1831, à raison pour chaque année de service effectif et de campagne de un trentième ou de un vingt-cinquième du minimum de la pension d'ancienneté afférente au grade dont il était titulaire au jour de l'acceptation de son mandat. Toutefois, si la durée totale des services, campagnes comprises, dépasse trente ou vingt-cinq ans, l'excédent sera liquidé sur le pied de un vingtième par an de la différence entre le maximum et le minimum.

L'article 19 des lois des 11 et 18 avril 1831 n'est pas applicable à la pension concédée en vertu de l'alinéa précédent, sauf le droit pour la veuve de se prévaloir des dispositions de l'article 44 de la loi du 13 avril 1898. »

*Circulaire relative aux pensions pour infirmités ou maladies qui
peuvent être accordées à des militaires français en mission auprès des gouvernements étrangers.*

(Direction de l'Intendance militaire; Cabinet du Directeur.)

Paris, le 15 novembre 1924.

Certains contrats passés entre le gouvernement français et les
gouvernements étrangers pour l'envoi de militaires français en
mission près de ces derniers, renferment une clause stipulant
qu'en cas d'accidents ou de maladies résultant du service, les
militaires ou leurs ayants cause recevront du gouvernement français une pension dont les gouvernements étrangers assumeront
partiellement la charge.

Pour mettre ces dispositions en application, il conviendra dé
sormais de procéder de la façon suivante :

A) Constatation de l'origine et de la gravité des blessures, infirmités
ou maladies.

1° Il sera procédé à ces constatations :

a) Par les autorités militaires françaises appartenant à la mis
sion en se conformant dans la mesure du possible aux règles prévues par la réglementation française;

b) Par les autorités étrangères pour ce qualifiées d'après leurs
règlements nationaux.

Copie de tous les documents établis sera jointe par le chef de
la mission au dossier de l'intéressé.

2° Chaque mission sera pourvue d'un registre de constatations
et le chef de la mission veillera à ce que ledit registre soit tenu
dans les conditions prescrites par l'article 4 de l'instruction du
31 mai 1920 pour l'application de la loi du 31 mars 1919 sur les
pensions militaires pour infirmités.

Toutefois, en fin de mission, par dérogation aux prescriptions
du dernier alinéa de cet article, les pièces et documents portant
constatation seront adressés au Ministre sous le timbre de l'Etat-
Major de l'Armée (2ᵉ Bureau; Service des Missions).

3° En cas de blessures, infirmités ou maladies pouvant ouvrir
droit à une pension, le chef de la mission fera établir un dossier
comprenant notamment copie des documents visés aux deux pa

ragraphes précédents et l'adressera à l'administration centrale sous le timbre de la Direction d'arme ou de service à laquelle appartient le militaire.

B) Remboursement par le gouvernement étranger de la fraction
de pension mise à sa charge.

1° *Transmission du dossier à la Direction de la liquidation des pensions.* — En transmettant à la Liquidation des pensions les dossiers susvisés, les Directions d'arme ou de service les complé- teront par la copie de l'article du contrat passé avec le gouverne- ment étranger qui prévoit la mise à la charge de ce dernier d'une fraction de la pension.

Pour permettre l'application de ces dispositions, l'Etat-Major de l'Armée (2° Bureau; Missions) enverra aux Directions d'arme ou de service intéressées une copie des contrats passés avec les gouvernements étrangers.

2° *Liquidation de la fraction de pension à mettre à la charge des gouvernements étrangers.* — En transmettant au ministère des finances le projet d'arrêté de concession de pension, la Direc- tion de la liquidation des pensions y joindra une liquidation spé- ciale de la partie de la pension qui, en vertu des stipulations susvisées, incombe au gouvernement étranger.

En cas de décès du militaire, alors qu'il fait partie d'une mis- sion, des mesures semblables seront appliquées, en vue de fixer la pension de ses ayants cause et la fraction de celle-ci qui doit être remboursée par le gouvernement étranger intéressé.

---

§ 2. — Pensions proportionnelles.

Loi unifiant les pensions proportionnelles des sous-officiers, caporaux et soldats rengagés et commissionnés (1).

---

(1) Remplacée par l'article 44 de la loi du 14 avril 1924 (voir p. 23) et par l'article 65 de la loi du 21 mars 1905 ci-après :

Art. 65. Les militaires de toutes armes qui quittent les drapeaux après quinze ans de service effectif ont droit à une pension proportionnelle à la durée de leur service; après vingt-cinq ans de service, ils ont droit à une pension de retraite.

Ceux qui jouiront de ces pensions et qui seront titulaires du grade de sous-officier au moment où ils quitteront le service actif seront, pendant

Loi relative aux pensions à accorder : 1° aux stagiaires officiers d'administration d'artillerie coloniale; 2° aux ouvriers d'état de 1ʳᵉ classe de l'artillerie et du génie; 3° aux gardiens de batterie; et 4° aux adjudants d'administration du génie.

Paris, le 10 août 1917.

Art. 1ᵉʳ. Les stagiaires officiers d'administration d'artillerie coloniale de 1ʳᵉ classe et les ouvriers d'état de 1ʳᵉ classe de l'artillerie et du génie sont assimilés pour la retraite aux adjudants-chefs.

Les gardiens de batterie et les adjudants d'administration du génie sont assimilés pour le même objet aux adjudants-chefs ou aux adjudants, suivant qu'ils appartiennent à la première ou à la seconde moitié de la liste d'ancienneté de leur emploi.

Art. 2. Les services rendus comme gardiens de batterie auxiliaires entreront en ligne de compte pour le droit à pension militaire.

Les gardiens de batterie auxiliaires jouissant déjà, à un titre quelconque, d'une retraite proportionnelle à raison de services

---

cinq ans au moins, et, en tout cas, jusqu'à leur libération définitive, à la disposition du Ministre de la guerre pour les cadres de la réserve et de l'armée territoriale.

La pension s'ajoute toujours au traitement afférent à l'emploi civil dont le pensionnaire peut être pourvu aux termes des articles ci-après. Si l'emploi obtenu est militaire, l'article 4 de la loi du 28 fructidor an VII est applicable. (Loi du 30 avril 1920, voir page 88.)

Les militaires qui obtiendraient d'être commissionnés après avoir quitté les drapeaux, ne pourront réclamer la pension de retraite ou la pension proportionnelle, qu'après avoir servi cinq ans en cette nouvelle qualité.

Les dispositions du présent article ne s'appliquent pas aux pensions des militaires de la gendarmerie qui sont régies par des dispositions spéciales.

Les sous-officiers de toutes armes qui, après avoir servi cinq ans au moins au delà de la durée légale, seraient réformés avant d'avoir acquis des droits à la pension proportionnelle, toucheront, pendant un temps égal à la moitié de la durée de leurs services effectifs, une solde de réforme égale au montant de la pension proportionnelle de leur grade (1).

Si, en raison de l'origine des blessures ou infirmités qui ont entraîné la réforme, le sous-officier a bénéficié, en outre, d'une gratification de réforme, temporaire ou permanente, le payement de celle-ci sera suspendu aussi longtemps que le titulaire jouira de la solde de réforme.

antérieurs, cesseront de la toucher pour n'avoir droit qu'à la pension affectée aux gardiens de batterie et lors de la liquidation de cette dernière.

Toutefois, cette pension sera diminuée, le cas échéant, de la partie acquise aux intéressés, à raison de leurs versements antérieurs opérés à la Caisse nationale des retraites, à titre de part contributive de l'Etat dans les conditions de l'article 3 du décret du 26 février 1897.

Cette disposition sera applicable aux pensions liquidées à partir de la promulgation de la présente loi.

Loi du 25 mars 1920 attribuant des majorations aux titulaires de pensions civiles ou de pensions militaires d'ancienneté liquidées ou à liquider.

(Sans objet. Loi du 14 avril 1924 et règlement du 2 septembre 1924, voir pages 15 et 32.)

Loi portant modifications à la législation des pensions en ce qui concerne les militaires et marins de carrière et les militaires indigènes de l'Afrique du Nord.

Paris, le 16 avril 1920.

Le Sénat et la Chambre des députés ont adopté,

Le Président de la République promulgue la loi dont la teneur suit :

Art. 1er. Les titulaires de pensions militaires qui auront accompli de nouveaux services depuis le 2 août 1914 obtiendront la revision de leur pension, en raison de ces nouveaux services, suivant les principes exposés aux articles suivants.

Toutes dispositions contraires sont abrogées.

Art. 2. La nouvelle pension sera calculée, pour les officiers de complément de l'armée de terre en possession de pensions d'ancienneté ou proportionnelles, quelle que soit leur origine, et pour les officiers de réserve de l'armée de mer en possession de pensions d'ancienneté, sur la base du dernier grade obtenu et du dernier échelon atteint dans ce grade, conformément à la législation en vigueur concernant l'armée active pour l'arme ou le service auquel les intéressés appartenaient quand leurs services d'avant-guerre ont pris fin.

Pour les hommes de troupe de l'armée de terre, les officiers mariniers et marins en retraite d'ancienneté ou proportionnelle et pour les hommes de troupe de complément de l'armée de terre, ainsi que pour les officiers mariniers et marins rappelés en service non en possession de pension au 2 août 1914, mais dont les services de guerre, ajoutés à ceux accomplis antérieurement, atteindront quinze ans, il sera également procédé, dans tous les cas, à une liquidation globale de l'ensemble des services sur la base du dernier grade obtenu, en tenant compte, pour l'armée de mer, des dispositions de l'article 11 de la loi du 18 avril 1831.

Pour les personnels de la marine à statut civil, soumis au régime des pensions militaires, la revision s'opérera comme il est prévu au paragraphe 1ᵉʳ.

Le nombre maximum d'annuités inscrit aux tarifs pour les officiers et les hommes de troupe sera élevé, le cas échéant, jusqu'à concurrence du nombre d'annuités nouvelles acquises pendant la guerre.

Art. 3. Les militaires et marins du cadre actif, qui, devenus officiers au cours de la guerre, auront accompli quinze ans de services effectifs avant la cessation des hostilités, pourront, s'ils en font la demande dans l'année qui suivra la promulgation de la présente loi, obtenir une pension proportionnelle calculée sur la base d'un trentième du minimum de la pension afférente au dernier grade obtenu et au dernier échelon atteint et augmentée, pour chaque campagne, d'une annuité d'accroissement correspondant au grade obtenu et à l'échelon atteint. Si le total des services antérieurs à la guerre et des services de guerre atteint le minimum ouvrant droit à pension d'ancienneté suivant la législation régissant l'arme ou le service auquel l'intéressé appartenait quand ses services d'avant-guerre ont pris fin, la pension proportionnelle sera remplacée par cette pension d'ancienneté.

Art. 4. Les officiers ayant servi comme tels dans l'armée active avant la guerre et non titulaires de pension d'ancienneté réuniront leurs services d'avant-guerre et leurs services de guerre pour la détermination du droit à pension d'ancienneté sur la base du dernier grade obtenu et du dernier échelon atteint, conformément à la législation régissant l'arme ou le service auxquels ils appartenaient quand leurs services d'avant-guerre ont pris fin.

Art. 5. Les titulaires de pensions d'invalidité qui auront repris du service au cours de la guerre et qui ne seront pas appelés à bénéficier de la loi du 31 mars 1919 auront le droit de demander la revision de ces pensions sur la base du dernier grade obtenu et d'après la législation antérieure à ladite loi du 31 mars 1919.

Les militaires ou anciens militaires et marins visés par les articles 59 et 60 de la loi du 31 mars 1919, et qui auraient déjà exercé le droit d'option prévu par ces articles, auront le droit de l'exercer à nouveau en vue de l'application éventuelle des dispositions de la présente loi. Cette option sera définitive.

Art. 6. Les pensions des veuves et orphelins des militaires morts en jouissance d'une pension d'ancienneté revisée pour services de guerre, ou morts ayant droit à cette pension, et les pensions des veuves et orphelins des militaires morts en jouissance d'une pension d'invalidité concédée pour droits acquis antérieurement au 2 août 1914 et revisée dans les mêmes conditions que les précédentes, ou morts ayant des droits acquis à cette revision, seront attribuées d'après le dernier grade obtenu au cours de la guerre par le militaire dont le décès ouvre droit à pension, et conformément à la législation en vigueur pour les pensions de réversion des militaires de l'armée active.

Art. 7. Ont droit à une pension dans les conditions fixées relativement à la durée du mariage par la législation en vigueur pour les pensions de réversion des veuves et orphelins des militaires et marins de l'armée active, les veuves ou orphelins des titulaires de pensions de retraites proportionnelles, qui ont été rappelés ou réadmis en service à l'occasion de la guerre contre l'Allemagne et ses alliés, ainsi que les veuves et orphelins des militaires visés à l'article 3.

Cette pension sera décomptée dans tous les cas à raison, pour chaque année effective de service militaire, d'un vingt-cinquième de la pension à laquelle la veuve ou les orphelins auraient eu droit si le mari ou le père avait accompli vingt-cinq ans de services militaires et sur la base du dernier grade obtenu au cours de la guerre.

Art. 8. Les pensions revisées et les pensions accordées en vertu de la présente loi seront liquidées d'après les tarifs actuellement en vigueur et seront augmentées, à partir du 1er janvier 1920, des majorations accordées par l'article 2 de la loi du 25 mars 1920, ces majorations étant calculées pour les bénéficiaires de pensions déjà inscrites au Trésor public d'après le taux de cette pension.

Art. 9. L'article 7 de la loi du 11 avril 1831 est abrogé et remplacé par les dispositions de l'article 36 de la loi du 14 avril 1924 (voir page 19).

Art. 10. Sont admis à compter pour le double, en sus de la durée effective, le temps de service qu'ils auront accompli dans les positions indiquées ci-après entre le 2 août 1914 et la date qui sera fixée ou à fixer pour la cessation des hostilités :

1° Les militaires appartenant aux forces organisées placées sous les ordres du général commandant en chef les armées françaises et ayant servi dans la zone des armées (1).

2° Les militaires appartenant aux forces organisées par le Ministre de la guerre sur d'autres théâtres d'opérations ou envoyés en missions auprès des commandants de troupes des Etats alliés.

Au cours de la période envisagée ci-dessus, le bénéfice de la double campagne ne prendra fin pour tout blessé de guerre qu'à l'expiration d'une année complète à partir du jour où il a reçu sa blessure.

Qu'ils aient été ou non envoyés d'Europe, les militaires servant en Algérie et en Tunisie en dehors des régions sahariennes du Sud tunisien compteront pour la totalité, en sus de sa durée effective, le temps de service qu'ils auront accompli à partir de la promulgation de la présente loi.

Les dispositions de l'article 7 de la loi du 11 avril 1831 demeurent applicables aux services rendus en Algérie et en Tunisie depuis le 2 août 1914, jusqu'à la promulgation de la présente loi, pour les militaires envoyés d'Europe.

Art. 11. L'article 7 de la loi du 18 avril 1831, modifié par la loi du 25 février 1901, est abrogé et remplacé par les dispositions suivantes :

(Ces dispositions ont été insérées dans le texte de la loi du 18 avril 1831, page 110.)

Art. 12. Sera compté pour le double, en sus de sa durée effective, le temps de service accompli, entre le 2 août 1914 et la date fixée ou à fixer pour la cessation des hostilités, à bord des bâti-

---

(1) Loi du 23 octobre 1919 relative à la date de la cessation des hostilités (*Bulletin officiel*, page 3222).

ments de l'Etat et des bâtiments de commerce au compte de l'Etat ou à bord des bâtiments des puissances alliées.

Ce bénéfice cessera, après un délai d'un mois, d'être acquis à tout bâtiment séjournant dans une rade ou dans un port de France, d'Algérie et de Tunisie et pour la durée du séjour.

Il ne sera pas applicable aux bâtiments dont le séjour habituel est en rade ou dans le port (en France, en Algérie ou en Tunisie) et qui ne sont pas susceptibles d'être affectés à une navigation active ou à des opérations de guerre.

Au cours de la période envisagée ci-dessus, le bénéfice de la double campagne ne prendra fin pour tout blessé de guerre qu'à l'expiration d'une année comptée à partir du jour où il aura reçu sa blessure.

Art. 13. Les dispositions de l'article 9 de la présente loi sont applicables aux services accomplis à terre par les marins et assimilés.

Les dispositions de l'article 10 sont applicables, sous les mêmes conditions que pour les militaires de l'armée de terre, aux marins appartenant à des forces organisées pour opérer à terre.

Art. 14. Les tarifs de pensions fixés pour les militaires français sont applicables aux militaires indigènes des colonies ou pays de protectorat dans lesquels le recrutement s'opère par voie de conscription.

Art. 15. Dans tous les cas où un militaire indigène musulman non naturalisé, originaire de l'Algérie, de la Tunisie ou du Maroc, sera décédé dans des conditions qui ouvriraient droit à pension militaire à la veuve ou aux orphelins d'un militaire français, il sera alloué à la famille de ce militaire une pension qui sera partagée, par tête, entre les veuves, les orphelins mineurs et, éventuellement, les ascendants d'après la décision rendue par l'autorité locale, en s'inspirant des usages indigènes.

Ne seront toutefois considérés comme mineurs que les orphelins mâles âgés de moins de 18 ans et les orphelines non mariées également âgées de moins de 18 ans.

La pension ou la part de la pension obtenue en vertu du présent article cessera d'être perçue par la veuve en cas de remariage, par l'orphelin lorsqu'il atteindra 18 ans révolus, par l'orpheline lorsqu'elle atteindra 18 ans révolus ou se mariera avant cet âge.

Il y a réversibilité des droits à pension ou à part de pension : entre la veuve décédée ou remariée ou ses enfants mineurs, entre les orphelins d'un même lit jusqu'à ce que le plus jeune ait cessé d'être mineur, la minorité s'entendant au sens défini par le 2ᵉ alinéa du présent article.

Il n'y a pas réversibilité entre les groupes représentant des lits différents.

La preuve du mariage est faite par la production, soit d'actes régulièrement inscrits suivant les prescriptions de l'article 17 de la loi du 23 mars 1882 sur l'état civil des indigènes musulmans de l'Algérie, soit, à défaut, d'un acte établi par le cadi. Le mariage contracté postérieurement à la promulgation de la présente loi, pendant la présence du militaire sous les drapeaux, ne sera considéré comme valable, au point de vue du droit à pension, que s'il a été autorisé par l'autorité militaire, sauf application du décret du 18 novembre 1914.

La réalité des mariages contractés entre le 2 août 1914 et la date fixée par un décret à intervenir après la cessation des hostilités pourra être établie par la preuve testimoniale.

La présente loi, délibérée et adoptée par le Sénat et la Chambre des députés, sera exécutée comme loi de l'Etat.

Loi portant modifications à la législation des pensions civiles et militaires.

Paris, le 30 avril 1920.

Le Sénat et la Chambre des députés ont adopté,

Le Président de la République promulgue la loi dont la teneur suit :

Art. 1ᵉʳ (1). La mise à la retraite pour infirmités incurables ne pourra être prononcée d'office à l'égard des officiers, des sous-officiers rengagés ou commissionnés et des officiers mariniers du cadre de maistrance, ainsi que des marins rengagés ou réadmis. qu'autant que lesdites infirmités emporteront impossibilité de demeurer au service.

La constatation de l'inaptitude sera faite par une commission spéciale constituée dans les conditions qui seront fixées par un règlement d'administration publique. Cette commission n'aura, toutefois, qu'un rôle consultatif. Sur le vu de son avis, le Ministre prendra la décision.

Art. 2. Tout militaire ou marin atteint d'une invalidité ouvrant droit à pension, et qui est néanmoins admis à rester au

---

(1) Voir page 7 les articles 3 et suivants de la loi du 31 mars 1919.

service, a le droit de cumuler sa solde d'activité avec une pension uniforme pour tous les grades dont le taux est égal à celui de la pension allouée aux simples soldats atteints de la même invalidité. Ladite pension est également cumulable avec celle qui pourrait être éventuellement concédée au titulaire en raison de la durée de ses services.

Art. 3. Les articles 37 et 40 de la loi du 30 décembre 1913 sont applicables aux officiers en réserve spéciale.

Art. 4. L'article 65 (6ᵉ alinéa) de la loi du 21 mars 1905 (1), est complété ainsi qu'il suit : « Si l'emploi obtenu est militaire, l'article 4 de la loi du 28 fructidor an VII est applicable. »

Art. 5. Les dispositions de l'article 65 (§ 7) de la loi du 21 mars 1905 (1), ne s'appliqueront pas : 1° aux commissionnés qui, ayant servi en cette qualité au cours de la guere, quitteraient l'armée avant d'avoir rempli les conditions prescrites par la loi susvisée; 2ʳ aux militaires qui, n'ayant pu obtenir une pension par suite des dispositions légales susrappelées, auront contracté un engagement au cours de la guerre.

Art. 6. Lorsque des pensions concédées avant la loi du 30 décembre 1913 feront l'objet d'une revision, en raison des nouveaux services accomplis pendant la guerre, le total des services effectifs et des campagnes compris dans la liquidation primitive ne sera pas modifié. Il ne sera fait application des dispositions de l'article 14 de cette loi que pour le décompte des nouveaux services.

Art. 7. La loi du 11 avril 1831, n'est pas applicable aux officiers et assimilés de la réserve ou de l'armée territoriale admis avec leur grade dans l'armée active, par application des dispositions de l'article 1ᵉʳ de la loi du 21 décembre 1916, dans des conditions telles que la durée de leurs services, à 52 ans, ne soit pas suffisante pour leur donner droit à la pension de retraite pour ancienneté.

Des versements comprenant, d'une part, les retenues de 5 p. 100 sur la solde, et, d'autre part, une subvention égale à la charge de l'Etat, sont effectués au nom de ces officiers par l'administration de la guerre, à la Caisse nationale des retraites pour la vieillesse, en vue de la constitution d'une rente viagère au plus tôt à l'âge de 52 ans, et, dans les conditions prévues par les lois du 20 juillet 1886 et du 27 mars 1911.

---

(1) Loi remplacée par la loi du 1ᵉʳ avril 1923.

Au moment de leur admission dans l'armée active, les intéressés indiquent s'ils entendent effectuer leurs versements personnels à capital aliéné ou à capital réservé. Ils souscrivent et remettent, en même temps, une déclaration faisant connaître leur état civil. S'ils sont mariés, la moitié des retenues effectuées sur la solde est versée à leur nom, l'autre moitié au nom de la femme; s'ils sont célibataires, veufs ou divorcés, ils s'engagent à aviser l'administration, en cas de mariage ultérieur, de leur changement d'état civil, le partage des versements n'ayant lieu qu'à dater de la notification du mariage à la Caisse nationale des retraites; il cesse, en outre, en cas de divorce, ou de séparation de corps ou de biens.

Les versements de l'Etat sont toujours effectués à capital aliéné, au profit exclusif de l'officier. Les rentes provenant des sommes représentant cette part contributive sont incessibles et insaisissables.

Art. 8. La loi du 18 avril 1831 n'est pas applicable aux officiers de la réserve de l'armée de mer admis dans le cadre actif, par application des dispositions de l'article 30 de la loi du 10 juin 1896 et de l'article 7 de la loi du 7 décembre 1918, lorsque la durée de leurs services, au moment de leur admission dans la marine de l'Etat, ne leur permet pas d'acquérir à l'âge de 50 ans le droit à la pension de retraite pour ancienneté.

Des versements, comprenant, d'une part, les retenues de 5 p. 100 sur la solde et, d'autre part, une subvention égale à la charge de l'Etat, sont effectués au nom de ces officiers par l'administration de la marine à la Caisse nationale des retraites pour la vieillesse, en vue de la constitution d'une rente viagère au plus tôt à l'âge de 50 ans et dans les conditions prévues par les lois du 20 juillet 1886 et du 27 mars 1911.

Au moment de leur admission dans le cadre d'activité, les intéressés indiquent s'ils entendent effectuer leurs versements personnels à capital aliéné ou à capital réservé.

Ils souscrivent et remettent en même temps une déclaration faisant connaître leur état civil. S'ils sont mariés, la moitié des retenues effectuées sur la solde est versée à leur nom, l'autre moitié au nom de la femme; s'ils sont célibataires, veufs ou divorcés, ils s'engagent à aviser l'administration, en cas de mariage ultérieur, de leur changement d'état civil, le partage des versements n'ayant lieu qu'à dater de la notification de mariage à la Caisse nationale des retraites; il cesse, en outre, en cas de divorce ou de séparation de corps ou de biens. Les versements de l'Etat sont toujours effectués à capital aliéné, au profit exclusif de l'officier. Les rentes provenant des sommes représentant cette part contributive sont incessibles et insaisissables.

Pour les officiers de la marine marchande admis et maintenus dans le cadre d'activité à l'expiration des hostilités, un complément de pension à la charge de la Caisse des invalides leur sera attribué pour rémunérer le temps de service qu'ils auront passé à l'Etat et au commerce, dans les conditions déterminées par l'article ci-après.

Art. 9. Les officiers de la marine marchande admis dans le cadre actif des officiers de l'armée de mer bénéficieront, lors de la liquidation de leur pension, sur la Caisse des retraites de la vieillesse, d'une pension proportionnelle sur la Caisse des invalides, à la condition de justifier de trois cents mois au moins de services, tant au commerce qu'à l'Etat (y compris le temps passé dans le cadre d'activité); dans le cas d'invalidité physique dûment constatée, ce minimum sera ramené à cent quatre-vingts mois.

Cette pension proportionnelle sera liquidée dans les conditions prévues par l'article 11 (§ 1er) de la loi du 14 juillet 1908. Elle rémunérera les services, quelle qu'en soit la durée, rendus par les intéressés à l'Etat et au commerce, avant leur admission dans le cadre actif des officiers de l'armée de mer. Elle sera basée sur le dernier grade possédé par les ayants cause, ou le dernier emploi occupé par eux, avant cette admission.

Cette pension proportionnelle sera réversible sur les veuves ou orphelins des intéressés, dans les conditions déterminées par l'article 11 de la loi du 14 juillet 1908.

Art. 10. Les services accomplis sans interruption en qualité d'ouvrier temporaire, stagiaire, provisoire, en régie ou à la tâche, au laboratoire central de la marine, à la fonderie de Ruelle ou à l'arsenal de Sidi-Abdallah immédiatement avant l'admission définitive et antérieure à la promulgation de la présente loi, dans un personnel ayant droit aux pensions de retraite régies par les lois des 18 avril 1831, 9 juin 1853 et 21 octobre 1919, sont valables pour la constitution du droit à pension dans les conditions des lois susvisées et entrent en compte dans la liquidation.

N'est pas considéré comme interruption de services, l'accomplissement du service militaire obligatoire, pourvu que la réadmission dans les établissements précités ait eu lieu dans les trois mois qui ont suivi la libération.

Les ouvriers retraités pourront demander la revision de leurs pensions en vue de faire comprendre dans la liquidation les services définis au paragraphe 1°.

Les ouvriers qui ont cessé leurs services à la marine sans avoir obtenu de pension pour un motif autre que le congédiement par mesure disciplinaire, et qui, en comptant les services définis au paragraphe 1°, réunissaient, lors de leur départ, la durée de services exigée pour avoir droit à pension, pourront demander la concession d'une pension. Sous les mêmes conditions, les veuves et orphelins desdits ouvriers pourront prétendre à pension.

Les pensions concédées ou revisées par application des dispositions qui précèdent ne comporteront jouissance qu'à compter de la date de la promulgation de la présente loi.

Art. 11. Les syndics des gens de mer qui ne se trouvent pas, lors de leur nomination, dans les conditions voulues pour obtenir à l'âge de 65 ans une pension au titre de la loi du 18 avril 1831, sont affiliés à la Caisse nationale des retraites pour la vieillesse. Des versements comprenant, d'une part, les retenues de 5 p. 100 et du premier douzième, d'autre part, des subventions égales à la charge de l'Etat, sont effectués à cette caisse au nom de ces agents par l'administration de la marine en vue de la constitution d'une rente viagère à l'âge de 65 ans dans les conditions prévues par les lois du 20 juillet 1886 et du 27 mars 1911.

Au moment de leur nomination, les intéressés indiquent s'ils entendent effectuer leurs versements personnels à capital aliéné ou à capital réservé. Ils souscrivent et remettent en même temps une déclaration faisant connaître leur état civil. S'ils sont mariés, la moitié des retenues effectuées sur le traitement est versée à leur nom, l'autre moitié au nom de la femme; s'ils sont célibataires, veufs ou divorcés, ils s'engagent à aviser l'administration, au cas de mariage ultérieur, de leur changement d'état civil, le partage des versements n'ayant lieu qu'à dater de la notification du mariage à la Caisse nationale des retraites; il cesse, en outre, en cas de divorce ou de séparation de corps ou de biens.

Les versements de l'Etat sont toujours effectués à capital aliéné au profit exclusif de l'agent. Les rentes provenant des sommes représentant cette part contributive sont incessibles et insaisissables.

Art. 12. Les titulaires des pensions civiles, ayant servi au titre militaire pendant la guerre, peuvent cumuler leur pension avec la solde militaire, même mensuelle, afférente à leur grade dans les armées de terre ou de mer. Le cumul n'est autorisé. toutefois, que jusqu'à concurrence de 6.000 (1) francs ou du dernier traitement d'activité dont les intéressés jouissaient lors de leur admission à la retraite comme fonctionnaires civils, si ce traitement est supérieur à 6.000 francs.

Les dispositions de l'alinéa précédent sont applicables aux fonctionnaires civils placés, pour la retraite, sous le régime de la loi du 18 avril 1831, qui servent au titre militaire avec un grade inférieur à celui sur la base duquel leur pension a été liquidée.

Pour les fonctionnaires en retraite actuellement sous les drapeaux, et pour ceux qui, ayant servi dans les armées de terre ou de mer depuis le 2 août 1914, seraient déjà rayés des contrôles, les effets du présent article remonteront au jour où se sont ouverts les droits à la solde.

Art. 13. Les marins des divers corps indigènes ont droit à une pension proportionnelle lorsqu'ils remplissent les conditions d'âge et de service définies par l'article 7 de la loi du 8 août 1913 sur les engagements et les rengagements de l'armée de terre et de mer.

Un règlement d'administration publique fixera les conditions d'obtention et les tarifs des pensions proportionnelles et pour ancienneté de services des marins indigènes des colonies et pays de protectorat autres que l'Algérie, la Tunisie et le Maroc ainsi que les droits de leurs veuves, orphelins et ascendants.

Art. 14. La pension revisée des titulaires de pensions militaires qui auront accompli de nouveaux services pendant la guerre avec un grade inférieur à celui ayant servi de base à la pension primitive sera basée sur ce dernier grade.

Art. 15. La loi du 9 juin 1853 n'est point applicable aux militaires réformés pour blessures ou infirmités contractées au cours de la guerre actuelle, qui seraient admis dans les administrations de l'Etat après l'âge de 30 ans.

Des versements comprenant, d'une part, les retenues de 5 p. 100 et du premier douzième, d'autre part. des subventions égales à la charge de l'Etat, sont effectuées au nom de

---

(1) Porté à 10.000 francs par la loi du 31 juillet 1920.

ces agents par chaque administration intéressée à la Caisse nationale des retraites pour la vieillesse en vue de la constitution d'une rente viagère à l'âge de 60 ans dans les conditions prévues par les lois du 20 juillet 1886 et du 27 mars 1911.

Au moment de leur admission dans l'administration, les intéressés indiquent s'ils entendent effectuer leurs versements personnels à capital aliéné ou à capital réservé. Ils souscrivent et remettent en même temps une déclaration faisant connaître leur état civil. S'ils sont mariés, la moitié des retenues effectuées sur le traitement est versée à leur nom, l'autre moitié au nom de la femme. S'ils sont célibataires, veufs ou divorcés, ils s'engagent à aviser l'administration en cas de mariage ultérieur, de leur changement d'état civil, le partage des versements n'ayant lieu qu'à dater de la notification du mariage à la Caisse nationale des retraites; il cesse, en outre, en cas de divorce ou de séparation de corps ou de biens.

Les versements de l'Etat sont toujours effectués à capital aliéné, au profit exclusif de l'agent. Les rentes provenant des sommes représentant cette part contributive sont incessibles et insaisissables. Ceux desdits agents qui, nommés antérieurement à la présente loi, auraient déjà été soumis à des retenues au titre de pension civile, pourront néanmoins, s'ils en font la demande expresse, dans le délai de six mois, au Ministre dont ils relèvent, demeurer soumis aux dispositions de la loi du 9 juin 1853. A défaut par eux de produire cette demande. ils seront affiliés d'office à la Caisse nationale des retraites dans les conditions ci-dessus fixées, avec effet du jour de leur entrée en fonctions.

Art. 16. Par dérogation au 1er alinéa de l'article 6 de la loi du 9 juin 1853, lorsque les six dernières années d'exercice d'un fonctionnaire à remises ou salaires variables comprendront une ou plusieurs années de la guerre, la moyenne d'émoluments, servant de base à la liquidation de la pension pourra, à la demande du fonctionnaire, être calculée sur les six dernières années autres que les années de guerre.

Dans les cas prévus par les paragraphes 1 et 2 de l'article 11 de la loi du 9 juin 1853, lorsque les services d'un agent à remises ou salaires auront pris fin au cours de l'une des années de guerre ou au cours de l'année qui suivra la cessation des hostilités, sa pension pourra, sur sa demande, par dérogation à la règle posée aux alinéas 1 et 2 de l'article 12 de la même

loi, être liquidée sur les émoluments perçus pendant l'année
1913.

Les dispositions du présent article sont applicables même
aux pensions déjà inscrites au grand-livre de la dette publique,
à condition que les intéressés en fassent la demande dans le
délai de six mois à dater de la promulgation de la présente
loi.

Art. 17. Dans les six mois qui suivront la promulgation de la
présente loi, les personnes visées aux articles 1er et 2 des lois
des 14 mars 1915 et 15 janvier 1916 pourront revenir sur l'option exercée par elles, en vertu desdits articles, ou, si elles
n'ont pas usé de la faculté qui leur était offerte, exercer ré-
troactivement l'option.

Il en sera ainsi, alors même que la pension serait déjà concédée. Dans ce dernier cas, il sera procédé à une concession
nouvelle annulant la première.

Art. 18. Les veuves et orphelins des officiers des équipages
de la flotte décédés dans les conditions spécifiées par les articles 14 et 15 de la loi du 31 mars 1919, et à une date située entre
le 2 août 1914 et la promulgation de la loi du 16 juin 1917, auront droit à une pension calculée soit sur le tarif n° 9 annexé
à cette dernière loi, soit, s'ils y ont intérêt, sur le tarif n° 8 et
d'après le grade qui aurait été conféré au décédé, si ce dernier
avait pu bénéficier des articles, 12, 14 et 15 de la loi du 16 juin
1917.

Art. 19. Les cinq premiers paragraphes de l'article 74 de la
loi du 31 mars 1919 sont applicables aux familles des militaires
musulmans ou polygames originaires des communes de plein
exercice du Sénégal dans lesquelles le recrutement s'opère par
voie de conscription.

Un arrêté du Ministre des colonies déterminera les pièces à
fournir pour établir les preuves du mariage, de la paternité ou
de la filiation.

Art. 20. Toute nomination d'un pensionné de l'Etat à un emploi de l'Etat, des départements, des communes ou collectivités
visées à l'article 37 de la loi du 30 décembre 1913, doit être notifiée dans les quinze jours au Ministre des finances, par l'autorité qui l'a prononcée.

La présente loi, délibérée et adoptée par le Sénat et par la Chambre des députés, sera exécutée comme loi de l'Etat.

Circulaire relative à l'application de l'instruction du 29 juin 1920.

N° 1329/Ad.   Paris, le 1ᵉʳ août 1920.

1° Comment doit être appliqué l'article 18 de l'instruction en ce qui concerne les pensionnés d'avant-guerre, ayant repris du service pendant les hostilités, et dont l'ancienne pension a, pour ce motif, fait l'objet d'une revision provisoire?

Il doit être fait application aux intéressés des règles prévues par l'alinéa 2° de l'article 18 relatif aux titulaires d'une pension accordée antérieurement au 2 août 1914.

2° Quelles dispositions doivent être adoptées en ce qui concerne les pensionnés ayant reçu des avances sur titre en exécution de la loi du 26 juillet 1917?

Les titres de pension donnant lieu à avances de la part des monts de piété et des caisses d'épargne dans les conditions prévues par la loi susvisée portent au verso, dans les cases destinées à l'estampillage, une mention manuscrite indiquant, pour chacun des deux premiers mois du trimestre, le montant de l'avance faite. En fin de trimestre, les cases sont revêtues par le comptable du Trésor d'un timbre d'estampillage indiquant que le règlement trimestriel a été opéré avec les établissements intéressés.

Des demandes d'avances ne pourront être adressées en exécution de l'article 18 de l'instruction et des titres de l'espèce envoyés au ministère des pensions qu'autant que le règlement trimestriel susvisé aura été effectué. Au cas où des titres de cette sorte seraient adressés au ministère des pensions avec des inscriptions manuscrites non accompagnées de l'empreinte du timbre du Trésor, ces titres seraient renvoyés aux intéressés pour encaissement de la totalité des trimestres échus et du trimestre en cours, si celui-ci a déjà donné lieu à avance.

Sans cette précaution, le règlement entre le Trésor et les établissements prêteurs donnerait lieu à de sérieuses difficultés qui seraient de nature à retarder la mise en payement des arrérages du nouveau titre.

3° A quelle autorité les pensionnés résidant à Paris doivent-ils communiquer la déclaration prévue à l'article 18 de l'instruction?

Au maire de leur arrondissement et non au préfet.

4° Dans quelles conditions les titres définitifs de pension devront-ils être remis aux bénéficiaires?

Les titres définitifs de pension seront remis aux bénéficiaires par les soins des sous-intendants militaires départementaux. Ces titres seront accompagnés, soit d'un ordre de reversement établi dans les conditions habituelles, soit d'un certificat constatant qu'aucune avance n'a été consentie.

5° L'article 17 prescrit que le sous-intendant régional des pensions, après vérification des dossiers qui lui sont transmis, établit un projet de liquidation des droits des bénéficiaires, fait parvenir sans délai les dossiers à l'administration centrale et détermine les avances pouvant être consenties aux intéressés. Le sous-intendant régional des pensions doit-il effectuer la liquidation dans les conditions prévues pour les pensions d'invalidité?

Réponse négative; les dispositions ci-dessus ne visent d'ailleurs que les militaires en instance de pension et non en possession d'un titre de pension. Le rôle du sous-intendant régional, en la matière, se borne à établir une liquidation provisoire des droits des intéressés de manière à déterminer l'avance qui peut leur être consentie dans les conditions prévues par l'instruction du 29 juin 1920 et la circulaire du 14 avril, n° 254/Ad.

6° Quels sont les droits des militaires retraités en exécution de la loi du 7 avril 1905, avant d'avoir accompli trente ans de service et ayant repris du service pendant les hostilités?

Aux termes de la loi susvisée, certains militaires ont été admis à pension de retraite d'ancienneté après vingt-cinq ans de service et ont reçu la pension minimum de leur grade, augmentée pour chaque année de campagne d'un vingtième de la différence du minimum au maximum.

En raison des droits acquis par ces pensionnés, ces militaires devront être considérés comme ayant accompli trente ans de service et il leur sera tenu compte intégralement de leurs services de guerre pour la revision de leur pension.

Bien entendu, ces dispositions ne s'appliquent pas aux militaires admis à la retraite en exécution de l'article 80 de la loi de finances du 8 avril 1919, ces derniers n'ayant eu droit qu'à une pension calculée sur la base d'un trentième du minimum de la pension de leur grade, par année de service, et augmentée, pour chaque campagne, d'un vingtième de la différence entre le maximum et le minimum.

7° Quelles sont les avances pouvant être consenties aux militaires visés par l'instruction du 29 juin 1920 lorsqu'ils sont déjà titulaires d'une pension.

Les militaires en question ont droit à une avance déterminée en tenant compte :

a) Du minimum de la pension afférente à leur nouveau grade, augmentée des annuités pour campagne dues d'après ce grade (et comprises dans leur ancienne pension, d'après l'ancien grade);

b) Des majorations afférentes à la pension inscrite au Trésor public et dont ils sont actuellement titulaires;

c) S'il y a lieu, du complément de pension déterminé d'après leur nouveau grade.

Le point de départ de chacune de ces allocations d'avance est déterminé dans les conditions prévues par le dernier alinéa de l'article 11 de l'instruction.

8° Dans quelles conditions les veuves ou orphelins peuvent-ils opter pour la pension composée prévue aux alinéas 1er et 2 de l'article 12 de l'instruction?

D'une manière générale, les intéressés seront mis en demeure d'opter, en temps utile, par les soins du ministère des pensions (1re Direction; 2e Bureau).

Ils peuvent néanmoins faire parvenir dès maintenant leur déclaration d'option, en indiquant s'ils perçoivent des avances au titre du décret du 20 octobre 1919 ou du 23 mars 1920.

Le ministère des pensions (1re Direction; 2e Bureau) fera ensuite parvenir au sous-intendant départemental une autorisation de payement d'avance sur pension d'ancienneté, destinée au bénéficiaire, et, en outre, un certificat modèle O relatif à la pension de veuve de guerre de soldat. Le sous-intendant militaire retirera alors aux ayants droit leur titre d'avance actuel et procédera ainsi qu'il suit :

1er cas. — Les intéressés reçoivent des avances sur pension d'ancienneté.

Il sera fait application, en ce qui concerne la revision de ces avances, des règles prévues par l'instruction du 14 avril 1920, n° 254/Ad, et l'article 17 de l'instruction du 29 juin 1920.

En outre, un titre d'allocation de 800 francs, augmenté, le cas échéant, des majorations pour enfants, sera remis aux ayants droit. Le premier coupon de ce titre comprendra la période comprise entre le 15 novembre 1919 (ou le point de départ de la pension, si ce point de départ est postérieur au 15 novembre 1919) et le dernier jour de la quinzaine pendant laquelle le titre est établi.

2e *cas.* — Les intéressés reçoivent l'allocation provisoire d'attente.

Leur titre d'allocation d'attente sera retiré et annulé; un nouveau titre de 800 francs, augmenté, le cas échéant, des majorations pour enfants, leur sera délivré. Le premier coupon de ce titre comprendra la période comprise entre la date d'échéance (exclue) du dernier coupon non payé de l'ancien titre et le dernier jour de la quinzaine pendant laquelle le nouveau titre est établi.

En outre, trimestriellement, aux dates d'échéance des coupons du nouveau titre d'allocation d'attente, un mandat d'avances sur la pension reversible leur sera adressé par les soins du sous-intendant militaire.

Le premier mandat devra comprendre les sommes revenant aux intéressés depuis le 15 novembre 1919, dans les conditions prévues par le dernier alinéa de l'article 11, sous déduction du montant de la différence entre l'allocation d'attente réellement perçue depuis cette date et l'allocation du taux de veuve de soldat.

9° Quelles sont les dispositions applicables aux titulaires d'une pension civile exceptionnelle de la loi du 14 mars 1915 optant pour la pension de la loi du 31 mars 1919?

Il y a lieu de faire application des dispositions prévues par l'instruction du 5 mars 1920 et la circulaire mensuelle du 26 février 1920 en ce qui concerne l'échange d'un ancien titre de pension contre un titre d'allocation d'attente.

Arrêté portant création au ministère de la guerre d'une commission chargée de l'examen des avis formulés par les commissions spéciales instituées par l'article 1er de la loi du 30 avril 1920.

Direction de l'Intendance militaire et Direction des Troupes coloniales; Cabinet du Directeur.

Paris, le 5 septembre 1921.

Le Ministre de la guerre,

Vu la loi du 30 avril 1920, portant modifications à la législation des pensions civiles et militaires;

Vu le décret du 25 août 1921, fixant la composition des commissions spéciales prévues par l'article 1er de la loi précitée,

Arrête :

Article 1er. En vue de réaliser le maximum d'uniformité dans l'application de l'article 1er de la loi du 30 avril 1920, et pour éviter les inégalités de traitement qui pourraient résulter d'un défaut d'harmonie dans la manière d'apprécier les diverses commissions locales instituées par cet article, les avis formulés par ces commissions à l'égard des militaires jusqu'au grade inclus de colonel ou assimilé, seront examinés par une commission centrale siégeant au ministère de la guerre, le cas des officiers généraux restant soumis à l'examen du conseil supérieur de la guerre.

Article 2. La commission centrale aura la composition suivante :

Président : Le premier sous-chef de l'état-major général;

Membres : Le directeur de l'infanterie,
Le directeur de la cavalerie,
Le directeur de l'artillerie,
Le directeur du génie,
Le directeur de l'aéronautique,
Le directeur de la gendarmerie,
Le directeur des troupes coloniales.
Le directeur de l'intendance,
Le directeur du service de santé.
Le directeur du contentieux et de la justice militaire;

Secrétaire   (ne prenant pas part aux délibérations de la commission) : Le fonctionnaire de l'intendance
chargé du service des pensions à la 5ᵉ Direction.

Article 3. La commission se réunira chaque fois qu'il sera
nécessaire, à la diligencé de son président, à qui les directeurs
d'arme ou de service transmettront par l'intermédiaire du secrétaire et sous le timbre de la 5ᵉ Direction (pensions), les dossiers provenant des commissions locales complétés par leur
avis personnel et leurs propositions.

Article 4. La commission examinera les dossiers qui lui seront soumis, en s'inspirant à la fois des intérêts des personnes,
des besoins généraux de l'armée et des nécessités particulières
des armes et services; elle émettra, dans chaque cas particulier, un avis dont une copie, signée du président, sera annexée
au dossier.

Lorsque, du dossier, il résultera que les autorités militaires et
médicales ont formulé unanimement les mêmes propositions, le
président de la commission, s'il y adhère, pourra décider qu'il
n'y a point lieu de saisir la commission de la question et l'avis
de celle-ci sera remplacé par celui du seul président (1).

Article 5. Les dossiers ainsi complétés seront transmis au
cabinet du Ministre par le secrétaire de la commission.

------

*Notification d'un avis du Conseil d'Etat en date du 29 novembre 1921 au sujet de l'application de l'article 1ᵉʳ de la loi du
30 avril 1920 relative à la mise à la retraite des officiers et
sous-officiers rengagés ou commissionnés.*

(Direction de l'Intendance militaire; Service des Pensions.)

Paris, le 16 décembre 1921.

La section des finances, de la guerre, de la marine et des colonies du Conseil d'Etat, sur le renvoi qui lui a été fait par le
Ministre de la guerre, de la question de savoir :

1° Si, pour l'application de l'article 1ᵉʳ de la loi du 30 avril

------

(1) Article complété. (Arrêté du 25 avril 1924, *B. O.*, p. 1437.)

1920, le Ministre a le droit, après avis de la commission spéciale, de mettre d'office à la retraite, pour blessures et infirmités, le militaire de carrière, atteint de moins de 60 p. 100 d'invalidité?

2° Dans le cas de l'affirmative, quel sera le taux de la pension à accorder à ces militaires?

3° Le droit reconnu au Ministre de mettre à la retraite d'office les militaires atteints d'une invalidité inférieure à 60 p. 100 entraînerait-il par mesure de réciprocité le droit pour les intéressés d'exiger leur mise à la retraite?

4° Si la question précédente était résolue par l'affirmative, quel serait le taux de la pension définitive à concéder à ces militaires mis à la retraite sur leur demande; devrait-il correspondre au degré réel d'invalidité?

Vu la loi du 11 avril 1831;

Vu la loi du 19 mai 1834;

Vu la loi du 31 mars 1919;

Vu la loi du 23 décembre 1919;

Vu la loi du 30 avril 1920;

Considérant que la retraite est la position définitive du militaire rendu à la vie civile et admis à la jouissance d'une pension conformément aux lois en vigueur;

Considérant qu'aux termes de la loi du 11 avril 1831 le droit d'un militaire à la pension de retraite est acquis, soit lorsqu'il a accompli trente années de service, soit lorsque, étant atteint de blessures ou infirmités incurables résultant du service, il est hors d'état de rester en activité, et dans l'impossibilité d'y rentrer ultérieurement s'il est officier, ou bien il est mis par sa blessure ou ses infirmités hors d'état de servir et de pourvoir à sa subsistance, s'il est sous-officier, brigadier, caporal ou soldat;

Que, pour déterminer le degré de gravité mettant le militaire hors d'état de servir, les barèmes fixés par la loi du 11 avril 1831 et par les décisions ministérielles prises en exécution de cette loi ont établi une échelle de gravité qui comprend six classes de blessures ou d'infirmités donnant droit à la retraite; que la loi du 23 décembre 1919 ratifiant la répartition faite par la dernière de ces décisions, en date du 23 juillet 1887, a fixé à 60 p. 100 l'estimation de l'invalidité résultant des blessures ou infirmités de la dernière classe; que, si la loi du 31 mars 1919 a accordé aux militaires atteints d'invalidité d'au moins 10 p. 100. résultant de blessures ou d'infirmités causées par des événements de guerre, ou par la fatigue et les accidents du service, une pension d'invalidité, cette pension, aux termes mêmes de l'article 1ᵉʳ de la loi, est une « *réparation* » accordée par la nation « reconnaissante envers ceux qui ont assuré le salut de la patrie »;

Qu'aux termes de l'article 3 de ladite loi, cette pension d'invalidité peut être seulement temporaire;

Qu'aux termes de l'article 72 cette pension peut être cumulée avec une solde de non-activité, et aux termes de l'article 2 de la loi du 30 avril 1920, avec une solde d'activité;

Qu'ainsi, cette pension d'invalidité est allouée indépendamment de la position militaire de l'intéressé;

Que, si l'article 59 de la loi du 31 mars 1919 a donné aux officiers et militaires rengagés, réformés pour infirmités résultant du service pendant la guerre 1914-1918 sans avoir droit à pension d'ancienneté, le droit d'opter entre deux sortes de pensions, aucune disposition de ladite loi, pas plus que de la loi du 30 avril 1920, n'a modifié les conditions dans lesquelles un militaire peut être admis à la retraite, soit sur sa demande, soit sur l'initiative du Ministre;

Qu'il résulte des travaux préparatoires, tant de la loi du 31 mars 1919, que de la loi du 30 avril 1920, que ces lois ont eu pour but d'améliorer la situation des militaires; que, par suite, elles n'ont pu avoir pour effet de réduire leurs droits à rester en activité de service; que d'ailleurs, la loi du 23 décembre 1919, complétant l'article 65 de la loi du 31 mars 1919, donne aux militaires le droit de se réclamer de la législation antérieure dans le cas où cette législation leur serait plus favorable;

Que l'article 1ᵉʳ de la loi du 30 avril 1920, qui impose au Ministre l'obligation de prendre l'avis d'une commission spéciale, avant de prononcer la mise à la retraite d'office des militaires atteints d'infirmités incurables, n'a été édicté que pour donner aux intéressés une garantie supplémentaire;

Considérant qu'il résulte de la législation précitée sur la mise à la retraite que les militaires atteints d'infirmités incurables représentant une invalidité d'au moins 60 p. 100, peuvent seuls être admis à la retraite, soit d'office, soit sur leur demande;

Est d'avis de répondre dans le sens des observations qui précèdent.

§ 3. — Retraites par anticipation.

Loi ayant pour objet de rapporter la loi du 5 janvier 1872, relative aux pensions des officiers et assimilés qui comptent vingt-cinq ans de service.

Versailles, le 29 mai 1875.

L'Assemblée nationale a adopté la loi dont la teneur suit :

Art. 1er. Est rapportée la loi du 5 janvier 1872, relative à l'admission à la pension de retraite, à titre d'ancienneté, des officiers et assimilés, après vingt-cinq ans de service effectif.

Toutefois, le Ministre de la guerre pourra procéder à la liquidation et à la concession des pensions des officiers et assimilés en activité qui lui auront adressé, par la voie hiérarchique, leur demande avant la promulgation de la présente loi, et des officiers et assimilés en non-activité à l'égard desquels il aura reconnu, avant la même date, devoir prendre cette mesure.

Art. 2. Les veuves des officiers et assimilés, décédés après vingt-cinq ans de service effectif, continueront de recevoir l'application de l'article 2 de la loi du 10 avril 1869.

Délibéré en séance publique, à Versailles, le 29 mai 1875.

(Suivent les signatures.)

Loi relative à la mise à la retraite par anticipation d'un certain nombre d'officiers (1).

Paris, le 7 avril 1905.

Le Sénat et la Chambre des députés ont adopté,

Le Président de la République promulgue la loi dont la teneur suit :

Art. 1er. Par dérogation à l'article 1er de la loi du 11 avril 1831, pourront être admis à la pension de retraite, sur leur

____

(1) Voir page 23 l'article 44 de la loi du 14 avril 1924.

demande, à titre d'ancienneté, après vingt-cinq ans de service, et jusqu'à concurrence du nombre d'officiers en excédent des cadres, les officiers des armes où il existe des officiers en excédent.

Ces officiers auront droit, quelle que soit leur ancienneté de grade, au minimum de la pension de ce grade, augmenté, pour chaque année de campagne, d'un vingtième de la différence du minimum au maximum.

Art. 2. Les officiers exceptionnellement admis à la retraite en vertu de la présente loi demeureront à la disposition du Ministre de la guerre, dans les conditions prévues à l'article 2 de la loi du 22 juin 1878, mais pendant 10, 9, 8, 7 ou 6 années, selon qu'ils auront été retraités à 25, 26, 27, 28 ou 29 ans de service.

Art. 3. La mise à la retraite de ces officiers sera prononcée dans un délai de deux ans au maximum (1), à dater du jour de la promulgation de la présente loi, et ces officiers ne seront remplacés dans leur grade que le jour où ils auraient terminé leur trentième année de services, s'ils étaient restés en activité.

La présente loi, délibérée et adoptée par le Sénat et par la Chambre des députés, sera exécutée comme loi de l'Etat.

Fait à Paris, le 7 avril 1905.

Circulaire sur les admissions à la retraite par anticipation.

Paris, le 15 juin 1905.

Une loi du 7 avril 1905, promulguée au *Journal officiel* du 12, autorise l'admission à la retraite par anticipation des officiers qui se trouvent en excédent des cadres.

Pour éviter toute fausse interprétation de cette loi, il y aura lieu de tenir compte des observations ci-après :

1° Le nombre des officiers en excédent des cadres est actuellement de :

556 pour l'infanterie,
et 20 pour le génie.

C'est donc uniquement dans ces armes et dans la limite des nombres énoncés ci-dessus que les admissions à la retraite par anticipation, après vingt-cinq ans de service effectif, pourront

---

(1) Voir pages 106 et 107 les lois de finances du 30 janvier 1907 (article 64) et du 31 décembre 1907 (articles 38 et 40).

être autorisées pendant les deux ans qui suivront la promulgation de la loi.

Le postulant devra en outre se trouver dans la position d'activité et ne pas compter trente ans de service effectif.

Les officiers en *non-activité* ou *en congé de longue durée* sont donc exclus du bénéfice de la nouvelle loi.

Les officiers en *non-activité pour infirmités temporaires* ne pourront, comme par le passé, être admis à la retraite après vingt-cinq ans de service, que dans les conditions prévues par la loi du 25 juin 1861 ;

2° En échange de l'avantage qui lui aura été fait, l'officier ainsi retraité par anticipation demeurera à la disposition du Ministre de la guerre dans les conditions prévues à l'article 2 de la loi du 22 juin 1878, mais pendant 10, 9, 8, 7 ou 6 années selon qu'il aura été retraité à 25, 26, 27, 28 ou 29 ans de service ;

3° La pension obtenue par anticipation sera égale au minimum de la pension du grade, quelle que soit la durée du service effectif que réunira l'intéressé, augmenté du bénéfice de campagne dans les conditions ordinaires ; la pension sera fixée d'après le dernier grade, sans que la condition de deux ans d'ancienneté dans le grade soit exigée ;

4° Cette pension sera reversible sur la veuve ou les orphelins au même titre et dans les mêmes conditions que la pension à trente ans de service effectif.

Extrait de la loi de finances du 30 janvier 1907.

. . . .

Art. 64. Les dispositions prévues par la loi du 7 avril 1905, relative à la mise à la retraite par anticipation d'un certain nombre d'officiers appartenant aux armes ou services dans lesquels il existait un excédent, sont prorogées d'un an à compter du 7 avril 1907.

Ces dispositions seront rendues applicables aux armes ou services dans lesquels il existera des excédents au jour de la promulgation de la présente loi, et ce, jusqu'à la date du 7 avril 1908.

Dans les mêmes conditions et en vue de réduire l'effectif des officiers d'administration de 1re classe des services de l'intendance et de santé à entretenir en surnombre par application de l'article 70 de la loi de finances du 31 mars 1903, les mêmes dispositions sont rendues applicables aux officiers d'administration susindiqués, jusqu'à concurrence de vingt unités.

. . . .

Extrait de la loi de finances du 31 décembre 1907.

. . . .

Art. 38. Les dispositions prévues par la loi du 7 avril 1905, relative à la mise à la retraite par anticipation d'un certain nombre d'officiers appartenant aux armes ou services dans lesquels il existait un excédent, déjà prorogées d'un an par la loi de finances du 30 janvier 1907, le sont encore d'une année à compter du 7 avril 1908 (1).

Ces dispositions sont rendues applicables aux armes ou services dans lesquels il existera des excédents au jour de la promulgation de la présente loi, et ce, jusqu'à la date du 7 avril 1909.

Dans les mêmes conditions et en vue de réduire l'effectif des officiers d'administration de 1re classe des services de l'intendance et de santé à entretenir en surnombre par application de l'article 70 de la loi de finances du 31 mars 1903, les dispositions de la loi du 7 avril 1905, déjà rendues applicables à ces officiers par la loi de finances du 30 janvier 1907, le sont encore jusqu'à concurrence de vingt nouvelles unités.

. . . .

Art. 40. Par dérogation à l'article 1er de la loi du 11 avril 1831, pourront être admis à la pension de retraite, sur leur demande, à titre d'ancienneté, après vingt ans de services, et jusqu'à concurrence de 112, les officiers de l'armée coloniale comptant au moins six années de séjour aux colonies.

Ces officiers auront droit, quelle que soit leur ancienneté de grade, au minimum de la pension de ce grade, augmenté, pour chaque année de campagne, d'un vingtième de la différence du minimum au maximum.

. . . .

Extrait de la loi de finances du 8 avril 1910.

. . . .

Art. 80. Le Ministre de la guerre est autorisé à admettre par anticipation à la pension de retraite, en 1910, jusqu'à concurrence d'un nombre maximum de 200, des officiers des armes de

(1) Délai prorogé d'un an par l'article 34 de la loi de finances du 26 décembre 1908.

l'infanterie, de la cavalerie, de l'artillerie et du génie, dans les conditions de la loi du 7 avril 1905 (1), mais sans qu'il soit nécessaire que ces armes présentent des excédents.

Leur pension sera calculée sur la base d'un trentième au minimum de la pension de leur grade par année de service et augmentée, pour chaque campagne, d'un vingtième de la différence entre le maximum et le minimum.

S'il n'y a pas d'excédent dans leur arme, ces officiers seront remplacés dans les cadres.

Circulaire sur les admissions à la retraite par anticipation prononcées par application de la loi de finances du 8 avril 1910.

(Cabinet du Ministre; Bureau de la Correspondance générale.)

Paris, le 8 juillet 1910.

Aux termes de l'article 80 de la loi de finances du 8 avril 1910. « le Ministre de la guerre est autorisé à admettre par anticipation à la pension de retraite, en 1910, jusqu'à concurrence d'un nombre maximum de deux cents, des officiers des armes de l'infanterie, de la cavalerie, de l'artillerie et du génie, dans les conditions de la loi du 7 avril 1905 (1), *mais sans qu'il soit nécessaire que ces armes présentent des excédents* ».

Sont appelés à bénéficier des dispositions qui précèdent, non seulement les officiers en activité, mais encore ceux qui se trouvent en non-activité ou en congé de longue durée.

Quant aux officiers en non-activité pour infirmités temporaires, ils ne pourront, comme par le passé, être admis à la retraite après vingt-cinq ans de service que dans les conditions prévues par la loi du 25 juin 1861 (voir page 59).

En échange de l'avantage qui lui aura été fait, l'officier ainsi retraité par anticipation demeurera à la disposition du Ministre de la guerre dans les conditions prévues à l'article 2 de la loi du 22 juin 1878, mais pendant dix, neuf, huit, sept ou six années, selon qu'il aura été retraité à vingt-cinq, vingt-six, vingt-sept, vingt-huit ou vingt-neuf ans de service.

Conformément aux prescriptions du deuxième alinéa de l'article 80 de la loi de finances du 8 avril 1910, la pension obtenue par anticipation sera calculée sur la base du trentième du mini-

---

(1) Voir page 23 l'article 44 de la loi du 14 avril 1924.

mum de la pension du grade par année de service, sans que la condition de deux années d'ancienneté dans le grade soit exigée, et augmentée pour chaque campagne du vingtième de la différence entre le maximum et le minimum.

Cette pension sera réversible sur la veuve ou les orphelins, au même titre et dans les mêmes conditions que la pension à trente ans de service effectif.

Les deux cents retraites anticipées prévues par l'article 80 de la loi de finances de 1910 (1) seront réparties de la manière suivante entre les quatre armes intéressées :

Infanterie.	119
Cavalerie.	35
Artillerie.	37
Génie.	9
Total égal.	200

(1) Le nombre d'officiers que le Ministre de la guerre est autorisé à admettre à la retraite proportionnelle au cours de l'année 1924, dans les conditions prévues par l'article 44 de la loi du 14 avril 1924, est fixé à 150. Le Ministre de la marine est autorisé à admettre dans ces conditions 30 officiers. (Loi du 30 juin 1924, *B. O.*, p. 1913.)

§ 4. — Dispositions relatives à la marine et aux colonies.

Extrait de la loi du 18 avril 1831 sur les pensions de l'armée de mer (1).

TITRE Ier.

Des pensions militaires pour ancienneté de service.

SECTION Ire.

DES DROITS A LA PENSION.

Art. 1er. Le droit à la pension de retraite d'ancienneté est acquis, pour les officiers de la marine et pour les marins de tous les grades, à vingt-cinq ans accomplis de service effectif.

Dans les autres corps de la marine, le même droit est acquis à trente ans accomplis de service effectif.

Toutefois, les individus de ces derniers corps, qui réuniraient ou six ans de navigation sur les vaisseaux de l'Etat, ou neuf ans tant de navigation sur lesdits vaisseaux que de service dans les colonies, seront assimilés aux marins. Mais, dans aucun cas, le service des colonies ne motivera de réduction sur la durée légale des services que pour les individus envoyés d'Europe.

Art. 2. Les années de service effectif pour la pension de retraite se comptent de l'âge de 16 ans.

Art. 3. Le service des militaires entrés dans la marine leur est compté, pour le temps antérieur à cette admission, d'après les lois qui régissent les pensions de l'armée de terre.

Ils seront toutefois assimilés aux marins si, avant ou après leur admission dans la marine, ils réunissent les conditions voulues par le 3e paragraphe de l'article 1er.

Art. 4. Est compté pour la pension de retraite le temps passé dans un service civil qui donne droit à pension, pourvu toutefo s que la durée des services dans le département de la marine soit au moins ou de vingt ans en France, ou de dix ans dans les colonies, pour les individus envoyés d'Europe.

Art. 5. Il est compté quatre années de service effectif, à titre d'études préliminaires, aux élèves de l'Ecole polytechnique, au moment où ils entrent dans les corps de la marine.

---

(1) La loi du 14 avril 1924 (voir p. 15) est applicable à l'armée de mer.

Est aussi compté comme service effectif le temps passé à l'Ecole navale à partir de l'âge de 16 ans (1).

Art. 6. Le temps passé hors de l'activité, avec jouissance d'une pension de retraite, ne peut entrer dans la supputation du service effectif.

Il en est de même du temps pendant lequel une pension aura été cumulée avec la solde d'activité dans les corps détachés de la garde nationale comme auxiliaires de l'armée, à moins que le pensionnaire n'ait acquis dans ces corps et par les causes énoncées au titre II ci-après des droits à une pension plus élevée, ou qu'il n'y ait fait campagne, auquel cas il jouira du bénéfice de l'article 7.

Art. 7 (2). Les marins et assimilés qui auront droit à pension seront admis à compter, en sus de leurs services effectifs, les bénéfices de campagne d'après les règles suivantes :

1° Sera compté pour la totalité, en sus de sa durée effective, le service à l'Etat accompli :

En temps de guerre, à bord des bâtiments de l'Etat et des bâtiments de commerce;

En voyage de découverte ordonné par le gouvernement.

2° Sera compté pour la moitié en sus de sa durée effective le service à l'Etat accompli, en temps de paix, à bord des bâtiments de l'Etat et des bâtiments de commerce.

3° Sera également compté pour la moitié, en sus de sa durée effective, le service accompli, en temps de guerre comme en temps de paix, sur les bâtiments ordinaires de commerce.

4° Sera compté pour la totalité ou la moitié, en sus de sa durée effective, d'après les mêmes distinctions que pour les militaires de l'armée de terre, le service à l'Etat accompli, en temps de guerre ou en temps de paix, à bord des bâtiments de l'Etat stationnant dans les bases navales situées aux colonies ou établies à l'étranger.

Dans tous les cas spécifiés ci-dessus, la navigation faite à l'âge de 10 à 16 ans sur les bâtiments de l'Etat sera comptée pour sa durée effective, mais à titre de bénéfice seulement.

Les bénéfices résultant de la navigation sur les bâtiments ordinaires du commerce ne peuvent jamais entrer pour plus d'un tiers dans l'évaluation totale des services admis en liquidation.

---

(1) Voir page 273 l'article 18 de l'instruction du 15 octobre 1924.
(2) Texte nouveau. (Loi du 16 avril 1920, voir page 83.)

Art. 8. Dans la supputation des bénéfices attachés aux campagnes par l'article 7, on comptera pour une année entière la campagne dans laquelle l'officier, marin ou autre, aura été blessé et mis hors de service.

En tout autre cas, on supputera le temps écoulé à partir de la mise en rade jusqu'à la rentrée dans un port de France, et, sur cette période, le mois commencé sera compté comme fini.

Néanmoins, si l'officier, marin ou autre, retourne immédiatement à la mer, il ne pourra compter qu'une année de bénéfice pour chaque période de douze mois, plus le mois commencé lors du désarmement.

Le service, tant sur les bâtiments armés en course que sur les navires du commerce, ne sera compté que du jour du départ du bâtiment pour sa destination. Il ne comprendra ni le temps de l'équipement, ni celui de la relâche dans un port de France, toutes les fois que cette relâche aura excédé quinze jours.

SECTION II.

FIXATION DE LA PENSION D'ANCIENNETÉ.

Art. 9. Les officiers de la marine et marins de tous les grades après vingt-cinq ans, et les individus des autres corps de la marine après trente ans de service effectif, ont droit au minimum de la pension d'ancienneté déterminée pour leur grade par le tarif annexé à la présente loi (1).

Chaque année de service au delà des termes fixés ci-dessus, et chaque année de campagne supputée selon les articles 7 et 8 ajoutent à la pension un vingtième de la différence du minimum au maximum.

Le maximum est acquis pour les officiers de la marine et marins à quarante-cinq ans, et, pour les individus des autres corps de la marine, à cinquante ans de service, campagnes comprises.

Art. 10. La pension se règle sur le grade dont l'officier est titulaire.

Si néanmoins il demande sa retraite avant d'avoir au moins deux ans d'activité dans ce grade, la pension se règle sur le grade immédiatement inférieur.

. . . .

______

(1) Ces tarifs ont été abrogés et sont d'ailleurs sans intérêt pour la liquidation des pensions militaires de la guerre. Les tarifs en vigueur ont été publiés dans le volume n° 66-3.

TITRE II.

Des pensions de retraite pour cause de blessures ou d'infirmités (1).

SECTION Ire.

DES DROITS A LA PENSION.

Art. 12. Les blessures donnent droit à la pension de retraite lorsqu'elles sont graves et incurables, et qu'elles proviennent d'événements de guerre ou d'accidents éprouvés dans un service commandé.

Les infirmités donnent les mêmes droits lorsqu'elles sont graves et incurables, et qu'elles sont reconnues provenir des fatigues ou des accidents du service.

Les causes, la nature et les suites des blessures ou infirmités seront justifiées dans les formes et dans les délais qui seront déterminés par un règlement d'administration publique.

Art. 13. Les blessures ou infirmités provenant des causes énoncées dans l'article précédent ouvrent un droit immédiat à la pension, si elles ont occasionné la cécité, l'amputation ou la perte absolue de l'usage d'un ou de plusieurs membres.

Art. 14. Dans les cas moins graves, elles ne donnent lieu à la pension que sous les conditions suivantes :

1° Pour l'officier, si elles le mettent hors d'état de rester en activité et lui ôtent la possibilité d'y rentrer ultérieurement ;

2° Pour tout individu au-dessous du rang d'officier, si elles le mettent hors d'état de servir et de pourvoir à sa subsistance.

. . . .

TITRE IV.

Dispositions générales.

Art. 23. Les dispositions de la loi sur les pensions de l'armée de terre sont pleinement applicables aux officiers, sous-officiers et soldats des troupes de la marine, sauf le bénéfice résultant de l'article 1er, en ce qui concerne l'époque à laquelle ils pourront acquérir droit à la pension d'ancienneté.

---

(1) Les articles 12 à 14 sont modifiés par les articles 3 et suivants de la loi du 31 mars 1919 (voir page 7).

Art. 24. La pension des magistrats et autres fonctionnaires de l'ordre judiciaire, attachés au service des colonies, est, à parité d'offices, réglée sur les mêmes bases et fixée au même taux que celles des magistrats employés en France, sauf les bénéfices résultant des articles 1er, 4 et 7, pour les individus envoyés d'Europe.

La même règle d'assimilation s'applique aux fonctionnaires civils des colonies autres que ceux qui sont compris dans l'organisation du département de la marine en France, pourvu que ces fonctionnaires soient rétribués sur les deniers publics.

. . . .

Art. 28. Le droit à l'obtention ou à la jouissance d'une pension de retraite est suspendu :

Par la condamnation à une peine afflictive ou infamante, pendant la durée de la peine ;

Par les circonstances qui font perdre la qualité de Français, durant la privation de cette qualité ;

. . . . (1).

Art. 29. Les pensions de retraite dans la fixation desquelles il sera fait application de l'article 4 de la présente loi ne pourront, en aucun cas, être cumulées avec un traitement civil d'activité.

. . . .

Donnons en mandement à nos cours et tribunaux, préfets, Corps administratifs, et tous autres, que les présentes ils gardent et maintiennent, fassent garder, observer et maintenir, et, pour les rendre plus notoires à tous, ils les fassent publier et enregistrer partout où besoin sera ; et, afin que ce soit chose ferme et stable à toujours, nous y avons fait mettre notre sceau.

Fait à Paris, au Palais-Royal, le 18 avril 1831.

Loi qui modifie celle du 18 avril 1831 sur les pensions de l'armée de mer.

Paris, le 10 avril 1869.

Art. 1er. Les officiers des corps de la marine dans lesquels le droit à pension n'est acquis, aux termes du deuxième paragraphe de l'article 1er de la loi du 18 avril 1831, qu'à trente ans de services, au-

---

(1) Paragraphe abrogé. (Loi du 13 juillet 1923, *B. O.*, p. 2022.)

.ront droit exceptionnellement, après vingt-cinq ans de service effectif, au minimum de la pension de retraite attribuée à leur grade, lorsque, après avoir été mis en non-activité pour infirmités temporaires, ils auront été reconnus par un conseil d'enquête, selon les prescriptions de la loi du 19 mai 1834, non susceptibles d'être rappelés à l'activité.

Cette disposition est applicable aux maîtres principaux et aux maîtres entretenus, aux conducteurs principaux et aux conducteurs des diverses directions de travaux dans les ports et établissements de la marine, après qu'ils auront été reconnus par le Ministre de la marine, sur l'avis du conseil de santé, non susceptibles d'être maintenus à l'activité.

Art. 2. Auront droit à la pension les veuves des officiers des corps de la marine, des maîtres et des conducteurs mentionnés à l'article précédent, lorsque leur mari sera mort en activité après vingt-cinq ans de service accomplis.

Cette disposition est applicable aux veuves des officiers des corps de l'armée de terre mentionnés à l'article 2 de la loi du 25 juin 1861.

Art. 3. La pension d'ancienneté se règle sur le grade dont le marin est titulaire, conformément à l'article 9 de la loi du 18 avril 1831.

Toutefois, elle est liquidée sur le grade immédiatement inférieur si, à raison de l'augmentation du cinquième dans le cas prévu par l'article 11 de ladite loi, il y a avantage pour le marin dans ce mode de liquidation.

Art. 4. Les dispositions de la présente loi seront appliquées à toutes les pensions non inscrites avant sa promulgation.

Loi sur les pensions du personnel du Département de la marine et des colonies.

Du 5 août 1879.

Le Sénat et la Chambre des députés ont adopté ;

Le Président de la République promulgue la loi dont la teneur suit :

TITRE Ier.

Des droits à la pension de retraite (1).

---

(1) Voir page 15 la loi du 14 avril 1924.

TITRE III.

Des pensions de veuves et orphelins (1).

TITRE IV.

Dispositions diverses.

Art. 12. Les officiers et assimilés de tous grades compris dans la première section du tarif n° 1 resteront, après leur mise à la retraite, pendant cinq années à la disposition du Ministre de la marine, qui pourra leur donner un emploi de leur grade dans la réserve de l'armée de mer, soit pour le service des ports, soit pour le service à la mer ou le service des colonies.

Le Ministre de la marine pourra également les mettre à la disposition du Ministre de la guerre.

Pendant ces cinq années, ils demeureront soumis aux lois et règlements militaires sur la réserve.

Art. 13. La retenue opérée au profit de la caisse des invalides sur la solde et les accessoires de solde des officiers, des assimilés et autres fonctionnaires compris dans le tarif n° 1 (2), sera portée de trois à cinq pour cent, à compter du premier jour du mois qui suivra la promulgation de la présente loi.

La retenue que subissent les officiers mariniers, marins et autres auxquels le tarif n° 2 est applicable, reste fixée à trois pour cent.

Art. 14. Les tarifs annexés à la présente loi sont appliqués aux fonctionnaires et agents du service colonial d'après leurs assimilations avec le personnel métropolitain telles qu'elles sont établies par les décrets organiques.

Ces assimilations servent également à régler le taux de la retenue à laquelle lesdits fonctionnaires et agents sont soumis au profit de la caisse des invalides.

Art. 15. Chaque année, il sera communiqué aux Chambres un tableau indiquant les liquidations de pensions nouvelles qui auront été effectuées et les extinctions qui se seront produites parmi les pensionnaires dans le cours de l'année précédente.

---

(1) Voir page 15 la loi du 14 avril 1924.
(2) Tarif remplacé par le tarif inséré page 124.

Art. 16. Un crédit annuel sera inscrit au budget de la caisse des invalides pour venir en aide aux pensionnaires placés sous le régime des lois antérieures.

Le chiffre des allocations à attribuer suivant le grade sera le même que celui fixé pour l'armée de terre.

TITRE V.

Dispositions générales et transitoires.

Art. 17. Les dispositions de la loi sur les pensions de l'armée de terre continuent à être applicables aux officiers, sous-officiers et soldats des troupes de la marine, sauf le bénéfice résultant de l'article 2 de la présente loi, en ce qui concerne l'époque à laquelle ils pourront acquérir droit à la pension d'ancienneté.

Art. 18. La présente loi est applicable à toutes les pensions non encore inscrites au moment de sa promulgation.

Art. 19. Sont et demeurent abrogées toutes les dispositions contenues dans les lois antérieures et qui seraient contraires à la présente loi.

La présente loi, délibérée et adoptée par le Sénat et par la Chambre des députés, sera exécutée comme loi de l'État.

Fait à Paris, le 5 août 1879.

Signé : JULES GRÉVY.

Par le Président de la République :

Le Ministre de la marine et des colonies,

Signé : JAURÉGUIBERRY.

Extrait de la loi de finances du 28 avril 1893.

. . . .

Art. 53. Les services rendus en qualité d'écrivains temporaires ou auxiliaires et d'auxiliaires civils du commissariat de la marine, pendant la période comprise entre le 23 décembre 1847 et le 29 juin 1878, sont admis pour l'établissement du droit à pension et entrent dans le calcul de la liquidation.

Extrait de la loi de finances du 25 février 1901.

Art. 46. (Modifie le paragraphe 1ᵉʳ de l'article 2 de la loi du 5 août 1879.)

Art. 47. (Modifie l'article 7 de la loi du 18 avril 1831.)

Art. 48. (Modifie l'article 38 de la loi de finances du 13 avril 1898.)

Extrait de la loi du 30 décembre 1913 sur les pensions.

TITRE II.

Pensions militaires.

Art. 13. Est considéré comme service à la mer, au double point de vue de la détermination du temps de navigation prévue à l'article 46 de la loi du 25 février 1901 et de la supputation des bénéfices attachés aux campagnes de l'armée de mer, le temps écoulé à partir de la mise en rade du bâtiment jusqu'au jour inclus de sa rentrée dans un port de France pour y être mis en réserve ou désarmé.

Les mêmes bénéfices sont acquis, dans des conditions à déterminer par décret, aux officiers et équipages des bâtiments armés dont le poste de mouillage ou de stationnement normal est dans le port.

Toutefois, pour les bâtiments en essais ou en réserve, le séjour hors du port compte seul comme service à la mer.

Art. 14. Dans la liquidation des pensions militaires, il est tenu compte de la fraction d'année que ferait apparaître la totalisation des services effectifs et des campagnes, tout mois commencé donnant droit à un douzième d'annuité.

Art. 15. Les dénominations de grades fixées par la loi du 10 juin 1896 sont modifiées comme suit :

GRADES et EMPLOIS ACTUELS	GRADES et EMPLOIS NOUVEAUX.
Enseigne de vaisseau.	Enseigne de vaisseau de 1re classe.
Aspirant de 1re classe.	Enseigne de vaisseau de 2e classe.
Aspirant de 2e classe.	Aspirant de marine.
Adjudant principal de 1re classe et pilote major de 1re classe.	Officier principal des équipages de la flotte.
Adjudant principal de 2e classe et pilote major de 2e classe.	Officier de 1re classe des équipages de la flotte.
Adjudant principal de 3e classe et pilote major de 3e classe.	Officier de 2e classe des équipages de la flotte.
Adjudant principal de 4e classe.	Officier de 3e classe des équipages de la flotte.
Adjudant principal de 5e classe.	Officier de 4e classe des équipages de la flotte.

Art. 16. Les grades des officiers du personnel administratif de gestion et d'exécution de la marine, comprenant celui de l'inscription maritime, sont fixés comme suit :

DÉSIGNATION des GRADES ACTUELS.	DÉSIGNATION des GRADES NOUVEAUX.	CORRESPONDANCE DE GRADE au point de vue des pensions.
Agent administratif principal.	Officier d'administration principal.	Capitaine de corvette.
Agent administratif de 1re classe.	Officier d'administration de 1re classe.	Lieutenant de vaisseau.
Agent administratif de 2e classe.	Officier d'administration de 2e classe.	Enseigne de vaisseau de 1re classe.
	Officier d'administration de 3e classe.	Enseigne de vaisseau de 2e classe.

Art. 17. Les grades des officiers du personnel technique des directions de travaux de la marine sont fixés comme suit :

DÉSIGNATION des GRADES ACTUELS.	DÉSIGNATION des GRADES NOUVEAUX.	CORRESPONDANCE DE GRADE au point de vue des pensions.
Agent technique en chef de 1re classe. Agent technique en chef de 2e classe.	Officier principal des Directions de travaux.	Capitaine de corvette.
Agent technique principal de 1re classe. Agent technique principal de 2e classe.	Officier de 1re classe des Directions de travaux.	Lieutenant de vaisseau.
Agent technique principal de 3e classe. Agent technique principal de 4e classe.	Officier de 2e classe des Directions de travaux.	Enseigne de vaisseau de 1re classe.
»	Officier de 3e classe des Directions de travaux.	Enseigne de vaisseau de 2e classe.

Art. 18. Le tarif n° 1 annexé à la loi du 5 août 1879 est, en ce qui concerne les personnels relevant du ministère de la marine, remplacé par le tarif inséré à l'état A annexé à la présente loi.

Pour l'application de ce tarif, les officiers subalternes de la marine sont classés dans les échelons de solde correspondant à ceux qui ont été déterminés pour les officiers de l'armée de terre par l'article 79 de la loi du 13 juillet 1911.

Art. 19. Les pensions et limites d'âge des commis principaux et commis du personnel administratif de gestion et d'exécution de la marine (comprenant celui de l'inscription maritime), des agents techniques principaux et agents techniques des directions de travaux de la marine sont fixées par l'état B annexé à la présente loi.

Les fonctionnaires compris sur cet état demeurent pendant les cinq années qui suivent leur mise à la retraite à la disposition du Ministre de la marine pour le service de la flotte et des arsenaux.

Art. 20. Le droit aux pensions déterminées par la présente loi et aux pensions, secours et allocations de toute nature auxquels peuvent prétendre les lieutenants de vaisseau, enseignes de vaisseau de 1re ou 2e classe et assimilés de la marine, ainsi que leurs veuves et orphelins, est subordonné aux conditions fixées par les lois en vigueur pour l'obtention des pensions qui dérivent du grade de l'officier.

Toutefois, le temps depuis lequel l'officier remplira, au moment de la promulgation de la présente loi, les conditions d'ancienneté de grade ou de services qui déterminent le classement dans un échelon de solde entrera en compte pour l'ouverture du droit à la pension afférente à cet échelon de solde.

Les pensions des capitaines de frégate ou des officiers le grade correspondant à celui de capitaine de corvette ainsi que les pensions des officiers subalternes et assimilés qui, aux termes des lois en vigueur, se déterminent d'après le tarif des pensions pour ancienneté de services applicable au grade inférieur, sont calculées conformément aux prescriptions desdites lois, d'après le tarif fixé pour l'échelon le plus élevé de ce grade.

Art. 21. Les officiers des directions de travaux et les agents techniques qui sont titulaires d'un grade ou d'un emploi comportant une pension de retraite supérieure à celle résultant des nouvelles dispositions et qui seraient mis à la retraite avant d'avoir acquis des droits à une pension au moins égale, recevront une pension calculée suivant les tarifs antérieurs à ceux de la présente loi.

La même exception s'appliquera, le cas échéant, aux veuves et orphelins desdits officiers et agents.

Le bénéfice de cette disposition transitoire s'étendra aux agents techniques promus avant le 1er janvier 1915 à la première classe de l'emploi.

Art. 22. La limite d'âge fixée à l'état B annexé à la présente loi pour la mise à la retraite sera prolongée au delà de 56 ans pour les agents techniques provenant du personnel ouvrier immatriculé, en service dans les arsenaux à la date du décret du 20 juillet 1910, jusqu'à ce qu'ils satisfassent à la condition de trente ans de services qui ouvre droit à pension.

Art. 23. La mise à la retraite, prononcée en exécution des dispositions législatives ou réglementaires sur la limite d'âge, comporte les mêmes effets que la mise à la retraite d'office pour l'application de l'article 2 de la loi du 8 août 1883 modifié par la loi du 22 mars 1906 et par la présente loi, et de la loi du 10 juin 1896 modifiée par la loi du 27 mars 1902.

Art. 24. Les officiers agents techniques principaux et agents techniques, commis principaux et commis, écrivains et ouvriers immatriculés de la marine, peuvent faire entrer en compte, pour la constitution du droit à une pension sur le Trésor, les services qu'ils auraient rendus antérieurement en qualité d'ouvriers auxiliaires dans les conditions du décret du 4 novembre 1909.

Art. 25. La pension des officiers, fonctionnaires et ouvriers immatriculés énumérés à l'article 24, qui comptent des services accomplis en qualité d'ouvriers auxiliaires, est liquidée sous déduction d'une somme égale à la pension constituée sur la Caisse nationale des retraites pour la vieillesse, en application du décret du 4 novembre 1909, par les versements obligatoires de l'Etat.

La pension due aux veuves des susdits officiers, fonctionnaires et ouvriers immatriculés est liquidée et calculée d'après les mêmes règles.

Art. 26. Les dispositions de la loi du 16 février 1903 sont applicables aux administrateurs généraux de l'inscription maritime.

Pourront bénéficier de ces dispositions, ceux desdits officiers généraux qui sont actuellement à la retraite, à la condition d'en faire la demande dans le délai d'un mois après la promulgation de la présente loi.

Art. 27. Les pensions des gardes-consignes, des pompiers de la marine et des surveillants des prisons maritimes sont fixées par l'état C annexé à la présente loi.

Art. 28. Les pensions des surveillants militaires des établissements pénitentiaires sont fixées conformément à l'état D annexé à la présente loi.

Art. 29. Les dispositions de la loi du 16 février 1912, relative à l'admission à la retraite et au passage anticipé dans la section de réserve des officiers généraux et fonctionnaires de grade correspondant, sont étendues aux inspecteurs généraux des colonies, sous réserve des modifications ci-après :

La mise à la retraite d'office et le passage anticipé dans la section de réserve sont prononcés par décret du Président de la République, sur rapport motivé du Ministre des colonies.

La mise à la retraite d'office pour raison de santé a lieu après examen et avis du conseil supérieur de santé des colonies.

La mise à la retraite d'office pour toute autre cause que les raisons de santé est prononcée après consultation, au scrutin secret, d'un conseil de cinq membres. Ce conseil est composé d'inspecteurs généraux des colonies de grade supérieur ou, à égalité de grade, d'une ancienneté supérieure à celle de l'intéressé, et choisis parmi les fonctionnaires présents en France au moment de sa convocation. Il est complété, le cas échéant, par des inspecteurs généraux des colonies du cadre de réserve et, à défaut de ceux-ci, par des contrôleurs généraux de l'administration de l'armée, de grade correspondant.

Art. 30. La limite d'âge pour l'admission à la retraite des gardes-maritimes est fixée à 60 ans.

Toutefois, cette disposition n'est applicable qu'aux gardes-maritimes nommés postérieurement au 1er août 1911.

Art. 31. Sont admis au bénéfice des dispositions de l'article 1er § 1er, de la loi du 10 avril 1869 modifiant celle du 18 avril 1831 sur les pensions de l'armée de mer, les commis principaux et commis du personnel de gestion et d'exécution de la marine ainsi que les agents principaux et agents techniques des directions de travaux qui auront été reconnus par le Ministre de la marine, sur l'avis du conseil supérieur de santé, non susceptibles d'être maintenus en activité.

TARIFS ANNEXÉS

aux articles 18, 19, 27 et 28 de la loi.

*Décret modifiant la réglementation des pensions des militaires
des troupes coloniales.*

Paris, le 2 septembre 1920.

Article 1ᵉʳ. Les dispositions des articles 1ᵉʳ à 11 de la loi du
31 mars 1919, à l'exception du 2ᵉ alinéa de l'article 5 et du 1ᵉʳ
alinéa de l'article 9, sont rendues applicables aux militaires indigènes des troupes coloniales visés par les décrets des 25 septembre 1905, 30 août 1917 et 9 août 1918, ainsi qu'aux travailleurs
coloniaux originaires de l'Indo-Chine, de l'Afrique occidentale
française et de Madagascar, engagés en vertu du décret du 15
août 1916.

Sont rendues également applicables à ces militaires et travailleurs, les dispositions de l'article 12 de la même loi, modifiées
de la manière suivante :

« Dans le cas d'infirmités multiples dont l'une entraîne l'invalidité absolue, il est accordé, en sus de la pension maximum, un
complément de pension variant de 30 à 300 francs par multiple
de 30 francs, pour tenir compte de l'infirmité ou des infirmités
supplémentaires évaluées suivant une échelle de 1 à 10.

« Si, à l'infirmité la plus grave s'ajoutent deux ou plus de deux
infirmités supplémentaires, la somme des degrés d'invalidité est
calculée en accordant à chacune des blessures supplémentaires,
la majoration indiquée à l'article 11 de la loi du 31 mars 1919. »

Les dispositions des articles 59 et 60 de la loi du 31 mars 1919
sont rendues applicables aux militaires indigènes des troupes coloniales rengagés et comptant un minimum de cinq ans de service, lorsqu'ils se trouvent placés dans des conditions qui per-
mettraient aux militaires français de bénéficier de ces textes (1).

Article 2. Les dispositions des articles 1ᵉʳ et 2 de la loi du 30
août 1920 et celles du décret du 25 août 1921 sont rendues applicables aux militaires des troupes coloniales (1).

Article 3. Les taux des pensions pour blessures ou maladies
contractées ou aggravées en service sont fixés conformément au
tarif annexé au présent décret.

Article 4. Il est procédé à l'instruction des demandes de pensions dans les conditions prévues par les règlements d'administration publique des 2 septembre et 2 octobre 1919.

---

(1) Texte nouveau. (Décret du 28 février 1924, *B. O.*, p. 790.)

Les recours contre les décisions du Ministre des pensions sont portés, suivant le cas, devant les juridictions instituées par la loi du 31 mars 1919 ou le règlement d'administration publique du 2 octobre 1919.

§ 5. – Militaires indigènes.

Extrait de la loi du 23 mars 1882 qui constitue l'état civil des indigènes musulmans de l'Algérie.

Art. 1er. Il sera procédé à la constitution de l'état civil des indigènes musulmans de l'Algérie.

. . . .

Art. 14. A partir de l'arrêté d'homologation, l'usage du nom patronymique devient obligatoire pour les indigènes compris dans l'opération.

Dès ce moment, il est interdit aux officiers de l'état civil, aux officiers publics et ministériels, sous peine d'une amende de cinquante à deux cents francs (50 à 200 fr.), de désigner lesdits indigènes, dans les actes qu'ils sont appelés à recevoir ou à dresser, par d'autres dénominations que celles portées dans leurs cartes d'identité.

Art. 19. Il sera statué sur les rectifications à opérer dans les actes de l'état civil, conformément à la loi française.

Extrait du décret du 13 mars 1883 portant règlement d'administration publique pour l'exécution de la loi du 23 mars 1882 relative à la constitution de l'état civil des indigènes musulmans de l'Algérie.

Art. 1er. Les opérations relatives à la constitution de l'état civil des indigènes musulmans de l'Algérie seront entreprises dans la région du Tell algérien, tel qu'il est déterminé au plan annexé au décret du 20 février 1873, dans le délai de deux mois qui suivra la publication du présent règlement au *Bulletin officiel* des actes du gouvernement général de l'Algérie.

. . . .

Art. 2. Les opérations seront étendues au dehors du Tell, aux époques qui seront ultérieurement déterminées, conformément à l'article 22, paragraphe 2, de la loi, par des arrêtés du gouverneur général, insérés, publiés et affichés ainsi qu'il est prescrit à l'article précédent.

. . . .

Art. 22. Les commissaires de l'état civil établissent en même temps, mais sans les délivrer, une carte d'identité pour chaque inscrit.

Ces cartes portent en français et en arabe :

Au recto, le numéro de référence au registre matrice, le nom patronymique de l'inscrit, son prénom et le nom de sa commune. Le prénom est toujours son nom personnel ancien ;

Au verso, son nom ancien, avec son surnom s'il en a un, et les noms de ses ascendants connus.

Le surnom est séparé du nom de l'inscrit par le mot *dit*.

. . . .

Art. 25. Après l'accomplissement de ces formalités, les registres matrices, cartes d'identité et tous autres documents sont adressés au maire de la commune.

Les cartes d'identité sont alors remises aux intéressés par les soins du maire ou de l'administrateur.

. . . .

Décret portant règlement, en exécution de l'article 20 de la loi du 7 juillet 1900, sur les pensions des militaires indigènes des troupes coloniales (1).

Paris, le 25 septembre 1905.

---

(1) Voir les articles 42 et 43 de la loi du 14 avril 1924.

TARIF DES PENSIONS

DES SOUS-OFFICIERS, CAPORAUX, BRIGADIERS

ET SOLDATS INDIGÈNES.

[Voir le renvoi (1) de la page 110].

Voir le tarif annexé au décret du 2 septembre 1920 (*Bulletin officiel,* page 1630), pour les pensions d'invalidité.

TARIF des pensions des sous-officiers,

GRADES.	PENSIONS PROPORTIONNELLES.		PENSIONS DE RETRAITE POUR ANCIENNETÉ DE SERVICE.		
	Minimum à 15 ans de service effectif.	Accroissement jusqu'à 25 ans de service, campagnes comprises, pour chaque année de service effectif accompli après 15 ans de service et pour chaque année résultant de la supputation des campagnes.	Minimum à 25 ans de service effectif.	Accroissement pour chaque année de service effectif au delà de 25 ans et pour chaque année résultant de la supputation des campagnes.	Maximum à 45 ans de service, campagnes comprises.
	fr. c.	fr. c.	fr. c.	fr. c.	fr. c.
Indo-					
Adjudants-chefs (1)....	235 20	15 68	392 00	7 84	548 50
Adjudants.............	201 60	13 44	336 00	6 72	470 40
Autres sous-officiers...	168 00	11 20	280 00	5 60	392 00
Caporaux ou brigadiers	120 00	8 00	200 00	4 00	280 00
Soldats...............	99 00	6 60	165 00	3 30	231 00
Mada					
Adjudants-chefs (1)....	151 20	10 08	252 00	5 04	352 80
Adjudants.............	129 60	8 64	216 00	4 32	302 40
Autres sous-officiers...	108 00	7 20	180 00	3 60	252 00
Caporaux ou brigadiers.	90 00	6 00	150 00	3 00	210 00
Soldats...............	72 00	4 80	120 00	2 40	168 00
Afrique occiden					
Adjudants-chefs (1)....	283 50	18 90	472 50	9 45	661 50
Adjudants.............	243 00	16 20	405 00	8 10	567 00
Autres sous-officiers...	202 50	13 50	337 50	6 75	472 50
Caporaux ou brigadiers	165 00	11 00	275 00	5 50	385 00
Soldats...............	135 00	9 00	225 00	4 50	315 00

(1) Décret du 8 septembre 1918, *B. O.*, p. 2765. — (2) Décret du 12 septembre 1918, *B. O.*, p. 2775.

caporaux, brigadiers et soldats indigènes.

PENSIONS DE RETRAITE POUR CAUSE DE BLESSURES OU INFIRMITÉS.							
Cécité ou amputation de deux membres pension fixe quelle que soit la durée des services (2).	Amputation d'un membre ou perte absolue de l'usage de deux membres pension fixe quelle que soit la durée des services.	Blessures ou infirmités qui occasionnent la perte absolue d'un membre ou qui y sont reconnues équivalentes.			Blessures ou infirmités moins graves.		
		Mi-nimum.	Accroissement pour chaque année de service y compris les campagnes.	Maximum à 20 ans de service, campagnes comprises	Mi-nimum.	Accroissement pour chaque année de service au delà de 25 ans, campagnes comprises.	Maximum à 45 ans de service, campagnes comprises.
fr. c.	fr. c.	fr. c.	fr. c.	fr. c.	fr. c.	fr. c.	fr. c.
Chine.							
783 44	548 80	392 00	7 84	548 80	392 00	7 84	548 80
681 52	470 40	336 00	6 72	470 40	336 00	6 72	470 40
579 60	392 00	280 00	5 60	392 00	280 00	5 60	392 00
434 00	280 00	200 00	4 00	280 00	200 00	4 00	280 00
370 31	231 00	165 00	3 30	231 00	165 00	3 30	231 00
gascar.							
508 64	352 80	252 00	5 64	352 80	252 00	5 04	352 00
443 12	302 40	216 00	4 32	302 40	216 00	4 32	302 40
377 60	252 00	180 00	3 60	252 00	180 00	3 60	252 00
321 00	210 00	150 00	3 00	210 00	150 00	3 00	210 00
268 40	168 00	120 00	2 40	168 00	120 00	2 40	168 00
tale et Congo.							
954 95	661 50	472 50	9 45	661 50	472 50	9 45	661 50
832 10	567 00	405 00	8 10	567 00	405 00	8 10	567 00
709 25	472 50	337 50	6 75	472 50	337 50	6 75	472 50
595 50	385 00	275 00	5 50	385 00	275 00	5 50	385 00
504 50	315 00	225 00	4 50	315 00	225 00	4 50	315 00

*Décret portant suppression du corps des cipahis
de l'Inde.*

Paris, le 17 mars 1907.

RAPPORT AU PRÉSIDENT DE LA RÉPUBLIQUE FRANÇAISE.

Monsieur le Président,

Le corps des cipahis de l'Inde, qui avait été rétabli par le décret du 11 mars 1901, a été supprimé par prétérition par le décret du 19 septembre 1903 portant réorganisation de l'infanterie coloniale et les lois de finances de 1904 et des années postérieures n'ont rien prévu pour son entretien. Néanmoins, ce corps a continué d'être entretenu provisoirement au moyen d'une subvention du budget local de l'Inde française.

Pour mettre fin à cette situation, j'ai l'honneur de soumettre à votre signature le projet de décret ci-joint portant règlement d'administration publique qui le supprime définitivement.

Ce projet de décret a été soumis au Conseil d'État et a reçu l'approbation du Ministre des finances et du Ministre des colonies.

Veuillez agréer, etc.....

DÉCRET.

Le Président de la République française,

Sur le rapport des Ministres de la guerre, des colonies et des finances ;

Vu la loi du 7 juillet 1900 portant organisation des troupes coloniales et notamment l'article 20 ainsi conçu :

« Il sera statué par décret en forme de règlement d'administration publique sur les conditions d'obtention des pensions pour les militaires indigènes des troupes coloniales, sur les tarifs de ces pensions et sur leur imputation » ;

Vu le décret du 25 septembre 1905 concernant les pensions des militaires indigènes des troupes coloniales ;

Le Conseil d'État entendu,

Décrète :

Art. 1er. Le corps des cipahis de l'Inde est supprimé à compter du 1er janvier 1907.

Art. 2. Les militaires du corps des cipahis de l'Inde licenciés par suppression d'emploi et admis individuellement dans un autre corps indigène des troupes coloniales désigné par le Ministre des colonies sont soumis, pour leurs pensions et leurs soldes de réforme, au régime du décret du 25 septembre 1905. La liquidation est faite d'après le tarif établi par ledit décret pour les militaires indigènes de l'Indo-Chine.

Les cipahis admis individuellement, après licenciement, dans un corps des troupes coloniales autre qu'un corps indigène restent soumis, pour leurs pensions et soldes de réforme, à la législation antérieure (1).

Art. 3. Les militaires du corps des cipahis de l'Inde licenciés par suppression de corps et liés au service, au moment du licenciement, par un rengagement devant leur faire atteindre quinze années de service, ont droit à une pension proportionnelle liquidée d'après le tarif prévu à l'article 4. Le montant de cette pension est fixé à raison d'un vingt-cinquième du minimum de la pension d'ancienneté de leur grade, pour chaque année de services effectifs et pour chaque année de campagne. Le bénéfice des dispositions qui précèdent ne pourra plus être réclamé après l'admission dans un autre corps. Ce bénéfice est acquis aux anciens cipahis qui ont pu être retraités, depuis le 17 mars 1907, sous le régime de l'article 3 du décret paru à cette date, et les pensions qui leur ont été concédées devront être revisées dans ce sens (1).

Art. 4. Les militaires du corps des cipahis de l'Inde comptant au moins 15 ans de service effectif au moment du licenciement du corps restent soumis, pour leurs pensions, à la législation antérieure.

Art. 5. Les pensions et les soldes de réforme concédées en vertu des dispositions des articles 2 et 3 sont imputées, et leur charge est répartie conformément aux principes posés par l'article 7 du décret du 25 septembre 1905.

Les pensions concédées en vertu des dispositions de l'article 4, ainsi que les pensions et les soldes de réforme des officiers indigènes, sont à la charge de la métropole.

Art. 6. Les Ministres de la guerre, des colonies et des finances sont chargés, chacun en ce qui le concerne, de l'exécution du présent décret, qui sera inséré au *Bulletin des lois*

---

(1) Nouvelle rédaction. (Décret du 8 mars 1910 ci-après.)

et au *Bullelin officiel* du ministère des colonies, et publié au *Journal officiel* de la République française et au *Journal officiel* des établissements français de l'Inde.

Fait à Paris, le 17 mars 1907.

Décret portant révision du décret du 17 mars 1907 supprimant le corps des cipahis de l'Inde.

(Directions des Troupes coloniales, du Contentieux et de la Justice militaire; Bureau technique.)

Paris, le 8 mars 1910.

Rapport au Président de la République française.

Monsieur le Président,

La mise en vigueur du décret du 17 mars 1907, supprimant les cipahis de l'Inde, a suscité de la part des intéressés de nombreuses réclamations, qui portent en particulier sur l'abaissement du tarif de certaines retraites et sur l'exclusion des anciens cipahis des corps européens.

L'étude de ces demandes nous ayant convaincus qu'il n'avait pas été tenu, dans cet acte, un compte suffisant de certains droits acquis, il nous a paru équitable, en vue de réparer le dommage causé, de modifier quelques-unes des dispositions qu'il édicte.

C'est dans ce but que nous avons l'honneur de soumettre à votre signature le projet de décret ci-joint, délibéré et adopté par le Conseil d'Etat, et portant modification au décret précité du 17 mars 1907.

Le Ministre de la guerre,
Brun.

Le Ministre des colonies,
Georges Trouillot.

Le Ministre des finances,
G. Cochery.

DÉCRET.

Le Président de la République française,

Sur le rapport des Ministres de la guerre, des colonies et des finances;

Vu l'article 20 de la loi du 7 juillet 1900;

Vu le décret du 25 septembre 1905 concernant les pensions des militaires indigènes des troupes coloniales;

Vu le décret du 17 mars 1907 portant suppression du corps des cipahis de l'Inde;

Le Conseil d'Etat entendu,

Décrète :

Art. 1er. Les articles 2 et 3 du décret du 17 mars 1907 sont remplacés par les dispositions suivantes (1) :

Art. 2. Les Ministres de la guerre, des colonies et des finances sont chargés, chacun en ce qui les concerne, de l'exécution du présent décret, qui sera inséré au *Bulletin des lois* et au *Bulletin officiel* du ministère des colonies et publié au *Journal officiel* de la République française et au *Journal officiel* des établissements français de l'Inde.

Fait à Paris, le 8 mars 1910.

A. FALLIERES.

Par le Président de la République :

Le Ministre de la guerre,	*Le Ministre des colonies,*
BRUN.	GEORGES TROUILLOT.

Le Ministre des finances,
G. COCHERY.

Loi modifiant la loi du 11 juillet 1903 sur les pensions des militaires indigènes de l'Algérie et de la Tunisie (2).

(Etat-Major de l'Armée; Bureau de l'Organisation
et de la Mobilisation de l'Armée.)

Paris, le 18 juillet 1913.

Le Sénat et la Chambre des députés ont adopté,

Le Président de la République promulgue la loi dont la teneur suit :

Art. 1er. A partir de la promulgation de la présente loi, les indigènes servant dans les troupes de l'Afrique du Nord, ainsi

---

(1) Ces modifications ont été insérées dans le texte du décret du 17 mars 1907, voir page 133.

(2) Voir page 22 les articles 42 et 43 de la loi du 14 avril 1924.

que ceux de la compagnie de gendarmerie de Tunisie, auront droit à une pension proportionnelle lorsqu'ils auront accompli seize ans de service.

Les pensions proportionnelles, ainsi que les pensions de retraite pour ancienneté, pour blessures ou infirmités, seront décomptées d'après le tarif annexé à la présente loi (1).

Art. 2. Tout militaire indigène, titulaire d'une pension proportionnelle, reste à la disposition du Ministre de la guerre pendant six ans à partir de sa radiation des contrôles. Les obligations des militaires pendant cette période seront réglées par décret.

Art. 3. La présente loi ne modifie pas les tarifs des pensions applicables aux officiers indigènes, originaires d'Algérie ou de Tunisie, des régiments de tirailleurs ou de spahis.

DISPOSITIONS TRANSITOIRES.

Art. 4. Les hommes de troupe indigènes présents sous les drapeaux et comptant quinze années de services effectifs à la date de la promulgation de la loi du 11 juillet 1903 conservent leur droit à une pension liquidée sur la base du tarif annexée à la loi du 11 juillet 1899.

Ceux qui, au jour de la promulgation de la présente loi, seront liés au service par un rengagement, à l'expiration duquel ils compteront douze ou quatorze ans de services, conservent le droit d'obtenir une pension au terme de ce rengagement en vertu et conformément au tarif de la loi du 11 juillet 1903.

Les hommes de troupe indigènes qui, après promulgation de la présente loi, contracteront un nouvel engagement, devront être avertis que leur pension sera liquidée d'après les tarifs annexés à la présente loi.

Il sera fait mention de ces dispositions dans le contrat d'engagement.

Art. 5. Sont abrogées les dispositions contraires à la présente loi.

La présente loi, délibérée et adoptée par le Sénat et par la Chambre des députés, sera exécutée comme loi de l'Etat.

---

(1) Voir page 23 l'article 44 de la loi du 14 avril 1924.

Pour la pension allouée à la veuve et aux orphelins d'un militaire indigène musulman non naturalisé, originaire de l'Algérie, de la Tunisie ou du Maroc, voir l'article 74 de la loi du 31 mars 1919.

Décret portant règlement, en exécution de l'article 20 de la loi du 7 juillet 1900, sur les pensions des militaires indigènes des troupes coloniales.

Paris, le 30 août 1917.

Art. 1er. Les lois et règlements en vigueur pour les troupes coloniales sont applicables, sous réserve des modifications résultant du présent décret, aux militaires indigènes de la Côte française des Somalis, de la Nouvelle-Calédonie et des établissements français de l'Océanie, incorporés dans les troupes déterminées par le décret du 12 décembre 1915 en ce qui concerne :

1° Les pensions de retraite des militaires de tous grades pour ancienneté ou à titre de blessures ou d'infirmités;

2° Les pensions et soldes de réforme des officiers;

3° Les soldes de réforme des sous-officiers;

4° Les pensions proportionnelles des sous-officiers, caporaux, brigadiers et soldats.

Art. 2. Les bénéfices de campagne sont fixés ainsi qu'il suit :

Est compté pour la totalité, en sus de sa durée effective, le service fait en guerre ou en opérations militaires hors de la colonie d'origine;

Est compté pour la moitié, en sus de sa durée effective, le service fait :

1° Dans les cas autres qui sont prévus ci-dessus hors de la colonie d'origine;

2° En guerre ou en opérations militaires dans la colonie d'origine.

Les dates auxquelles commencent et finissent les bénéfices de campagne sont déterminées par le Ministre de la guerre, d'accord avec le Ministre des colonies.

Art. 3. Le taux des pensions des sous-officiers, caporaux, brigadiers et soldats est fixé d'après le tarif annexé au présent décret.

Art. 4. Les pensions et les soldes de réforme des militaires indigènes sont liquidées et concédées par l'autorité métropolitaine; elles sont à la charge du budget de l'Etat.

Art. 5. Les conditions dans lesquelles des pensions ou allocations pourront être accordées aux veuves et aux enfants des militaires indigènes seront déterminées ultérieurement.

Art. 6. Les Ministres de la guerre, des colonies et des finances sont chargés, chacun en ce qui le concerne, de l'exécution du présent décret, qui sera publié au *Journal officiel* de la République française et dans les journaux officiels des colonies intéressées, et inséré au *Bulletin des lois* et au *Bulletin officiel* du ministère des colonies.

TABLEAU DES PENSIONS

des sous-officiers, caporaux, brigadiers et soldats indigènes

(Annexé au décret du 30 août 1917).

GRADES.	PENSIONS PROPORTIONNELLES.		PENSIONS DE RETRAITE pour ancienneté de service.			PENSIONS DE RETRAITE POUR CAUSE DE BLESSURES OU INFIRMITÉS.							
								Blessures ou infirmités qui occasionnent la perte absolue d'un membre ou qui y sont reconnues équivalentes.			Blessures ou infirmités moins graves.		
	Minimum à quinze ans de service effectif.	Accroissement jusqu'à vingt-cinq ans de service, campagnes comprises, pour chaque année de service effectif accompli après quinze ans de service et pour chaque année résultant de la supputation des campagnes.	Minimum à vingt-cinq ans de service effectif.	Accroissement pour chaque année de service effectif au delà de vingt-cinq ans et pour chaque année résultant de la supputation des campagnes.	Maximum à quarante-cinq ans de services, campagnes comprises.	Cécité, ou amputation de deux membres. Pension fixe, quelle que soit la durée des services.	Amputation d'un membre ou perte absolue de l'usage de deux membres. Pension fixe, quelle que soit la durée des services.	Minimum.	Accroissement pour chaque année de service y compris les campagnes.	Maximum à vingt ans de service, campagnes comprises.	Minimum.	Accroissement pour chaque année de service au delà de vingt-cinq ans, campagnes comprises.	Maximum à quarante-cinq ans de services, campagnes comprises.
	fr. c.	fr. c.	fr. c.	fr. c.	fr. c.	fr. c.	fr. c.	fr. c.	fr. c.	fr. c.	fr. c.	fr. c.	fr. c.
Adjudants.....	201 60	13 44	336 »	6 72	470 40	611 52	470 40	336 »	6 72	470 40	336 »	6 72	470 40
Autres sous officiers.....	168 »	11 20	280 »	5 60	392 »	509 60	392 »	280 »	5 60	392 »	280 »	5 60	392 »
Caporaux ou brigadiers...	120 »	8 »	200 »	4 »	230 »	364 »	280 »	200 »	4 »	280 »	200 »	4 »	280 »
Soldats........	99 »	6 60	165 »	3 30	231 »	300 30	231 »	165 »	3 30	231 »	165 »	3 30	231 »

Décret portant règlement d'administration publique et attribuant des majorations aux militaires indigènes des troupes coloniales titulaires de pensions civiles ou militaires d'ancienneté.

(Ministère des Pensions, des Primes et des Allocations de guerre:
Direction de la Liquidation des Pensions.)

Paris, le 19 août 1921.

(Voir page 15, la loi du 14 avril 1924.)

Pensions des veuves et des enfants mineurs des militaires des troupes coloniales.

Voir au volume 66⁴ le décret du 4 août 1917.

Droit aux pensions des ouvriers volontaires indigènes.

Voir au volume 6⁴ le décret du 12 septembre 1918.

IIE PARTIE.

Dispositions diverses.

---

§ 1er. — Décompte et rémunération des services.

---

*Arrêté du 17 août 1803, relatif aux pensions
des ouvriers des manufactures d'armes.*

Saint-Cloud, le 17 août 1803.

CONSEIL D'ÉTAT.

---

*Extrait du registre des délibérations.
Séance du 23 Thermidor an XI de la République.*

AVIS.

Le Conseil d'État qui, d'après le renvoi du gouvernement,
a entendu le rapport de la section de la guerre sur celui du
Ministre chargé du département, relatif à la question de savoir
quel sera le mode de liquidation définitive des pensions autres
que les soldes de retraite et qui sont accordées en exécution
de l'article 7 de l'arrêté du 15 floréal an XI.

. . . .

Est d'avis.

. . . .

2° Qu'il faut appliquer aux ouvriers des manufactures nationales d'armes qui sont l'objet de la loi du 19 août 1792 les dis-

positions de la loi du 8 floréal an XI en considérant les maîtres (1) comme sergents et les ouvriers comme soldats (2).

APPROUVÉ :

Le Premier Consul,

BONAPARTE.

Par le Premier Consul :

Le Secrétaire d'Etat,	*Le Ministre de la guerre,*
HUGUES B. MARET.	ALEX. BERTHIER.

Ordonnance concernant les sous-officiers, caporaux et brigadiers des corps de l'armée, qui ont été ou qui sont admis dans la gendarmerie, soit comme brigadiers, soit comme gendarmes.

Au palais des Tuileries, le 20 janvier 1841.

LOUIS-PHILIPPE, Roi des Français, à tous présents et à venir, salut,

Vu les lois du 28 germinal an VI, du 11 avril 1831 et du 14 avril 1832, ainsi que les articles 364 et 368 de notre ordonnance du 16 mars 1838 ;

Sur le rapport du président de notre conseil, Ministre secrétaire d'Etat au département de la guerre,

Nous avons ordonné et ordonnons ce qui suit :

. . . . (3)

Art. 2. . . . . (3)

Art. 3. Le grade dont ces militaires sont pourvus, indépendamment de l'emploi qu'ils occupent dans la gendarmerie, se perd :

---

(1) Depuis le règlement du 15 novembre 1904, les maîtres sont dénommés ouvriers immatriculés de 1re classe, et les ouvriers, ouvriers immatriculés de 2e classe.

(2) Ce privilège a été conservé par la loi du 11 avril 1831 en ce qui concerne les pensions de retraite.

(3) Articles abrogés par la loi de finances du 13 juillet 1911.

1° Par démission ou congé du service de la gendarmerie ;
2° Par rétrogradation ou cassation ;
3° Par réforme pour inconduite ou pour inaptitude au service de l'arme.

Art. 4. Le président de notre Conseil, Ministre secrétaire d'Etat au département de la guerre, est chargé de l'exécution de la présente ordonnance.

Extrait de la loi du 22 juin 1878, relative aux pensions de retraite des officiers de l'armée de terre.

Le Sénat et la Chambre des députés ont adopté,
Le Président de la République promulgue la loi dont la teneur suit :

Art. 1er. La retenue prélevée sur la solde des officiers ou assimilés de tout grade de l'armée de terre, en activité de service, est élevée de deux pour cent à cinq pour cent (2 p. 100 à 5 p. 100), à dater du mois qui suivra la promulgation de la présente loi (1).

Art. 2. Les officiers de tout grade et assimilés dont les droits à la retraite seront réglés d'après le tarif de la présente loi resteront, après leur mise à la retraite, pendant cinq années à la disposition du Ministre de la guerre, qui pourra leur donner un emploi de leur grade comme officiers de réserve ou même d'un grade supérieur dans l'armée territoriale. Ils demeureront soumis, pendant ces cinq années, aux lois et règlements militaires sur la réserve et l'armée territoriale (2).

---

(1) Article 5 de la loi du 14 avril 1924 (*B. O.*, p. 1276.) Jusqu'à revision générale des traitements, soldes et indemnités de toutes natures, prévues par l'article 39 de la loi du 30 avril 1921, les retenues sur la solde des militaires et marins demeurent fixées par la législation en vigueur.

Jusqu'à cette même date, leur pension sera calculée en tenant compte de la solde métropolitaine de présence à terre proprement dite, augmentée des indemnités temporaires de solde et de l'indemnité pour charges militaires au taux le plus réduit dans chaque grade.

Pour le calcul de la pension, la solde de base des officiers mariniers du corps des équipages de la flotte sera augmentée d'une allocation forfaitaire de vivres fixée à 1 fr. 50 par jour.

(2) Loi du 30 juin 1924. (*B. O.*, p. 1913.)

Article 16. Par analogie avec les dispositions en vigueur concernant les obligations militaires des officiers retraités, les officiers titulaires d'une pension proportionnelle concédée dans les conditions fixées par la loi du 14 avril 1924 sont à la disposition du Ministre pour être employés dans les réserves avec leur grade ou un grade supérieur depuis la date de leur admission à pension proportionnelle jusqu'à l'expiration de la cinquième année qui suivra la date à laquelle ils auraient normalement droit à une pension de retraite pour ancienneté de service ou auraient été atteints par la limite d'âge de leur grade s'ils étaient restés au service.

Art. 3. Le tarif de la pension de retraite des officiers et des fonctionnaires assimilés de l'armée de terre est fixé conformément au tableau annexé à la présente loi.

Art. 4. Les dispositions du paragraphe 2 de l'article 1er de la loi du 25 juin 1861, qui veulent que les pensions des généraux de division et généraux de brigade, ainsi que celles des intendants et inspecteurs du service de santé, ne puissent, en aucun cas, excéder la somme du traitement attribué aux officiers généraux placés dans le cadre de réserve, sont et demeurent abrogées.

Art. 5. Sont également abrogées les dispositions contenues dans les articles 11 et 33 de la loi du 11 avril 1831 et dans le paragraphe 2 de l'article 4 de la loi du 25 juin 1861.

Art. 6 . . . . (1).

Art. 7. Le nouveau tarif sera appliqué à tous les officiers et assimilés qui seront admis à faire valoir leurs droits à la retraite à dater de la promulgation de la présente loi.

Il sera également appliqué à tous les officiers, assimilés et fonctionnaires militaires dont la pension ne sera pas inscrite au grand-livre de la dette publique au moment de ladite promulgation.

Art. 8 . . . . (2).

Art. 9. Un tableau communiqué chaque année aux Chambres indiquera les liquidations des pensions et les extinctions survenues dans les rangs des pensionnaires au cours de l'année précédente.

La présente loi, délibérée et adoptée par le Sénat et par la Chambre des députés, sera exécutée comme loi de l'Etat.

Fait à Versailles, le 22 juin 1878.

---

(1) Abrogé par la loi du 17 août 1879.
(2) Abrogé par la loi du 18 août 1881.

Note ministérielle relative au décompte des services d'officiers du génie provenant de l'Ecole polytechnique qui ont pris rang dans l'arme, comme sous-lieutenants, le 21 septembre 1870.

Paris, le 6 mai 1897.

Des doutes se sont élevés sur la date à laquelle devait être fixée l'origine de services d'un certain nombre d'officiers provenant de l'Ecole polytechnique qui ont pris rang dans l'arme, comme sous-lieutenants, le 21 septembre 1870.

D'une part, en effet, la loi du 11 avril 1831 sur les pensions de l'armée de terre spécifie, en son article 5, que les sous-lieutenants provenant de l'Ecole polytechnique comptent quatre années de service effectif, à titre d'études préliminaires, au moment où ils entrent, comme officiers, dans les armes spéciales.

D'autre part l'arrêté du chef du pouvoir exécutif du 26 août 1871 a nommé les officiers susvisés sous-lieutenants du génie pour prendre rang du 21 septembre 1870 et pour compter leurs services, comme études préliminaires, du 1er octobre 1867.

Le Ministre a décidé que la question devait être résolue dans le sens le plus favorable aux intéressés, en s'en tenant aux prescriptions de la loi du 11 avril 1831, et que les officiers du génie dont il s'agit seraient admis à prendre pour point de départ de leurs services la date du 21 septembre 1866.

Extrait de la loi de finances du 30 mars 1902.

. . . .

Art. 64. Le Ministre de la guerre est autorisé à accorder jusqu'à concurrence du chiffre fixé chaque année par la loi de finances des congés de longue durée sans solde ne pouvant dépasser trois années aux officiers qui en feront la demande et qui compteront au moins huit ans de service dont quatre de grade d'officier.

Le montant de la retenue de 5 p. 100 sur la solde budgétaire de ces officiers continuera à être versé au Trésor, sur les crédits du budget de la guerre.

L'officier titulaire d'un congé de longue durée sans solde ne sera pas remplacé.

Il restera à la disposition du Ministre de la guerre.

Il pourra être réintégré dans les cadres, sur sa demande, avant l'expiration de son congé.

Il sera soumis aux règles générales de la discipline et de la subordination militaires.

Le temps passé dans cette position sera compté comme service effectif pour la réforme et la retraite et la réserve spéciale jusqu'à concurrence d'un maximum de deux années seulement pour l'ensemble des congés de cette nature dont l'officier aura bénéficié au cours de sa carrière. Ce maximum est porté à trois ans pour les officiers ayant bénéficié d'un congé de cette durée, par application de l'article 84 de la loi de finances du 30 mars 1902.

Le nombre des congés sans solde que le Ministre de la guerre peut accorder en 1902 est fixé au nombre maximum de 200 (1).

Extrait de la loi du 30 *décembre* 1913 *sur les pensions.*

TITRE II.

Pensions militaires.

Art. 14. Dans la liquidation des pensions militaires, il est tenu compte de la fraction d'année que ferait apparaître la totalisation des services effectifs et des campagnes, tout mois commencé donnant droit à une douzième d'annuité.

§ 2. — Payement des premiers arrérages. Radiation des contrôles.

Décret du 10 janvier 1912 modifié, volume 88.

1° Officiers et militaires non officiers.

Par application de la limite d'âge, les droits à la solde cessent à compter du jour où ils atteignent cette limite, à moins que les nécessités du service n'exigent leur maintien temporaire en activité. Le maintien doit être autorisé par une décision spéciale du ministre.

Pour les militaires en service en Algérie-Tunisie, dans une colonie, un pays de protectorat ou un théâtre d'opérations outre-mer (voir la position 20 du tableau n° 1, règlement du 12 janvier 1912).

En instance de retraite pour blessures ou infirmités. — Les officiers de l'armée active et militaires non officiers ont droit à la solde jusqu'au jour exclu fixé pour la radiation des contrôles par la décision ministérielle, qui statue sur la proposition de la commission de réforme (officiers et sous-officiers de carrière).

Les autres militaires ont droit à la solde de présence du jour du départ au jour exclu de la décision de la commission de réforme.

Les militaires (officiers et sous-officiers), atteints d'invalidité ouvrant droit à pension et admis à rester en service, conservent le droit à la solde et aux allocations des militaires en activité.

Admis à la retraite (officiers et militaires non-officiers). — A titre d'ancienneté sur leur demande ou d'office pour toute autre cause que celle de la limite d'âge, ou admis à pension proportionnelle.

Les officiers ont droit à la solde jusqu'au jour exclu fixé pour la radiation des contrôles par la décision ministérielle qui les admet à faire valoir leurs droits à la retraite (1).

Les militaires rengagés ou commissionnés ont droit à la solde jusqu'au jour inclus de l'expiration du rengagement ou de la commission ou de la notification de l'acceptation de la remise de

---

(1) La date de la radiation ne peut être postérieure de plus de trente jours à la date de la décision ministérielle.

la commission, qu'il s'agisse de pension d'ancienneté ou proportionnelle. Toutefois, les militaires en instance d'emploi réservé ont droit à la solde jusqu'au jour exclu fixé pour la radiation des contrôles.

Note ministérielle relative aux indications à porter sur les certificats de cessation de paiement délivrés par les fonctionnaires de l'intendance aux militaires admis à la pension de retraite.

Paris le 29 mai 1889.

Le Ministre est informé que les certificats de cessation de paiement délivrés par les fonctionnaires de l'intendance aux militaires de tous grades admis à la pension de retraite ne contiennent pas toujours toutes les indications nécessaires sur leur situation militaire, au moment de la notification de ladite pension.

La date de l'entrée en jouissance des arrérages de la pension varie suivant cette position. Elle a été déterminée par la décision présidentielle du 15 juillet 1879 (1), pour les officiers généraux et assimilés, et par celle du 27 décembre 1880, pour les officiers, employés militaires et les hommes de troupe.

MM. les fonctionnaires de l'intendance doivent donc se conformer aux prescriptions de ces décisions, pour déterminer la date d'entrée en jouissance des arrérages qu'ils ont à mentionner sur les certificats qu'ils délivrent.

En outre, et pour que ces certificats soient toujours établis d'une manière uniforme, le Ministre décide qu'il sera fait usage, à l'avenir, du modèle annexé à la présente note.

---

(1) Voir page 147 les décrets des 10 janvier 1912 et 9 décembre 1920.

CORPS D'ARMÉE

ou

GOUVERNEMENT MILITAIRE

d

———

SOUS-INTENDANCE MILITAIRE

d

———

(1) Nom et grade du sous-intendant militaire ou du suppléant.

(2) Nom, prénoms, grade ou emploi et corps du militaire pensionné.

(3) Indiquer la somme en toutes lettres.

(4) Indiquer très exactement la position militaire du pensionné (présent au corps; en non-activité; en congé: à l'hôpital (dans ce cas, indiquer la date de la sortie); jouissant d'une gratification de réforme renouvelable; libéré provisoirement le   ou libéré définitivement le   etc.)

Certificat de cessation de payement délivré en vue de constater l'entrée en jouissance des premiers arrérages d'une pension de retraite.

———

Nous (1)
employé à
Certifions que (2)

admis à une pension de retraite de (3)
par an, par décret du
inséré au *Journal officiel* avec jouissance du
, qui lui a été notifié
le   , a été payé de la solde et des
accessoires de solde jusqu'au   inclus
et qu'il a été rayé des contrôles de l'activité
le
Nous certifions, en outre, qu'au moment
où il a reçu notification de sa pension de
retraite (2)
était (4)
et qu'il a droit à partir du (5)
aux arrérages de sa pension. lesquels sont (ou
ne sont pas) passibles de (ou des) retenues ci-
après :

A   , le   19 .

Le Sous-intendant militaire.

Circulaire relative aux certificats de cessation de payement à délivrer pour les premiers arrérages des pensions des troupes coloniales.

Paris, le 24 juin 1902.

Le Ministre a été consulté sur la question de savoir dans quelle forme doit être établi le certificat de cessation de payement exigé pour les premiers arrérages des pensions concédées à des militaires des troupes coloniales.

Ces militaires se trouvant aujourd'hui complètement régis, en ce qui concerne les pensions, par les règlements applicables aux militaires des troupes métropolitaines, il s'ensuit que, pour les uns comme pour les autres, les pensions ne peuvent être mises en payement que sur la production du certificat que le sous-intendant militaire de la résidence délivre, dans les conditions déterminées par la note du 29 mai 1889, sur le vu du certificat provisoire établi par le chef de corps ou de service.

Les bordereaux d'envoi de titres de pensions par les sous-intendants militaires porteront à l'avenir une mention faisant connaître aux intéressés qu'ils ont à adresser à ces fonctionnaires le certificat de cessation de payement qu'ils ont reçu de leurs corps, pour recevoir en échange celui qu'ils doivent présenter aux agents du Trésor.

Décision présidentielle relative à la radiation des contrôles des militaires en instance de retraite.

(Direction du Contentieux et de la Justice militaire; Bureau des Pensions et Gratifications de réforme.)

Paris, le 13 avril 1911.

RAPPORT AU PRÉSIDENT DE LA RÉPUBLIQUE FRANÇAISE.

Monsieur le Président,

Aux termes d'une décision présidentielle en date du 17 février 1903, les militaires rengagés ou commissionnés doivent être rayés des contrôles lorsqu'ils quittent le corps étant en instance de retraite. Or, le Conseil d'Etat, statuant au contentieux, a décidé que ces militaires sont en droit de compter pour la pension le temps qu'ils passent en congé régulier.

Afin d'éviter toute contestation dans l'application de cette jurisprudence avantageuse aux intéressés, il semble qu'il conviendrait d'abroger la décision du 17 février 1903.

Si vous approuvez cette manière de voir, j'ai l'honneur de vous prier de vouloir bien revêtir le présent rapport de votre signature.

Veuillez agréer, Monsieur le Président, l'hommage de mon respectueux dévouement.

Le Ministre de la guerre,
MAURICE BERTEAUX.

APPROUVÉ :
Le Président de la République,
A. FALLIÈRES.

§ 3. — Cumul des pensions.

Extrait de la loi de finances du 15 mai 1818.

TITRE IV.

Dispositions sur les pensions.

Art. 14. Tout pensionnaire sera tenu de déclarer, dans son certificat de vie, qu'il ne jouit d'aucun traitement, sous quelque dénomination que ce soit, ni d'aucune autre pension ou solde de retraite, soit à la charge de l'Etat, soit sur les fonds de la caisse des invalides de la guerre ou de celle de la marine, sauf les cas d'exceptions déterminées par les articles qui précèdent (1), et par l'article 27 de la loi du 25 mars 1817, relatif aux pensions de retraite pour services militaires.

Art. 15. Ceux qui, par de fausses déclarations, ou de quelque manière que ce soit, auraient usurpé plusieurs pensions ou un traitement avec une pension, seront rayés de la liste des pensionnaires. Ils seront en outre poursuivis en restitution des sommes indûment perçues.

---

(1) Devenus sans objet.

*Loi relative au cumul de la solde militaire avec les traitements
ou les pensions de retraite, pour les militaires de la réserve
ou de l'armée territoriale appelés, en temps de paix, à des
exercices ou manœuvres.*

Versailles, le 1er juin 1878.

Le Sénat et la Chambre des députés ont adopté,

Le Président de la République promulgue la loi dont la teneur suit :

Art. 1er. Les militaires de la réserve et de l'armée territoriale, autres que ceux mentionnés à l'article 53 de la loi du 13 mars 1875, cumuleront, en temps de paix, les traitements ou pensions dont ils jouissent avec la solde et les prestations qui leur sont attribuées pendant les exercices ou manœuvres auxquels ils sont convoqués (1).

Art. 2. Le temps passé sous les drapeaux, dans les conditions prévues à l'article précédent, n'entre pas dans la supputation des services militaires donnant droit à pension.

Toutefois, les dispositions du titre II de la loi du 11 avril 1831, sur les pensions militaires, restent toujours applicables aux militaires de la réserve et de l'armée territoriale.

La présente loi, délibérée et adoptée par le Sénat et par la Chambre des députés, sera exécutée comme loi de l'État.

Fait à Versailles, le 1er juin 1878.

---

*Note ministérielle relative à l'application de l'article 31 de la
loi de finances du 26 décembre 1890 au sujet du cumul des
pensions avec un traitement ou une indemnité sur les fonds
de l'Etat, des départements, des communes ou des établissements publics (2).*

Paris, le 16 avril 1891.

Aux termes de l'article 31 de la loi du 26 décembre 1890, portant fixation du budget général des dépenses et des recettes de l'exercice 1891, les pensions militaires concédées à des officiers

---

(1) Voir page 29 l'article 60 de la loi du 14 avril 1924.
(2) Voir page 29 les articles 61, 62 de la loi du 14 avril 1924.

ou assimilés, à partir du 1er janvier 1891, ne peuvent se cumuler avec un traitement civil payé par l'Etat, les départements, les communes ou les établissements publics que dans le cas où le total du traitement civil serait inférieur ou égal au montant de la solde, sans les accessoires, dont jouissait le titulaire au moment de son admission à la retraite.

Afin d'assurer l'exécution de cette loi, M. le Ministre des finances a demandé que la dernière solde d'activité dont jouissait l'officier au jour de sa mise à la retraite fût inscrite sur le titre de pension par les soins de son administration et avant la délivrance desdits titres aux intéressés.

Les renseignements nécessaires lui seront fournis à cet effet par l'administration de la guerre. Mais pour remplir toutes les conditions d'exactitude désirables, lesdits renseignements doivent émaner soit des fonctionnaires de l'intendance locaux, s'il s'agit d'officiers sans troupe, soit des corps de troupe, s'il s'agit d'officiers de ces corps. Dans ce but, le Ministère de la guerre (service intérieur) adressera en temps utile, et chaque fois que cela sera nécessaire, au général commandant le corps d'armée, un état indiquant les noms, grades, corps ou services des officiers admis à faire valoir leurs droits à la retraite et les fonctionnaires de l'intendance, ou les corps, suivant le cas, n'auront qu'à indiquer dans la colonne à ce réservée le montant du dernier traitement dont jouissait le pensionnaire. Cet état sera renvoyé sans délai à l'administration centrale (Service intérieur, Bureau des pensions).

Pour éviter toute erreur dans les renseignements à fournir, il conviendra de se conformer strictement aux observations ci-après, savoir :

1° La solde d'activité sans accessoires dont jouissait l'officier au moment de la radiation des contrôles (solde qui doit être inscrite) est la solde annuelle budgétaire sans les indemnités de monture, de fonctions, de résidence, en rassemblement, de frais de service, etc.

2° Pour les officiers qui se trouveront en congé, en permission, etc., à l'époque de leur mise à la retraite, il y aura lieu d'indiquer la solde budgétaire d'activité sans accessoires, dont ils étaient en possession avant leur départ en congé, en permission, etc. Toutefois, pour ceux dont la solde se trouverait avoir changé pendant l'absence (solde d'ancienneté par exemple), la solde à indiquer sera celle d'activité correspondante.

3° Pour les officiers en non-activité (lieutenants ou catégories de grades correspondantes), il y aura lieu également de tenir compte si, auparavant, ces officiers étaient dans la première ou la deuxième moitié de la liste d'ancienneté.

4° Les officiers admis à la retraite qui seraient encore, à titre transitoire, en possession des soldes fixées antérieurement au décret du 4 janvier 1889 sur l'unification des soldes, devront être compris sur l'état précité pour le montant de cette solde budgétaire transitoire, mais toujours sans les accessoires.

5° En ce qui concerne les déclarations à faire au moment de l'établissement des certificats de vie par les notaires, les officiers en retraite depuis le 1er janvier 1891 auront à indiquer le montant des traitements, salaires ou indemnités qu'ils reçoivent sur les fonds de l'Etat, des départements, des communes ou des établissements publics. Ces déclarations devront être justifiées par une lettre de service, une commission ou un certificat administratif mentionnant la nature de l'emploi, le traitement et la date d'entrée en jouissance, dont la production sera réclamée par les comptables du Trésor. Toutefois, dans ces déclarations ne devront pas être comprises les indemnités pour résidence ou en rassemblement attribuées, conformément à l'article 10, tableau 1, position 16, et à l'article 14, tableau 2, n° 8 du décret du 29 mai 1890 (1), sur le service de la solde, attendu qu'elles constituent un avantage répondant à un besoin tout spécial et, par conséquent, distinct du traitement lui-même ou de l'indemnité de fonction.

Loi concernant le cumul des pensions concédées à des officiers et assimilés avec des traitements civils.

Paris, le 31 décembre 1897.

Le Sénat et la Chambre des députés ont adopté,

Le Président de la République promulgue la loi dont la teneur suit :

Article unique. L'article 31 de la loi du 26 décembre 1890, concernant le cumul des pensions militaires concédées depuis le 1er janvier 1891 à des officiers et assimilés avec des traitements civils payés par l'Etat, les départements, les communes ou les établissements publics, ne sera désormais applicable que dans le cas où le montant du traitement civil et de la pension dépassera la somme de six mille francs (6.000 fr.) (2), ou la dernière solde d'activité si elle est supérieure à ce chiffre.

---

(1) Remplacé par le décret du 10 janvier 1912. Vol. 88 : à ces indemnités ont été substituées : Indemnités de séjour temporaire, pour cherté de la vie, pour charges de famille.

(2) Somme portée à 18.000 francs. (Voir p. 28 les art. 59 et 62 de la loi du 14 avril 1924.)

Lorsque le montant dépassera ce maximum, il y sera ramené par la suspension d'une partie de la pension.

Lorsque le traitement civil sera égal ou supérieur au maximum fixé par le premier paragraphe, la totalité de la pension sera suspendue tant que le titulaire jouira de ce traitement.

Les officiers occupant des emplois civils et dont la pension est actuellement suspendue bénéficieront de la présente loi.

La présente loi, délibérée et adoptée par le Sénat et par la Chambre des députés, sera exécutée comme loi de l'État.

Fait à Paris, le 31 décembre 1897.

FÉLIX FAURE.

Par le Président de la République :
Le Ministre des finances,
Georges COCHERY.

Circulaire relative aux mesures à prendre en vue de mettre en garde contre les inconvénients du cumul les anciens militaires, titulaires de pensions militaires à la liquidation desquelles sont intervenus des services civils qui sollicitent un emploi civil de casernier ou de concierge des hôtels des quartiers généraux.

Paris, le 30 janvier 1905.

Il arrive que d'anciens militaires, titulaires de pensions militaires à la liquidation desquelles sont intervenus des services civils, se mettent en instance pour obtenir l'emploi civil de casernier du génie. Ils l'obtiennent et cumulent le traitement de l'emploi avec la pension jusqu'à ce que le Département des finances découvre le cumul, les mette en demeure de reverser le montant des sommes qu'ils ont touchées en contravention de l'article 27 de la loi du 11 avril 1831 sur les pensions de l'armée de terre, article qui est ainsi conçu :

« Les pensions militaires dans la fixation desquelles il sera fait application de l'article 4 de la présente loi ne pourront, en aucun cas, être cumulées avec un traitement civil d'activité. »

Bien que le titre d'une pension militaire, liquidée comme il vient d'être dit, soit frappé de la mention « non cumulable avec un traitement civil d'activité », les agents retraités dans ces conditions sont souvent de très bonne foi en croyant que le casernier, qui jouit de certaines prérogatives généralement réservées à l'armée, est un employé militaire, et l'obligation qui leur est ensuite imposée, après un plus ou moins long temps d'exercice de leurs fonctions rétribuées à 600 francs, de reverser le montant d'une ou plusieurs années de ce traitement, est pour eux une véritable catastrophe.

C'est pourquoi le Ministre de la guerre croit devoir appeler sur ce point l'attention des autorités militaires chargées d'instruire les demandes d'emplois civils dépendant du Département de la guerre, et de leur recommander de se faire représenter les titres de pension des candidats, afin de pouvoir, le cas échéant, les mettre en garde contre les répétitions auxquelles ils s'exposeraient en contrevenant à la mention d'interdiction de cumul.

Circulaire relative au cumul de la pension et au traitement à allouer aux officiers en retraite occupant des emplois civils rémunérés par l'Etat.

N° 2111 1/9.   Paris, le 8 juin 1920.

A différentes reprises, la question a été posée de savoir sur quelles bases doit être déterminé le traitement à allouer aux officiers en retraite occupant des emplois civils rémunérés par l'Etat.

Aux termes de l'article 37 de la loi du 30 décembre 1913, les titulaires de pensions militaires ne peuvent cumuler leur pension avec le traitement attaché à un emploi rétribué par l'Etat, les départements, les communes ou les établissements publics qu'autant que le total n'excédera pas 6.000 francs (1), ou, s'il était supérieur à ce chiffre, le montant de leur dernier traitement d'activité sans les accessoires.

Le ministère des finances a fait connaître qu'il convient d'entendre par « dernier traitement d'activité » la solde que l'intéressé percevait au moment de son envoi en congé illimité, à l'exclusion de toute indemnité autre que l'indemnité temporaire, instituée par le décret du 25 août 1919, dont le principe

---

(1) Somme portée à 18.000 francs (voir page 28 les articles 50 et 62 de la loi du 14 avril 1924).

est acquis d'une façon permanente et qui doit être regardée
comme faisant corps avec la solde.

Toutefois, lorsqu'il s'agit d'un officier retraité avant la guerre
et ayant repris du service par la suite, le dernier traitement
d'activité à envisager est la solde qui figure sur le décret de
concession de pension et, par suite, sur le certificat d'inscription de la pension. Ce ne pourra donc être, dans ce cas, la
solde que percevait l'intéressé pendant la guerre au moment
de son envoi en congé illimité qu'autant que la première pension aura été revisée par suite de nouveaux services et qu'un
second décret de concession aura déterminé la dernière solde
perçue pendant la guerre.

Dans tous les cas, l'indemnité exceptionnelle de cherté de vie
que percevrait dans son nouvel emploi civil l'officier retraité
échappe à l'interdiction de cumul édictée par l'article 37 de la
loi du 30 décembre 1913.

En résumé, la rémunération à allouer aux officiers retraités
occupant des emplois civils rétribués par l'Etat, les départements, les communes ou établissements publics, doit être fixée
de manière que, en tout état de cause, le cumul de cette rémunération avec la pension, majorée des annuités acquises depuis
la guerre, donne un chiffre au plus égal au dernier traitement
d'activité déterminé comme il est dit plus haut.

Au cas où cette limite serait dépassée, l'excédent sera retenu
sur la pension (loi du 30 décembre 1913, art. 37).

Ces dispositions, qui règlent la mesure dans laquelle les
intéressés peuvent continuer à bénéficier de leur pension cumu-
lativement avec le traitement afférent à leur emploi civil, ne
s'appliquent pas au cas où ils renoncent à leur pension. Dans
ce cas, le traitement de leur emploi civil n'est assujetti à aucune limitation.

Extrait de la loi de finances du 31 juillet 1920.

Art. 76. Dans tous les cas où la limite du cumul d'une pension
et d'un traitement ou de deux pensions serait fixée à 6.000 francs,
par application de l'article unique de la loi du 22 décembre 1910
et des articles 37 et 40 de la loi du 30 décembre 1913, cette limite
sera portée à 10.000 francs (1).

---

(1) Voir le renvoi 1 de la page 156

Dans le cas où la limite du cumul serait fixée, par application de l'article 37 de la loi du 30 décembre 1913, au dernier traitement d'activité, cette limite, pour les fonctionnaires admis à pension antérieurement au 1er juillet 1919, sera majorée de 50 p. 100.

Les dispositions qui précèdent auront leur effet à compter du 1er août 1920.

L'article 14 de la loi du 25 mars 1920 est abrogé (voir page 83).

Circulaire relative au cumul d'une pension et d'un traitement civil.

(Secrétariat général; Bureau des questions ouvrières.)

Paris, le 4 juin 1924.

L'article 59 de la loi du 14 avril 1924 a porté à 18.000 francs la limite maxima jusqu'à laquelle les pensions civiles et militaires d'ancienneté peuvent être cumulées avec le traitement d'un emploi civil rétribué, soit par l'Etat, soit par les départements, colonies ou pays de protectorat, communes ou établissements publics. Si la pension et le traitement cumulés donnent une somme supérieure à ce chiffre, de 18.000 francs, la limite du cumul sera déterminée, soit par le montant du dernier traitement ou de la dernière solde d'activité augmenté des accessoires de traitement ou de solde, soit par le montant du traitement correspondant à l'emploi occupé.

Dans tous les cas où la limite est dépassée, la réduction porte sur le traitement attaché à l'emploi et non sur la pension. Il y a lieu à ordonnancement du traitement brut et à imputation du montant de la retenue au compte *recettes accidentelles à différents titres.*

Lorsque la réduction porte sur un traitement servi par une collectivité autre que l'Etat, la portion de traitement non servie à l'intéressé doit être reversée au Trésor au titre du compte précité.

L'article 59 énumère les indemnités et allocations non sujettes à réduction.

Il est à noter que, contrairement à la législation antérieure, cet article ajoute au dernier traitement ou à la dernière solde d'activité les accessoires de traitement ou de solde pour la fixation de la limite jusqu'à laquelle le cumul est autorisé. En ce qui concerne les traitements, doivent être considérés comme accessoires, tous les suppléments et indemnités assujettis à retenue en vertu de l'article 4 de la loi nouvelle. Pour ce qui est de la solde, le terme « accessoires » désigne exclusivement les indemnités temporaires de solde et les indemnités pour charges militaires au taux le plus réduit dans chaque grade.

Il est à remarquer, d'autre part, que les dispositions de la loi du 30 décembre 1913, en vertu desquelles les salaires journaliers n'étaient pas assujettis aux règles du cumul n'ont pas été maintenues par la loi du 14 avril 1924. La question de savoir si le législateur a entendu abroger ainsi ces dispositions ou si son intention a été au contraire de les laisser subsister sera tranchée ultérieurement. En attendant, il convient de s'en tenir, sur ce point, au *statu quo.*

Les dispositions restrictives du cumul ne sont pas applicables aux membres de l'Institut et du Bureau des longitudes, aux membres de l'ordre national de la Légion d'honneur et aux médailles militaires pour les traitements viagers qu'ils reçoivent en cette qualité, ni aux titulaires de pensions militaires proportionnelles.

Les règles de cumul fixées par l'article 37 de la loi du 30 décembre 1913 modifié par l'article 70 de la loi du 31 juillet 1920 et par la loi du 12 juillet 1922 restent applicables jusqu'au 16 avril inclusivement. A partir du 17 avril, les dispositions de l'article 59 de la loi du 14 avril 1924 entrent en vigueur. Il s'agit donc de deux régimes bien distincts suivant les périodes et entre lesquels aucune confusion ne doit intervenir. En particulier, l'on ne saurait envisager la possibilité de bloquer les émoluments et les arrérages de pension touchés depuis le 1er janvier jusqu'au 31 décembre 1924 pour les comparer aux nouveaux maxima. En ce qui concerne la période prenant fin au 16 avril inclus, il y a lieu d'établir la comparaison entre les sommes perçues et les maxima anciens. A partir du 17 avril, cette comparaison doit être opérée entre les nouveaux maxima et les sommes qu'aura à percevoir le fonctionnaire au double titre du traitement et de la *pension nouvelle.*

En attendant que l'administration des finances établisse et fasse parvenir aux divers départements ministériels des certificats indiquant le montant des retenues à exercer sous le nouveau régime, compte tenu du chiffre des pensions majorées dans les conditions prévues par les articles 92 et suivants de la loi, il y aura lieu de continuer à exercer les retenues suivant les règles jusqu'ici en vigueur.

Les nouvelles dispositions relatives au cumul devant avoir effet du 17 avril dernier, il y aura lieu de rembourser aux intéressés les sommes représentant la différence entre les retenues effectivement exercées sur leur traitement depuis cette date et les retenues qui auraient dû être opérées en vertu de l'article 59 de la loi.

Les directeurs d'établissements et les chefs de services feront parvenir, sous le présent timbre, la liste nominative des fonctionnaires et agents qui ont subi une retenue trop élevée avec l'indication du montant de la rémunération mensuelle et le décompte du trop versé. Cette liste, destinée à l'administration des finances pour lui permettre de faire procéder aux remboursements de l'espèce, devra être établie *en double exemplaire* et par trésorerie générale ayant payé le traitement.

§ 4. — Payement d'avances sur les pensions en cours de liquidation.

Décret instituant des avances trimestrielles sur pensions d'ancienneté ou proportionnelles.

(Ministère des Pensions, des Primes et des Allocations de guerre; Direction de la Liquidation des Pensions; Section Administrative.)

Paris, le 10 août 1921.

Rapport au Président de la République française.

Monsieur le Président,

Le décret du 11 janvier 1917, modifié les 17 juin 1917 et 11 juin 1918 et le décret du 23 mars 1920 ont institué des avances mensuelles sur pension en faveur des militaires admis à faire valoir leurs droits à une pension de retraite pour ancienneté et des veuves ou orphelins de militaires pouvant prétendre à la pension de réversion ou au secours annuel fixés par les articles 19 et 21 de la loi du 11 avril 1831.

Or, les décrets des 18 juin 1919 instituant des avances aux militaires en instance de pension d'invalidité et celui du 20 octobre

1919 créant des avances aux veuves, orphelins et ascendants bénéficiaires de la loi du 31 mars 1919 prescrivent que les payements ont lieu trimestriellement.

En outre, la loi du 31 décembre 1920 portant ouverture sur l'exercice 1921 de crédits provisoires applicables au mois de janvier 1921 a prévu en son article 28 que tout fonctionnaire, mis à la retraite avant la délivrance de son brevet de pension, doit recevoir à titre d'avance sur sa pension une allocation trimestrielle.

Il nous a paru nécessaire d'adopter, en ce qui concerne la périodicité des payements d'avances, des règles uniformes quelle que soit la nature de la pension à concéder et d'adopter en l'occurrence celles prévues par les décrets des 18 juin et 20 octobre 1919 et par la loi du 31 décembre 1920.

Ces règles ont d'ailleurs l'avantage d'être analogues à celles adoptées pour le payement des pensions elles-mêmes.

Tel est l'objet du présent décret que nous avons l'honneur de vous soumettre, en vous priant de vouloir bien le revêtir de votre signature.

Veuillez agréer, Monsieur le Président, l'hommage de notre respectueux dévouement.

Le Ministre des pensions, primes et allocations de guerre,
MAGINOT.

Le Ministre des finances,
Paul DOUMER.

DÉCRET.

Le Président de la République française,

Sur le rapport du Ministre des pensions, des primes et des allocations de guerre et du Ministre des finances,

Vu la loi du 11 avril 1831 sur les pensions de l'armée de terre;

Vu l'article 55 de la loi de finances du 25 février 1901;

Vu la loi du 25 mars 1920 attribuant des majorations aux titulaires de pensions militaires d'ancienneté à liquider;

Vu les lois des 16 et 30 avril 1920 portant modification à la législation des pensions des militaires et marins de carrière;

Vu la loi du 31 décembre 1920 portant ouverture sur l'exercice 1921 de crédits provisoires applicables au mois de janvier 1921,

Décrète :

Article 1er (1). Les militaires ou assimilés admis à faire valoir leurs droits à une pension fondée sur la durée de leurs services peuvent, en attendant le règlement définitif de leur pension, obtenir, sur leur demande, à compter du 17 avril 1924, des avances temporaires dont le montant est déterminé dans les conditions ci-après, d'après la moyenne des émoluments prévus à l'article 5 de la loi du 14 avril 1924, qu'ils ont perçus pendant leurs trois dernières années d'activité.

Les avances à leur accorder sont fixées au minimum de la pension (pension d'ancienneté ou pension proportionnelle) calculées conformément aux règles fixées par les articles 2, 34 et 44 de la loi du 14 avril 1924 (2).

Article 2 (1). Les veuves et orphelins de militaires ou assimilés, morts en jouissance d'une pension reversible fondée sur la durée des services ou en possession de droits à cette pension et qui ont droit à pensions prévues par la loi du 14 avril 1924, peuvent obtenir, sur leur demande, à compter du 17 avril 1924, des avances temporaires, en attendant le règlement définitif de leur pension.

Ces avances sont déterminées en prenant pour base la pension minimum qui reviendrait à leur mari ou père d'après le nombre entier des annnées de services et sont calculées d'après les règles fixées aux articles 23, 24 et 26 de la loi du 14 avril 1924.

Article 3. Ces avances ne peuvent être mandatées par les sous-intendants militaires que sur production d'une autorisation d'avances délivrée par le Ministre des pensions qui pourra donner délégation à cet effet aux directeurs de l'intendance.

Les payements ont lieu trimestriellement par quart et à terme échu; le montant des avances susvisées est précompté sur les arrérages de la pension à laquelle les intéressés auront été reconnus avoir droit.

---

(1) Texte nouveau. (Décret du 29 juin 1924. *B. O.*, p. 1879.)

(2) A titre transitoire, les militaires ou assimilés ou leurs ayants droit actuellement bénéficiaires d'avances temporaires en exécution du décret du 10 août 1921 pourront, sur leur demande, obtenir, à compter de l'échéance de la dernière avance payée, l'attribution d'avances liquidées d'après les nouveaux taux, dans les conditions prévues aux articles 1 et 2 qui précèdent (art. 3 dudit décret).

Article 4. Ces avances seront payées sur un chapitre spécial inscrit au budget des pensions sous le titre : « Avances remboursables aux personnels militaires en instance de pension. »

Article 5. Les décrets des 11 janvier 1917, 17 juin 1917, 11 juin 1918 et 23 mars 1920 sont abrogés.

Article 6. Le Ministre des pensions, des primes et des allocations de guerre et le Ministre des finances sont chargés, chacun en ce qui le concerne, de l'exécution du présent décret.

Fait à Rambouillet, le 10 août 1921.

A. MILLERAND.

Par le Président de la République :

Le Ministre des pensions, primes et allocations de guerre,

MAGINOT.

Le Ministre des finances,

Paul DOUMER.

Instruction pour l'application du décret du 29 juin 1924 (1), instituant des avances trimestrielles aux militaires admis à faire valoir leurs droits à pension d'ancienneté ou proportionnelle et aux veuves ou orphelins de militaires pouvant prétendre à une pension réversible d'ancienneté ou proportionnelle.

N° 0127/AD.   Paris, le 29 juin 1924.

Article 1er. *Ayants droit.* — Comme l'indiquent les articles 1er et 2 du décret, les officiers supérieurs ou subalternes et assimilés ainsi que les autres militaires admis à faire valoir leurs droits à la retraite pour ancienneté ou à la pension proportionnelle, les veuves ou orphelins de militaires morts en jouissance d'une pension reversible fondée sur la durée des services ou en possession de droits à cette pension et qui ont droit à pensions prévues par la loi du 14 avril 1924, ont la faculté de demander des avances trimestrielles en attendant la remise de leur titre de pension.

Article 2. *Montant des avances.* — Le montant des avances à consentir aux militaires eux-mêmes est déterminé par les directeurs de l'intendance des régions opérant par délégation du Ministre.

---

(1) Application du décret du 10 août 1921 modifié par le décret du 29 juin 1924 (voir page 160).

En ce qui concerne les veuves, les avances pouvant leur être accordées sont fixées dans chaque cas particulier par le Ministre des pensions sur le vu de leur dossier de pension.

Article 3. *Etablissement des demandes*. — Pour obtenir des avances trimestrielles sur leur pension, les ayants droit formulent une demande dans les conditions fixées ci-après :

a) *Militaires*. — La demande (modèle I) faite par l'intéressé est transmise par l'autorité désignée à l'article 5 de l'instruction du 23 mars 1897 (1) (pour instruire la demande de pension) au directeur de l'intendance de la région dont dépend le domicile où le militaire compte jouir de sa pension (indication portée sur la demande d'admission à la retraite).

En vue de permettre la détermination, par le directeur de l'intendance, de la solde moyenne perçue pendant les trois dernières années qui ont précédé la radiation des contrôles, cette demande doit indiquer la date de nomination au dernier grade et au grade précédent. Elle est vérifiée par l'autorité susvisée, puis complétée par l'attestation relative à la durée des services et doit être accompagnée d'un certificat de cessation de payement comportant la date de radiation des contrôles de l'intéressé.

b) *Veuves*. — La demande (modèle n° 2) mentionnant exactement l'adresse de l'intéressée, est adressée au Ministre des pensions (Direction de la Liquidation; 2ᵉ Bureau).

c) *Orphelins*. — La demande d'avances établie dans la forme déterminée au paragraphe *b*) qui précède est faite par le tuteur si l'orphelin n'est pas majeur ou émancipé.

Pour permettre la délivrance en temps opportun des pièces nécessaires au payement des avances aux veuves et orphelins, les sous-intendants militaires devront transmettre sans aucun délai à l'administration centrale les dossiers de pension.

Article 4. *Détermination du montant des avances dues aux militaires*. — Le directeur de l'intendance de la région de domicile de l'intéressé établit le montant des avances dues à ce dernier. Il se conforme, à cet égard, aux directives ci-après :

Il détermine les grades et échelon de solde détenus par le militaire pendant les trois dernières années qui ont immédiate-

---

(1) Remplacée par l'instruction du 15 octobre 1924 (*B. O.*, voir p. 264)

ment précédé la date fixée pour la radiation des contrôles et calcule, d'après ces grades et échelon de solde, la solde moyenne de base prévue par l'article 2 de la loi du 14 avril 1924.

Les soldes à considérer sont celles figurant aux tableaux annexés à la présente instruction.

Le montant des avances à consentir est calculé sur la solde moyenne ainsi déterminée. Pour ce calcul, divers cas sont à considérer :

1° Le militaire est en instance de pension d'ancienneté.

Si la solde moyenne est supérieure ou égale à 8.000 fran le montant des avances est fixé à la moitié de cette solde.

Si la solde moyenne est inférieure à 8.000 francs, le montant des avances est fixé aux 3/5es de cette solde sans pouvoir excéder 4.000 francs.

2° Le militaire est en instance de pension proportionnelle.

S'il s'agit d'un officier en instance de pension proportionnelle, à payement différé dans les conditions fixées par l'article 44 de la loi du 14 avril 1924, aucune avance ne peut être délivrée.

S'il s'agit d'un militaire en instance de pension proportionnelle à payement immédiat (hommes de troupe, officier à titre temporaire, régis par la loi du 22 juillet 1921), le montant de l'avance est fixé :

a) Pour les officiers n'ayant pas accompli au moins six ans hors d'Europe, à la moitié du minimum fixé au paragraphe 1er qui précède, pour avances sur pensions d'ancienneté;

b) Pour les officiers ayant accompli au moins six ans hors d'Europe et pour les hommes de troupe, aux 3/5es du minimum fixé au paragraphe 1er qui précède.

3° Le militaire est un caporal ou un soldat.

Les avances à allouer pour pension d'ancienneté sont du montant annuel de 2.120 francs pour un caporal, et 1.920 francs pour un soldat. Celles à allouer pour pension proportionnelle sont de 1.272 francs pour un caporal et de 1.152 francs pour un soldat.

Le directeur de l'intendance fait parvenir aux intéressés, par l'intermédiaire du sous-intendant militaire qualifié, une autorisation provisoire de payement d'avance (modèle 3).

Article 5. *Détermination du montant des avances dues aux veuves ou orphelins.* — Les avances à accorder aux veuves ou orphelins sont déterminées par le Ministre des pensions, d'après le nombre exact d'années entières de service de leur ayant cause.

Elles sont fixées, pour la veuve, à la moitié de la pension qui serait revenue à cet ayant cause, d'après ce nombre exact d'années entières de service et compte tenu de la solde moyenne perçue pendant les trois dernières années d'activité.

Les orphelins peuvent obtenir des avances correspondant a 10 p. 100 de la pension qui serait revenue à l'ayant cause.

Il est fait application, d'une façon générale, pour la fixation de ces avances, des règles prévues aux articles 23, 24 et 26 de la loi du 14 avril 1924.

Une autorisation provisoire de payement d'avances (modèle 3 *bis*) est adressée aux intéressés par l'intermédiaire du sous-intendant militaire qualifié. Cette autorisation est accompagnée d'une lettre ministérielle (modèle n° 4).

Article 6. *Ordonnancement des avances.* — L'ordonnancement des avances trimestrielles est effectué par le sous-intendant militaire chargé, dans chaque département, du service des pensions et sur la production par l'intéressé d'une autorisation de payement (modèles n°ˢ 3 et 3 *bis*) délivrée par le directeur de l'intendance en ce qui concerne les militaires et par le ministère des pensions (Direction de la Liquidation; 2ᵉ Bureau) en ce qui concerne les veuves et orphelins.

Cet ordonnancement s'opère sur le vu de l'autorisation ministérielle de payement: le premier payement est appuyé d'un extrait de la décision ministérielle autorisant la concession des avances trimestrielles et pour les payements subséquents, il suffit de rappeler le mandat antérieur auquel l'extrait de décision a été joint.

Le directeur de l'intendance adressera le 1ᵉʳ de chaque mois au Ministre des pensions (Direction de la Liquidation; 3ᵉ Bureau) la liste nominative des militaires pour lesquels il aura délivré des autorisations de payement.

Article 7. *Mode de payement.* — Dès la réception d'une autorisation provisoire de payement d'avances (modèle n° 3 ou 3 *bis*), accompagnée du certificat de cessation de payement pour les militaires, le sous-intendant militaire inscrit l'intéressé sur un registre d'un modèle uniforme (modèle n° 5), divisé en autant de parties que de catégories de bénéficiaires prévus par le décret, et transmet sans délai l'autorisation au bénéficiaire. Trimestriellement, aux dates indiquées, il procède à l'emission d'un mandat du montant de l'avance trimestrielle autorisée sur les crédits délégués au titre du chapitre du budget ordinaire du ministère des pensions concernant les avances remboursables aux personnels militaires en instance de pension.

Les mandats délivrés aux intéressés sont mentionnés dans les cases réservées à cet effet sur l'autorisation provisoire de payement et sur le registre modèle n° 5.

Si, pour une cause quelconque, le mandat d'avance ne peut pas être remis à l'intéressé ou à son mandataire dûment autorisé, ce mandat est immédiatement annulé et il en est rendu compte à l'autorité ayant délivré l'autorisation de payement. Aucun mandatement nouveau n'est effectué sans ordre.

Les mandats pour avances ne peuvent pas être émis après le 31 décembre sur les crédits de l'exercice en cours à cette date.

Article 8. *Changement de domicile des intéressés.* — Toutes les fois qu'un titulaire d'avances sur pension transfère son domicile d'un département dans un autre, il est tenu de soumettre l'autorisation provisoire dont il est détenteur au visa des sous-intendants militaires préposés à l'ordonnancement des avances sur pensions dans le département qu'il quitte et dans celui où il se rend. Le premier de ces fonctionnaires opère la radiation de l'intéressé sur le registre des titulaires d'avances résidant dans son département; le second l'inscrit sur le registre tenu dans sa circonscription administrative en indiquant les sommes déjà mandatées à titre d'avances.

Article 9 (1). *Remboursement des avances.* — Le remboursement des avances perçues s'opère lors du premier payement des arrérages de la pension, par voie de précompte sur le rappel d'arrérages dû depuis le point de départ de cette dernière. Ce précompte est exercé par les agents chargés du payement des pensions qui procèdent aux régularisations nécessaires d'écriture suivant les directives données à ce sujet par le Ministre des finances.

Pour permettre aux agents susvisés d'exercer les précomptes visés ci-dessus, les sous-intendants adressent aux pensionnés par application des prescriptions de l'article 43 de l'instruction du 15 octobre 1924, les pièces suivantes :

---

(1) Texte nouveau (circulaire du 1er mai 1925, B. O., p. 1243).

a) *Aux anciens militaires.* — Le certificat de cessation de payement constatant la date d'entrée en jouissance des premiers arrérages de la pension et un état du modèle n° 6 annexé ci-joint, constatant la perception ou non d'avances, et, le cas échéant, le montant de ces dernières, état établi suivant les directives fixées ci-dessous.

Le certificat de cessation de payement devra, en outre, rappeler le montant de l'avance accordée, laquelle doit être précomptée.

b) *Aux veuves et orphelins.* — Un état du modèle prévu au paragraphe *a*). L'état visé ci-dessus doit mentionner les numéros, les dates, le montant des divers mandats d'avances émis au nom des intéressés et les départements dans lesquels les mandats ont été remis (renseignements figurant au verso de l'autorisation provisoire de payement retournés par l'intéressée suivant les prescriptions de l'article 43 de l'instruction du 15 octobre 1924).

Si aucune avance n'a été consentie, l'état envoyé porte la mention : « Aucune avance n'a été consentie au pensionné « et l'état est arrêté à la somme de « Néant ».

Le remboursement des avances est constaté par la remise au sous-intendant intéressé d'un certificat établi par le comptable ayant exercé le précompte. Le sous-intendant annote en conséquence le dossier financier du pensionné et le registre modèle n° 5. Il adresse ensuite ce certificat au ministère des pensions, Direction de la Liquidation des pensions, 2° Bureau, s'il s'agit d'avances consenties à des veuves; 3° Bureau, s'il s'agit d'avances consenties à des militaires, et Section coloniale, s'il s'agit d'avances payées aux colonies en vue de son annexion au dossier du pensionné.

Si l'intéressé a transféré sa résidence aux colonies ou à l'étranger ou si le nouveau domicile n'est pas connu, le titre de pension est renvoyé au ministère des pensions (Direction de la Liquidation; 5° Bureau) avec les renseignements devant figurer sur l'état modèle n° 6. L'inscription du remboursement au registre modèle n° 5 est faite sur avis donné par l'administration centrale.

Article 10. *Liquidation des avances.* — Les avances accordées en exécution de la présente instruction sont liquidées en fin d'exercice par les fonctionnaires de l'intendance qui, à cet effet, établissent respectivement des états de liquidation et des rapports de liquidation établis sur les imprimés de la nomenclature du Ministère de la guerre modifiés en conséquence.

Article 11. *Dispositions spéciales à certaines catégories de pensionnés :*

A. — DÉLIVRANCE DES AVANCES SUR PENSION AUX AYANTS DROIT.

1° Militaires ayant opté pour la pension mixte, instituée
par les articles 59 et 60 de la loi du 31 mars 1919.

Les avances seront délivrées dans les conditions indiquées aux articles 3 et 4 ci-dessus pour les autres militaires en tenant compte des dispositions ci-après.

Le sous-intendant ayant reçu l'option des intéressés, lors de leur comparution devant la commission de réforme adressera au directeur de l'intendance de la région du domicile de l'intéressé un avis du modèle ci-après :

« Le sous-intendant militaire certifie que (nom, prénoms, grade), proposé pour une pension d'infirmité par la commission de réforme de....., dans sa séance du....., n'a pas opté pour une pension d'infirmité pure et simple.

« Il est donc susceptible de percevoir des avances sur la pension d'ancienneté. »

Dès réception de la demande de l'intéressé, à laquelle doivent être jointes les pièces prévues à l'article 3, le directeur de l'intendance détermine les avances qui peuvent être consenties.

Ces avances seront calculées :

En ce qui concerne les bénéficiaires de l'article 59, d'après le nombre exact d'années entières de services effectifs :

Pour les officiers, sur la base de 1/30° ou de 1/25°, selon le cas du minimum fixé à l'alinéa numéroté 1° de l'article 4 qui précède.

Pour les hommes de troupe, sur la base de 1/25° du minimum fixé à l'alinéa numéroté 1° de l'article 4.

Pour les bénéficiaires de l'article 60, d'après le minimum fixé à l'alinéa numéroté 1° de l'article 4.

Il est à remarquer que pour la catégorie de pensionnés bénéficiaires de l'article 2 de la loi du 30 avril 1920 le point de départ du titre d'allocation d'attente de la pension d'invalidité de soldat est fixé en principe à la date de la commission de réforme ayant reconnu le droit à pension d'invalidité et celui des avances sur la pension fondée sur la durée des services à la date de radiation des contrôles fixée dans les conditions du décret du 9 décembre 1920. Pour les non bénéficiaires de l'article 2 de la loi du 30 avril 1920, le point de départ des avances susvisées est fixé à la date de la radiation des contrôles (sous la réserve prévue à l'article 13 ci-après).

2° Veuves bénéficiant de la pension mixte instituée par l'article 12 de l'instruction du 29 juin 1920.

Le sous-intendant, conformément aux prescriptions du décret du 20 octobre 1919, délivre à l'intéressée un titre d'allocation d'attente sur le taux de veuve de soldat et comportant les majorations pour enfants. Les avances sur pension d'ancienneté ou proportionnelles reversibles sont établies, dans les conditions fixées à l'article 5, par le Ministre des pensions.

B. — Remboursement des avances.

Pour les catégories de pensionnés spécifiées au présent article, il est établi une feuille de décompte dans les conditions prévues par l'instruction interministérielle du 24 février 1920.

Ladite feuille de décompte comportera au débit les sommes perçues à titre d'avance sur la pension d'ancienneté et sur la pension de la loi du 31 mars 1919 : en conséquence il ne sera pas établi d'ordre de reversement. Toutefois, au cas où aucune avance n'aura été consentie, un certificat spécial sera annexé aux pièces justificatives du décompte.

Les sommes perçues à titre d'avances sur pension d'ancienneté ou proportionnelle doivent être obligatoirement précomptées sur les arrérages dus et à courir de la pension.

L'autorisation provisoire de paiement étant jointe aux pièces justificatives annexées à la feuille de décompte, il sera adressé par les soins du sous-intendant départemental au ministère des pensions (Direction de la Liquidation, Bureaux indiqués à l'article 9) une note comportant tous renseignements utiles sur l'intéressé et indiquant que les avances, dont le montant s'élève à......, ont été précomptées sur la feuille de décompte.

La date du remboursement à porter sur le registre modèle n° 5 est celle de l'établissement de la feuille de décompte (dont le numéro sera mentionné).

Article 12. *Dispositions transitoires.* — Les bénéficiaires actuels d'avances peuvent opter soit pour le maintien des avances qui leur ont été précédemment consenties, soit pour des avances déterminées d'après la présente instruction. Dans ce dernier cas, ils adressent à l'autorité compétente, en vue des rectifications nécessaires, les autorisations provisoires de payement qu'ils détiennent.

Article 13. *Date d'application du décret.* — Les avances consenties sur les taux fixés par le décret du 29 juin 1924, sont servies dans les conditions ci-après :

1° Les postulants à pension ne bénéficient pas d'avances sur les taux anciens.

Les avances sur le nouveau taux sont accordées à compter de la date de radiation des cadres des intéressés, si cette date est postérieure au 17 avril 1924, et à compter du 17 avril 1924, dans le cas contraire; pour la période antérieure, les avances sur l'ancien taux sont seules dues.

2° Les postulants à pension bénéficient d'avances sur les taux anciens.

Les avances sur le nouveau taux sont servies depuis la date d'échéance de la dernière avance trimestrielle payée, sans que le point de départ du nouveau taux puisse être antérieur au 17 avril 1924.

Article 14. *Documents abrogés.* — La présente instruction abroge, sous réserve des règles fixées à l'article 12 ci-dessus, toutes dispositions antérieures relatives aux avances sur pension.

Le Ministre des pensions,
BOVIER-LAPIERRE.

ANNEXE N° I

*à l'instruction du 29 juin 1924 pour l'application du décret
du 29 juin 1924 instituant des avances sur pensions.*

Solde de base des officiers.

GRADES ET ÉCHELONS DE SOLDE.			SOLDE de BASE.
Général de division			29.851 58
— de brigade			23.977 89
Colonel			19.705 26
Lieutenant-colonel			16.673 68
Chef de bataillon.	2ᵉ échelon (Après 4 ans de grade ou 32 ans de service.)		15 366 32
	1ᵉʳ échelon. (Avant 4 ans de grade.)		14 418 95
Capitaine.	4ᵉ échelon..	Après 12 ans de grade. Après 8 ans de grade et 30 ans de service.	12.590 53
	3ᵉ échelon.	Après 8 ans de grade. Après 4 ans de grade et 25 ans de service.	12 022 11
	2ᵉ échelon.	Après 4 ans de grade. Après 20 ans de service.	11 453 68
	1ᵉʳ échelon	Avant 4 ans de grade.	10 885 26
Lieutenant,	4ᵉ échelon.	Après 8 ans de grade et 20 ans de service.	9 634 74
	3ᵉ échelon.	Après 8 ans de grade. Après 4 ans de grade et 15 ans de service.	9.066 32
	2ᵉ échelon.	Après 4 ans de grade. Après 10 ans de service.	8 687 37
	1ᵉʳ échelon. (Avant 4 ans de grade.)		8 308 42
Sous-lieutenant.	2ᵉ échelon. (Après 6 ans de service.)		7 190 53
	1ᵉʳ échelon. (Avant 6 ans de service.)		6 811 58

ANNEXE N° II

*à l'instruction du 29 juin 1924 pour l'application du décret
du 29 juin 1924 instituant des avances sur pensions.*

Solde de base des hommes de troupe.

GRADES ET ÉCHELONS DE SOLDE.			SOLDE de BASE.
Adjudant-chef.	2° échelon :	Après 5 ans de service.............	5.904 »
	1" —	Avant 5 ans de service.............	4.933 »
Adjudant.	4° échelon :	Après 11 ans de service.............	5.544 »
	3° —	De 9 à 11 ans de service.............	5.454 »
	2° —	De 6 à 9 ans de service.............	5.364 »
	1" —	De 4 à 5 ans de service.............	4.500 »
Sergent-major.	4° échelon :	Après 11 ans de service.............	4.500 »
	3° —	De 9 à 11 ans de service.............	4.410 »
	2° —	De 6 à 9 ans de service.............	4.320 »
	1" —	De 4 à 5 ans de service.............	3.456 »
Sergent.	4° échelon :	Après 11 ans de service.............	4.212 »
	3° —	De 9 à 11 ans de service.............	4.122 »
	2° —	De 6 à 9 ans de service.............	4.032 »
	1" —	De 4 à 5 ans de service.............	3.168 »
Caporal-fourrier.	4° échelon :	Après 11 ans de service.............	3.582 »
	3° —	De 9 à 11 ans de service.............	3.492 »
	2° —	De 6 à 9 ans de service.............	3.402 »
	1" —	De 4 à 5 ans de service.............	2.952 »

ANNEXE N° III

à l'instruction du 29 juin 1924 pour l'application du décret
du 29 juin 1924 instituant des avances sur pensions.

**Solde de base des employés militaires (ouvriers d'état,
gardiens de batterie, adjudants d'administration).**

GRADES ET ÉCHELONS DE SOLDE.	SOLDE de BASE.	
Adjudant-chef. . . .	5.954	69
Adjudant. 3° échelon. . .	5.591	02
Adjudant. 2° — . . .	5.499	18
Adjudant. 1er — . . .	5.407	35

ANNEXE N° IV

*à l'instruction du 29 juin 1924 pour l'application du décret
du 29 juin 1924 instituant des avances sur pensions.*

Solde de base des hommes de troupe de la gendarmerie.

GRADES ET ÉCHELONS DE SOLDE.			SOLDE de BASE.
Chef de brigade hors classe			5.929 20
Chef de brigade de 1re classe.	3e échelon :	Après 20 ans	5.724 »
	2e —	De 16 à 20 ans	5.700 »
	1er —	De 8 à 15 ans	5.616 »
Chef de brigade de 2e classe.	3e échelon :	Après 20 ans	5.130 »
	2e —	De 16 à 20 ans	5.094 »
	1er —	De 8 à 15 ans	5.040 »
Chef de brigade de 3e classe.	4e échelon :	Après 20 ans	4.842 »
	3e —	De 16 à 20 ans	4.788 »
	2e —	De 8 à 15 ans	4.734 »
	1er —	Avant 8 ans	4.680 »
Chef de brigade de 4e classe.	4e échelon :	Après 20 ans	4.662 »
	3e —	De 16 à 20 ans	4.608 »
	2e —	De 8 à 15 ans	4.554 »
	1er —	Avant 8 ans	4.500 »
Gendarme	4e échelon :	Après 20 ans	4.338 »
	3e —	De 16 à 20 ans	4.284 »
	2e —	De 8 à 15 ans	4.158 »
	1er —	Avant 8 ans	4.080 »

Instruction du 29 juin 1924 pour l'application du décret du
29 juin 1924.

MODÈLE N° 1.

*Demande d'avances trimestrielles sur pensions d'ancienneté
ou proportionnelle.*

Je, soussigné,
ayant perçu la solde afférente aux grades ci-après
nommé au grade (1) de   , à compter du
et au grade de (2)   le   , né le
à   , département
désirant jouir de ma retraite à   , rue
n°   , département   demande à bénéficier
d'avances trimestrielles sur la pension (d'ancienneté ou proportionnelle)
à laquelle j'ai droit par décision ministérielle du

Ces avances devront être précomptées sur les arrérages de ma pension.
Je déclare être (ou ne pas être) en possession d'un titre d'allocation
d'attente P. d'avances sur pension d'infirmité et calculé sur le grade
de

Date :

Signature :

ATTESTATIONS.

Le Conseil d'administration du
ou général commandant la subdivision de région, certifie que, à sa connaissance, le (nom, prénom, grade)
est entré au service le
a été nommé au grade de (1)   le
et au grade de (2)   le
et réunit   années de service militaire effectif (non compté
les campagnes).

NOTA. — Joindre à la présente demande un certificat de cessation de
payement de solde et adresser le présent dossier au directeur de l'intendance de la région du domicile de l'intéressé.

(1) Dernier grade.
(2) Avant-dernier grade.

MINISTÈRE
DES PENSIONS, DES PRIMES
et des
ALLOCATIONS DE GUERRE.

Instruction du 2? juin 1924 pour l'application du décret du 29 juin 1924 instituant des avances trimestrielles sur pensions.

MODÈLE N° 2.

Demande d'avances sur pension de reversion.

Je soussigné (nom, prénoms et nom de jeune fille pour les veuves)

née à

département   domicilié à

, rue   , n°   , dépar-

tement

déclare être (veuve *ou* tuteur des orphelins) de (nom, prénoms)

grade   échelon :

lequel est décédé le   dans les conditions

prévues pour ouvrir droit à pension reversible.

La présente déclaration est faite en vue d'obtenir le mandatement d'avances trimestrielles sur la pension qui me revient (ou qui revient aux orphelins de   ) et qui devront être précomptées sur les arrérages de ma pension.

Je déclare, en outre, être (*ou* ne pas être) en possession d'un titre de paiement d'allocation provisoire d'attente, modèle P. calculé sur le grade de   en application de la loi du 31 mars 1919 (mention à rayer s'il n'y a pas lieu à application de la pension mixte).

J'atteste que je suis (*ou* ne suis pas) titulaire d'un emploi rétribué par l'État, par un département, une commune, un établissement public, une colonie ou un pays de protectorat (indiquer l'emploi dans l'affirmative) et que je suis (*ou* ne suis pas) titulaire d'une pension (indiquer le motif de la concession de la pension et le montant de la pension dans l'affirmative).

Date :

Signature :

MINISTÈRE
DES PENSIONS

· RÉGION
ou
GOUVERNEMENT MILITAIRE
d

Direction
de l'Intendance

N·
au contrôle central.

RÉPUBLIQUE FRANÇAISE

MODÈLE N° 3.

PENSIONS MILITAIRES

AUTORISATION

*provisoire de payement du minimum d'une pension
en cours de liquidation.*

AU NOM DU MINISTRE DES PENSIONS,

le

certifie que M.

né le

à   , département d

est actuellement en instance de pension et que, en attendant la concession
de sa pension, il a droit de recevoir une avance trimestrielle de
francs, payable à terme échu, laquelle a été calculée
ainsi qu'il suit :

Minimum de la pension afférente à la solde moyenne annuelle de
d'après laquelle la liquidation doit être effectuée :
francs.

Le quart de ce minimum est de   francs.

Arrérages trimestriels :   francs, commençant à courir
à partir du

Signature du titulaire :

Vu et inscrit au registre
des avances sur pensions.
Le sous-intendant mili-
taire chargé du service des
pensions dans le départe-
ment d

NOTA. — Le certificat d'inscription ne sera remis à l'ayant droit qu'en
échange de la présente autorisation provisoire.

Avis important. — Pour éviter tout retard dans la remise du titre de
pension, l'intéressé est invité à signaler, le cas échéant, au Ministre des
pensions (1ᵉ Service, 3ᵉ Bureau) tous changements effectués dans le lieu
primitivement indiqué comme résidence.

AVANCE TRIMESTRIELLE payable le	AVANCE TRIMESTRIELLE payable le	AVANCE TRIMESTRIELLE payable le	AVANCE TRIMESTRIELLE payable le
Ordonnancé la somme de francs suivant mandat n° délivré le à	Ordonnancé la somme de francs suivant mandat n° délivré le à	Ordonnancé la somme de francs suivant mandat n° délivré le à	Ordonnancé la somme de francs suivant mandat n° délivré le à
AVANCE TRIMESTRIELLE payable le	AVANCE TRIMESTRIELLE payable le	AVANCE TRIMESTRIELLE payable le	AVANCE TRIMESTRIELLE payable le
Ordonnancé la somme de francs suivant mandat n° délivré le à	Ordonnancé la somme de francs suivant mandat n° délivré le à	Ordonnancé la somme de francs suivant mandat n° délivré le à	Ordonnancé la somme de francs suivant mandat n° délivré le à

Visa des Sous-Intendants militaires en cas de changement de département.

Vu pour départ (a été rayé sur le registre des titulaires d'avances résidant dans le département d	Vu pour arrivée (a été inscrit au registre des titulaires d'avances résidant dans le département d	Vu pour départ (a été rayé sur le registre des titulaires d'avances résidant dans le département d	Vu pour arrivée (a été inscrit au registre des titulaires d'avances résidant dans le département d
Vu pour départ (a été rayé sur le registre des titulaires d'avances résidant dans le département d	Vu pour arrivée (a été inscrit au registre des titulaires d'avances résidant dans le département d	Vu pour départ (a été rayé sur le registre des titulaires d'avance résidant dans le département d	Vu pour arrivée (a été inscrit au registre des titulaires d'avances résidant dans le département d
Vu pour départ (a été rayé sur le registre des titulaires d'avances résidant dans le département d	Vu pour arrivée (a été inscrit au registre des titulaires d'avances résidant dans le département d	Vu pour départ (a été rayé sur le registre des titulaires d'avances résidant dans le département d	Vu pour arrivée (a été inscrit au registre des titulaires d'avances résidant dans le département d

Instruction du 29 juin 1924, pour l'application du décret du
29 juin 1924, instituant des avances trimestrielles sur
pensions.

MINISTÈRE
DES PENSIONS
—

Direction
de la Liquidation
—

(2° Bureau)

N°
au contrôle central.

RÉPUBLIQUE FRANÇAISE   MODÈLE 3 *bis*.

PENSIONS MILITAIRES

AUTORISATION
*provisoire de payement du minimum d'une pension
en cours de liquidation.*

AU NOM DU MINISTRE DES PENSIONS,

le

certifie que M.

à   département d
est actuellement en instance de pension et que, en attendant la concession
de sa pension, elle a droit de recevoir une avance trimestrielle de
francs, payable à terme échu, laquelle a été calculée ainsi qu'il
suit :

Minimum de la pension afférente à la solde moyenne de
d'après laquelle la liquidation doit être effectuée :   francs ;

Le quart de ce minimum est de   francs.

Arrérages trimestriels :   francs commençant à courir
à partir du

Signature du titulaire :

Vu et inscrit au registre des avances sur pensions. Le sous-intendant militaire chargé du service des pensions dans le département de	A , le 192 *Pour le Ministre et par son ordre,*

Nota. — Le certificat d'inscription ne sera remis à l'ayant droit qu'en
échange de la présente autorisation provisoire.

Avis important. — Pour éviter tout retard dans la remise du titre de
pension, l'intéressé est invité à signaler, le cas échéant, au ministère des
pensions, Direction de la liquidation des pensions (2° Bureau) tous changements effectués dans le lieu primitivement indiqué comme résidence.

AVANCE TRIMESTRIELLE payable le	AVANCE TRIMESTRIELLE payable le	AVANCE TRIMESTRIELLE payable le	AVANCE TRIMESTRIELLE payable le
Ordonnancé la somme de francs suivant mandat n° délivré le à	Ordonnancé la somme de francs suivant mandat n° délivré le à	Ordonnancé la somme de francs suivant mandat n° délivré le à	Ordonnancé la somme de francs suivant mandat n° délivré le à
AVANCE TRIMESTRIELLE payable le	AVANCE TRIMESTRIELLE payable le	AVANCE TRIMESTRIELLE payable le	AVANCE TRIMESTRIELLE payable le
Ordonnancé la somme de francs suivant mandat n° délivré le à	Ordonnancé la somme de francs suivant mandat n° délivré le à	Ordonnancé la somme de francs suivant mandat n° délivré le à	Ordonnancé la somme de francs suivant mandat n° délivré le à

Visas des Sous-Intendants militaires en cas de changement de département.

Vu pour départ (a été rayé sur le registre des titulaires d'avances résidant dans le département d	Vu pour arrivée (a été rayé sur le registre des titulaires d'avances résidant dans le département d	Vu pour départ (a été rayé sur le registre des titulaires d'avances résidant dans le département d	Vu pour arrivée (a été rayé sur le registre des titulaires d'avances résidant dans le département d
Vu pour départ (a été rayé sur le registre des titulaires d'avances résidant dans le département d	Vu pour arrivée (a été rayé sur le registre des titulaires d'avancés résidant dans le département d	Vu pour départ (a été rayé sur le registre des titulaires d'avances résidant dans le département d	Vu pour arrivée (a été rayé sur le registre des titulaires d'avances résidant dans le département d

Instruction du 29 juin 1924 pour l'application du décret du
29 juin 1924 instituant des avances trimestrielles sur
pensions.

MODÈLE Nᵒ 4.

RÉPUBLIQUE FRANÇAISE.

PARIS, le   192 .

Le Ministre des pensions à M. le Sous-Intendant militaire chargé du
service des pensions dans le département de

à

Par décision de ce jour, le payement d'une avance trimestrielle de
francs sur la pension en cours de liquidation à son profit est autorisé en
faveur de M.   , né le   , à   , domicilié à

L'ordonnancement de cette avance sera effectué sur le crédit délégué au
titre du chapitre   .

Il sera rendu compte immédiatement de la remise à l'intéressé du premier mandat de payement.

MINISTÈRE
DES PENSIONS

· Région
du
Gouvernement militaire
d

SOUS-INTENDANCE de

Instruction du 29 juin 1924 pour l'application du décret du 29 juin 1924 instituant des avances sur pension.

MODÈLE N° 5.

RÉPERTOIRE DES BÉNÉFICIAIRES
D'AVANCES TRIMESTRIELLES SUR PENSIONS.

Département d

NOM ET PRÉNOMS.	DOMICILE.	DATE de la DÉCISION.	MANDATS.			DATE de REMBOURSEMENT.	OBSERVATIONS.
			NUMÉRO.	DATE.	MONTANT.		

  MODÈLE 6.

S. D. P.

de

ARTICLE 9 DE L'INSTRUCTION DU 29 JUIN 1924.

Circulaire n°ˢ $\begin{cases} 0151/Ad \\ 024\ S.E/4 \end{cases}$ *du 1ᵉʳ mai 1925 du Ministre des pensions.*

Lettre du Ministre des finances n° 4747 du 27 février 1925.

Avances sur pensions d'ancienneté (1), proportionnelle
ou de réversion (1) acquittées à

M.

titulaire du livret de pension n°   de

dans les conditions prévues par le décret du 29 juin 1924.

DÉPARTEMENT où les titres ont été remis.	DÉSIGNATION des ORDONNATEURS.	N° des MANDANTS D'AVANCES.	DATES D'ÉMISSION.	MONTANT des MANDATS.	MONTANT TOTAL des AVANCES PAYÉES à l'intéressé.	OBSERVATIONS.

ARRÊTÉ le présent état à la somme de
à précompter sur les premiers arrérages de la pension allouée au bénéficiaire désigné ci-dessus.

A   , le

Le Sous-Intendant militaire, chef de la Section départementale
des pensions,

(1) Ne laisser subsister que la mention concernant la nature de la pension concédée.

*Loi relative à l'interdiction des prêts sur pension et à l'institution
d'un système d'avances sur pension.*

Paris, le 26 juillet 1917.

Art. 1ᵉʳ. Est interdite, sauf les exceptions prévues ci-après,
toute avance faite, sous quelque forme que ce soit, sur une pension civile servie par l'Etat, les départements et les communes,
sur une pension ou gratification militaires, sur une pension servie par la Caisse des invalides de la marine ou la Caisse nationale de prévoyance entre les marins français.

Le prêteur sera puni d'un emprisonnement de six jours à six
mois et d'une amende qui pourra s'élever à la moitié des capi-
taux prêtés.

Art. 2. Dans tous les cas, et suivant la gravité des circonstances, les tribunaux pourront ordonner, aux frais du délin-
quant, l'affichage du jugement et son insertion par extrait dans
un ou plusieurs journaux du département.

Art. 3. Sont nulles de plein droit et de nul effet les obligations
contractées envers les intermédiaires qui se chargent, moyennant
stipulation d'émoluments, d'assurer aux pensionnaires et gratifiés de l'Etat, des départements et des communes, et à ceux de
la Caisse des invalides de la marine et de la Caisse nationale de
prévoyance entre les marins français, le bénéfice des lois de
pensions.

Est passible d'une amende de seize francs (16 fr.) à trois cents
francs (300 fr.), et, en cas de récidive, d'une amende de cinq
cents francs (500 fr.) à deux mille francs (2.000 fr.), tout intermédiaire convaincu d'avoir offert les services spécifiés à l'alinéa
précédent.

Art. 4. L'article 463 du Code pénal est applicable aux peines
prévues par la présente loi.

Art. 5. L'article 1ᵉʳ ci-dessus ne s'applique pas aux sociétés
philanthropiques jouissant d'une autorisation ministérielle à
l'effet de consentir des avances gratuites aux pensionnaires de
l'Etat, des départements, des communes ou de la marine du
commerce, et aux gratifiés de la marine et de la guerre, ou à
des catégories déterminées de pensionnaires ou gratifiés.

Art. 6. La Caisse nationale d'épargne, les caisses d'épargne ordinaires et les monts-de-piété sont autorisés à consentir aux pensionnaires de l'Etat, sur le trimestre en cours de leur pension civile ou militaire, ou de leur gratification militaire, des avances représentant les arrérages courus d'un ou deux mois.

Les dispositions de l'article 28 de la loi du 11 avril 1831, de l'article 30 de la loi du 18 avril 1831 et de l'article 26 de la loi du 9 juin 1853 ne sont pas opposables à ces établissements pour le remboursement des avances faites en conformité de la présente loi.

Art. 7. Les caisses d'épargne effectuent les avances sur pension au moyen de fonds provenant des sommes qui sont versées à la Caisse des dépôts et consignations en exécution du 1er alinéa de l'article 1er et de l'article 25 de la loi du 20 juillet 1895, et que cet établissement est autorisé, par la présente loi, à employer en avance sur les pensions de l'Etat.

Art. 8. Les monts-de-piété consentent les avances prévues à l'article 6 sur l'ensemble des fonds dont ils disposent pour leurs opérations de prêts.

Art. 9. Sur le montant de chaque avance, il sera retenu, pour intérêt et frais, une commission fixée uniformément à un pour cent (1 p. 100), quelle que soit la durée de l'avance, sans toutefois que cette commission puisse être inférieure à cinquante centimes (0 fr. 50).

La Caisse des dépôts et consignations est autorisée à prélever sur le produit de cette commission les remises allouées aux caisses d'épargne ordinaires pour leur participation au service des avances, ainsi que, le cas échéant, le montant des pertes qui résulteraient pour elle des avances opérées par lesdites caisses.

Art. 10. Les pensionnaires qui ont reçu des avances mensuelles donnent quittance du montant total des arrérages du trimestre lorsqu'ils touchent le solde de ce trimestre. Les quittances afférentes aux avances successives sont exemptes du droit de timbre.

Art. 11. En cas de saisie pratiquée à la requête des créanciers alimentaires ou privilégiés, en vertu des lois des 11 avril 1831 (art. 28), 18 avril 1831 (art. 30), 19 mai 1834 (art. 20) et 9 juin 1853 (art. 26), la portion saisissable est calculée sur la totalité des arrérages du trimestre en cours, et le montant de la retenue est imputé proportionnellement sur les mensualités restant à payer sur ce trimestre.

Art. 12. Un règlement d'administration publique déterminera les conditions d'application de la présente loi et notamment le mode suivant lequel le Trésor couvrira la Caisse des dépôts et consignations et les monts-de-piété de leurs avances. Le montant de ces avances leur sera remboursé dans tous les cas où il n'y aura pas faute de leur part, même si la pension venait à être rejetée ou suspendue avec effet d'une date antérieure aux termes des arrérages avancés.

Art. 13. L'établissement des invalides de la marine est autorisé à consentir des avances sur pensions, dans les conditions fixées par les articles précédents, aux pensionnaires de la Caisse des invalides de la marine et de la Caisse nationale de prévoyance entre les marins français.

Art. 14. Les dispositions de la présente loi relatives aux avances sur pensions peuvent être étendues, par décrets en Conseil d'Etat, aux différentes catégories de pensionnaires dont les retraites sont à la charge des départements, des communes ou des établissements publics. Dans ce cas, le service public qui a concédé la pension serait substitué au Trésor pour l'application des articles précédents.

Notification d'un décret portant règlement d'administration publique pour l'exécution de la loi du 26 juillet 1917, instituant un système d'avance sur les pensions servies par l'Etat.

Paris, le 15 novembre 1917.

TITRE Ier.

DISPOSITIONS GÉNÉRALES.

Art. 1er. Le titulaire d'une pension de l'Etat, inscrite au grand-livre de la dette viagère, peut recevoir, sur les arrérages courus du trimestre en cours, une ou ou deux avances égales chacune à un mois entier d'arrérages, sans fraction de franc.

Art. 2. Ces avances peuvent être faites par les bureaux de

poste agissant pour le compte de la Caisse nationale d'épargne,
les caisses d'épargne ordinaires ou les monts-de-piété; les établissements qui les consentent doivent être situés dans l'arrondissement où la pension est payable, ou dans le département de
la Seine pour les pensions payables dans ce département.

Art. 3. Aucune avance ne peut être consentie sur les premiers
arrérages d'une pension nouvellement concédée ou rétablie sur
les registres du Trésor, avant que le décompte de ces arrérages
ait été arrêté par le trésorier-payeur général.

TITRE II.

DEMANDE ET AUTORISATION DE PAYEMENT D'AVANCES.

Art. 4. Le pensionnaire qui veut obtenir des avances dans l'un
des établissements visés à l'article 2 doit y déposer, après avoir
justifié de son identité dans les conditions qui seront fixées par
arrêté ministériel, une demande contenant ses nom et prénoms,
son adresse, la nature et le montant annuel de sa pension, le numéro de son titre, les dates de l'échéance et le lieu d'assignation
de payement; il indique, en outre, s'il entend recevoir des avances au cours de chaque trimestre ou seulement sur les arrérages
du trimestre en cours.

Lors du dépôt de la demande, le certificat d'inscription doit
être présenté au préposé de l'établissement, pour lui permettre
tous rapprochement ou vérification utiles.

La femme mariée titulaire d'une pension signe, seule, la demande et, ultérieurement, les quittances des avances.

Lorsque la partie déclare qu'elle ne sait ou ne peut signer, il
en est fait mention sur la demande par le préposé de l'établissement.

Si le pensionnaire ou son représentant légal se trouve dans
l'impossibilité de se déplacer, la demande peut être présentée
par un tiers muni du certificat d'inscription et porteur d'une autorisation signée par l'intéressé; si celui-ci ne sait ou ne peut signer, l'autorisation doit être certifiée par le maire ou le commissaire de police de la commune de sa résidence; il est fait mention, sur la demande, des motifs qui empêchent l'intéressé de se
présenter lui-même. La personne autorisée à se présenter doit
indiquer ses nom et prénoms, sa profession et son adresse et, si
elle n'est pas connue, justifier de son identité.

La demande est transmise au receveur des finances de l'arrondissement, ou si la pension est payable dans le département de la Seine, au Ministre des finances.

Art. 5. Dès l'arrivée de la demande, le comptable du Trésor vérifie les indications qui y sont contenues et, si rien ne s'y oppose, envoie immédiatement, à l'établissement qui en a reçu le dépôt, une fiche spéciale portant autorisation de payement des arrérages.

A partir de ce moment, le comptable du Trésor ne peut effectuer le payement de la pension, ni l'assigner sur une autre caisse, qu'après le renvoi, par l'établissement, de la fiche spéciale portant une mention d'annulation.

Art. 6. En cas d'opposition, de retenue, suspension de payement, radiation, réunion, majoration ou de modification quelconque du titre de pension, le comptable du Trésor réclame immédiatement le renvoi de la fiche spéciale visée à l'article 5. Il adresse, s'il y a lieu, à l'établissement soit la fiche rectifiée, soit une nouvelle fiche sur laquelle sont rappelées, le cas échéant, les avances faites sur les arrérages du trimestre en cours.

Art. 7. Lorsqu'un pensionnaire ne doit pas continuer à recevoir des avances, soit que sa demande ait été limitée à un trimestre, soit qu'il ait déclaré renoncer à la faculté de recevoir des avances, le préposé de l'établissement, sous réserve de l'application de l'article 12 ci-après, attend le payement du solde du trimestre pour renvoyer la fiche spéciale, annotée en conséquence, au comptable du Trésor qui l'a délivrée.

TITRE III.

PAYEMENT DES AVANCES.

Art. 8. Le pensionnaire qui se présente pour toucher une avance doit être porteur de son certificat d'inscription et, s'il n'est pas connu, justifier de son identité, dans les formes prévues à l'article 4.

Lors du payement de la première avance, il doit apposer sa signature sur la fiche spéciale à son nom. S'il ne sait ou ne peut signer, il en est fait mention sur cette fiche.

Pour chaque payement, le pensionnaire souscrit une quittance du montant de la somme versée, augmentée de la commission dont la retenue est opérée par application de l'article 9 de la loi du 26 juillet 1917. Le préposé s'assure que la signature de la partie prenante est conforme à celle dont est revêtue la fiche spéciale correspondante; il porte la date et le montant brut de la somme avancée au verso du titre de pension, dans la case du trimestre en cours, et fait mention du payement sur la fiche spéciale.

Lorsque le titulaire de la pension ne sait ou ne peut signer il en est fait mention sur la quittance; le payement est effectué, quel qu'en soit le montant, en présence de deux témoins connus ou justifiant de leur identité, qui indiquent leurs nom, prénoms, profession et domicile.

Dans tous les cas où le titulaire de la pension ne peut se présenter en personne, il doit remettre une autorisation d'encaisser, signée de lui, à une tierce personne chargée de donner quittance en son lieu et place. S'il ne sait ou ne peut signer, l'autorisation d'encaisser doit être certifiée par le maire ou le commissaire de police de la commune de sa résidence.

TITRE IV.

PAYEMENT DU SOLDE DU TRIMESTRE.

Art. 9. L'établissement qui a fait une ou deux avances à un pensionnaire sur les arrérages d'un trimestre paye le solde de ce trimestre, après l'échéance, au vu du titre de pension frappé de l'estampille du comptable du Trésor, et du certificat de vie revêtu du « vu bon à payer » de ce comptable.

L'envoi du titre de pension et du certificat de vie au visa préalable du comptable du Trésor peut être effectué par l'établissement chargé du payement. Dans ce cas, il est délivré au porteur un reçu de ces pièces qu'il doit restituer au moment du payement.

Art. 10. Le préposé de l'établissement détermine la somme restant à payer au pensionnaire sur le trimestre échu, après déduction des avances faites.

L'acquit est donné par le porteur du titre pour le montant total des arrérages du trimestre au bas du certificat de vie, qui est revêtu d'un timbre quittance correspondant à ce montant.

Le payement du solde ne donne lieu à la perception d'aucun droit de commission.

Art. 11. Le montant des avances et des payements pour solde est remboursé aux établissements par les comptables du Trésor, contre remise des certificats de vie portant quittance, conformément aux règles propres à chaque catégorie d'établissements.

Art. 12. Si le pensionnaire qui a touché des avances dans un établissement ne se représente pas pour retirer le solde des arrérages dans le délai de deux mois à compter de la date de l'échéance du trimestre, la fiche spéciale, dûment annotée, est renvoyée au comptable du Trésor, qui désormais a, seul, qualité pour payer ledit solde.

Les quittances relatives aux avances restées ainsi en suspens sont versées à ce comptable qui en rembourse le montant à l'établissement.

Si l'intéressé veut obtenir ultérieurement d'autres avances il doit former une nouvelle demande, dans les conditions prévues à l'article 4.

Art. 13. Lorsque le pensionnaire admis à recevoir des avances n'en a touché aucune au cours d'un trimestre l'établissement lui paye néanmoins, dans les conditions indiquées ci-dessus l'intégralité des arrérages du trimestre s'il se présente dans les deux mois qui suivent l'échéance. Passé ce délai, la fiche spéciale est renvoyée au comptable du Trésor, comme il est dit à l'article précédent.

Art. 14. Dans le cas où un pensionnaire s'abstiendrait, pendant deux trimestres consécutifs, de toucher des avances, la fiche spéciale serait renvoyée au comptable du Trésor, dès la fin du second trimestre, et ce pensionnaire ne pourrait obtenir de nouvelles avances qu'après l'accomplissement des formalités prévues à l'article 4.

Art. 15. Lorsque le titulaire de la pension est décédé, le payement des sommes restant dues aux héritiers ne peut être effectué que par les comptables du Trésor; la fiche spéciale est renvoyée au comptable qui l'a délivrée, alors même que des avances auraient été faites au cours du trimestre.

Art. 16. La dépense correspondant aux remboursements faits à l'administration des postes, aux caisses d'épargne ordinaires ou aux monts-de-piété, sur production de certificats de vie portant quittance, est imputée directement au compte des pensions.

Quant aux remboursements faits sur quittances d'avances afférentes à des arrérages trimestriels dont le solde n'a pas été payé par l'établissement qui a fait les avances, leur montant est porté à un compte d'attente. Ce compte est soldé par imputation au compte des pensions lorsque les ayants droit se présentent pour toucher le solde à la caisse du comptable du Trésor. S'ils ne se

présentent pas, le compte d'attente est soldé, dès que les arrérages sont atteints par la prescription triennale, au moyen d'une
ordonnance de payement délivrée sur un crédit budgétaire spécial. Sur ce même crédit sera imputé le montant des avances que,
par application de l'article 12 de la loi du 26 juillet 1917, il y aura
lieu de rembourser aux établissements lorsque, sans qu'il y ait
faute de leur part, ils auront consenti des avances sur une pension dont les arrérages n'étaient pas payables à l'échéance.

TITRE V.

Art. 17. Les bureaux de poste effectuent pour le compte de la
Caisse nationale d'épargne les avances mensuelles et, pour le
compte du Trésor, le payement du solde des arrérages trimestriels échus.

Art. 18. Les opérations relatives aux avances sur pensions
effectuées par les bureaux de poste sont centralisées par l'agent
comptable de la Caisse nationale d'épargne, qui retrace dans des
comptes distincts, d'une part, le montant des avances faites et des
avances remboursées et, d'autre part, le montant des commissions acquises à la Caisse nationale d'épargne.

Art. 19. Il est établi chaque quinzaine, par le directeur de la
Caisse nationale d'épargne, un relevé récapitulatif des avances
effectuées, faisant ressortir séparément les commissions.

La somme correspondant au montant des avances, déduction
faite des commissions, est transportée du compte courant de la
Caisse nationale d'épargne à la Caisse des dépôts et consignations, au compte du Trésor.

Art. 20. Les certificats de vie portant quittance sont versés, par
le receveur principal des postes, au trésorier payeur général
comme pièces de dépenses effectuées pour son compte. Il en est
de même des quittances d'avances afférentes à des pensions dont
le solde trimestriel n'a pas été payé par le bureau de poste.

Les autres quittances d'avances sont adressées par le receveur
principal des postes à l'agent comptable de la Caisse nationale
d'épargne.

Art. 21. Il est établi chaque quinzaine, par le receveur principal des postes, un relevé récapitulatif des avances qui, ayant fait

l'objet d'un versement en pièces de dépenses à la trésorerie générale, sont à rembourser à la Caisse nationale d'épargne. Ces re-
levés sont centralisés par l'agent comptable de la Caisse nationale d'épargne, et leur montant global est transporté du compte
du Trésor au compte courant de la Caisse nationale d'épargne à
la Caisse des dépôts et consignations.

Art. 22. La Caisse nationale d'épargne produit mensuellement,
à la Caisse des dépôts et consignations, la balance de son compte
des avances sur pensions et un extrait du compte des droits
perçus.

TITRE VI.

DISPOSITIONS PARTICULIÈRES AUX CAISSES D'ÉPARGNE ORDINAIRES.

Art. 23. Toute caisse d'épargne qui entend participer, au
moyen des fonds des caisses d'épargne gérés par la Caisse des
dépôts et consignations, au service des avances sur pensions,
adresse directement au Ministre du travail et de la prévoyance
sociale, et par l'intermédiaire du receveur des finances, ou, à
Paris, du caissier payeur central du Trésor public, au directeur
général de la Caisse des dépôts et consignations, une copie de
la délibération prise à cet effet par le conseil des directeurs.

Si la Caisse d'épargne décide, par la suite, de ne plus assurer
ce service, elle transmet, dans les mêmes conditions, au Ministre
du travail et de la prévoyance sociale, et au directeur général de
la Caisse des dépôts et consignations, une copie de la nouvelle
délibération du conseil des directeurs. Elle avise les pensionnaires intéressés que, pour les trimestres suivants, elle cessera
de leur consentir des avances; mais elle reste tenue de liquider
les opérations en cours.

Art. 24. La Caisse des dépôts et consignations impute le montant des avances sur les fonds provenant des sommes qui lui sont
versées en exécution du premier alinéa de l'article 1er de la loi
du 20 juillet 1895, et elle fait face au payement du solde des arrérages trimestriels des pensions, au moyen d'une avance qui lui
est faite par le Trésor, à titre de provision, et dont le chiffre, fixé
par le Ministre des finances, peut être modifié à raison de l'importance des opérations effectuées par l'ensemble des caisses
d'épargne ordinaires.

Il est ouvert, dans les écritures du Trésor, un compte de trésorerie qui sera débité ou crédité du montant des ordres de paye-

ment ou des ordres de reversement successivement émis par le Ministre des finances, à l'occasion tant de l'avance primitive que des augmentations ou des réductions ultérieures de cette avance.

Art. 25. Le solde des arrérages trimestriels est payé, sur visa préalable du receveur des finances, dans les conditions prévues à l'article 9. Toutefois, les caisses d'épargne ont la faculté de payer directement le solde des arrérages sans ce visa préalable, à la condition que, dans sa délibération, le conseil des directeurs ait formellement accepté la responsabilité des faux payements résultant d'une appréciation erronée des énonciations du certificat de vie. Dans ce cas, et dès qu'une copie certifiée de la délibération du Conseil des directeurs aura été adressée au Ministre des finances, par l'intermédiaire du receveur des finances, le caissier de la caisse d'épargne aura qualité pour oblitérer, après payement du solde des arrérages, la case afférente au trimestre payé sur les titres de pension.

Art. 26. Chaque caisse d'épargne tient, par année, la comptabilité des avances sur pensions et des payements de solde. Les comptes de chaque année ne comprennent que les opérations afférentes aux arrérages venant à échéance au cours de ladite année. Ces comptes doivent être obligatoirement soldés avant le 1er avril de l'année suivante.

Dès que les comptes d'une année sont entièrement soldés, la caisse d'épargne adresse à la Caisse des dépôts et consignations, par l'intermédiaire du receveur des finances, un état présentant pour chaque année :

1° Le total des avances nettes et des payements de solde, celui des commissions perçues sur avances et le total général de ces deux éléments;

2° Le total représenté par les certificats de vie, portant quittance, produits au receveur des finances, et celui des quittances d'avances afférentes à des pensions dont le solde n'a pas été payé par la caisse d'épargne, et le total général de ces deux derniers éléments.

Art. 27. Il est procédé, dans les conditions ci-après énoncées, au remboursement par la Caisse des dépôts et consignations, aux caisses d'épargne, des sommes payées par elles à titre d'avance ou de solde, et au remboursement des mêmes sommes par le Trésor à la Caisse des dépôts et consignations.

A la fin de chaque dizaine, la caisse d'épargne produit au receveur des finances ou, à Paris, au caissier-payeur central du

Trésor public, un relevé faisant ressortir séparément, par ann̅ e
d'échéance des pensions, le montant :

1° Des avances sûr pensions;

2° Des payements pour solde;

3° Des certificats de vie portant quittance;

4° Des quittances d'avances afférentes à des pensions dont le
solde n'a pas été payé par la caisse d'épargne.

Le relevé est accompagné des certificats de vie et des quittances des avances dont le montant est à rembourser par le Trésor à la Caisse des dépôts et consignations.

Après vérification, le receveur des finances accuse réception
du relevé à la caisse d'épargne et lui rembourse, par imputation
au compte de la Caisse des dépôts et consignations, la somme
effectivement payée à titre d'avances ou de solde.

Il adresse ensuite le relevé appuyé des quittances d'avances
autres que celles visées à l'article 12, à la Caisse des dépôts et
consignations. En même temps, il crédite la Caisse des dépôts
et consignations du montant total des certificats de vie portant
quittance et des quittances d'avances sur pension dont le solde
n'a pas été payé par la caisse d'épargne.

Ces différentes opérations sont faites avec valeur des 5, 15 et
25 de chaque mois, suivant qu'elles ont lieu dans la première,
la deuxième ou la troisième dizaine du mois.

Art. 28. Le taux des remises allouées aux caisses d'épargne
ordinaires pour leur participation au service des avances est fixé
par arrêté du directeur général de la Caisse des dépôts et consignations, pris après avis de la commission de surveillance et
approuvé par le Ministre des finances et par le Ministre du travail et de la prévoyance sociale.

TITRE VII.

DISPOSITIONS PARTICULIÈRES AUX MONTS-DE-PIÉTÉ.

Art. 29. Le service des avances sur pensions est effectué par
les monts-de-piété, conformément aux règles qui leur sont propres, non contraires aux dispositions de la loi du 26 juillet 1917
et au présent règlement.

Art. 30. Lorsqu'un mont-de-piété entend faire des avances sur
pensions, le directeur en informe le receveur des finances de l'arrondissement, en lui adressant une copie de la délibération du

conseil d'administration. Dans le département de la Seine, le directeur du mont-de-piété de Paris adresse au caissier-payeur central du Trésor public une ampliation de son arrêté.

Si le mont-de-piété décide, par la suite, de ne plus assurer ce service, le directeur le fait savoir, dans les mêmes conditions, au receveur des finances et, à Paris, au caissier-payeur central du Trésor; le mont-de-piété avise les pensionnaires intéressés que, pour les trimestres suivants, il cessera de leur consentir des avances; mais il reste tenu de liquider les opérations en cours.

Art. 31. Les monts-de-piété font face :

1° Pour leur propre compte, au payement des avances sur pensions, tant au moyen de leurs ressources personnelles, s'ils possèdent une dotation, qu'au moyen des ressources provenant des emprunts, ainsi que des placements temporaires et comptes courants des sociétés ou des particuliers;

2° Pour le compte du Trésor, au payement du solde des arrérages des pensions au moyen d'avances qui leur sont consenties par le Trésor, à titre de provision, et dont le chiffre, fixé pour chacun d'eux par le Ministre des finances, est susceptible d'être modifié à raison de l'importance des opérations effectuées par lui.

Les dispositions du deuxième paragraphe de l'article 24 sont applicables aux avances de l'espèce.

Art. 32. Le solde des arrérages trimestriels est payé, sur visa préalable du receveur des finances, dans les conditions prévues à l'article 9. Toutefois, les monts-de-piété ont la faculté de payer directement le solde des arrérages sans ce visa préalable, à la condition que, dans sa délibération, le conseil d'administration ait formellement accepté la responsabilité des faux payements résultant d'une appréciation erronée des énonciations du certificat de vie. A Paris, l'engagement est pris par le directeur. Dans ce cas, les préposés des monts-de-piété ont qualité pour oblitérer, après payement du solde des arrérages, la case afférente au trimestre payé sur les titres de pension.

Art. 33. Les monts-de-piété versent au receveur des finances les certificats de vie portant quittance et les quittances d'avances afférentes à des avances sur pensions dont ils n'ont pas payé le solde après les avoir récapitulés sur un bordereau spécial.

Sur le vu de ces justifications, et après vérification, les sommes payées par les monts-de-piété, à titre d'avances ou de solde, leur sont remboursées par le receveur des finances, qui crédite leur compte courant et leur en donne avis.

Art. 34. Dans le cas prévu au paragraphe 4 de l'article 8 du précédent décret, les monts-de-piété ont la faculté d'appliquer leurs règlements spéciaux.

Art. 35. Les monts-de-piété jouissent de la franchise postale dans leurs rapports avec les comptables du Trésor pour ce qui concerne le service des avances sur pensions.

Art. 36. Les retraits des sommes placées par les monts-de-piété en compte courant au Trésor s'effectuent sur la demande du caissier du mont-de-piété, visée par le contrôleur ou, à défaut du contrôleur, par le directeur. Dans les monts-de-piété où le directeur est en même temps caissier de l'établissement, les demandes de retrait doivent être visées par le président du conseil d'administration.

TITRE VIII.

DISPOSITIONS PARTICULIÈRES A L'ÉTABLISSEMENT DES INVALIDES DE LA MARINE.

Art. 37. Les pensionnaires civils ou militaires de la marine, dont les pensions sont payables à la caisse d'un trésorier des invalides et qui désirent obtenir des avances mensuelles, doivent demander la réinscription de leur pension à la caisse du Trésor, pour le compte de laquelle le comptable de l'établissement des invalides de la marine effectuait le payement.

Les avances leur sont faites par la Caisse nationale d'épargne, les caisses d'épargne ordinaires ou les monts-de-piété, conformément aux règles générales déterminées par le présent décret.

Art. 38. Les pensionnaires de la Caisse des invalides de la marine et de la Caisse nationale de prévoyance des marins français, dont les pensions sont payables à la caisse d'un trésorier des invalides et qui désirent obtenir des avances mensuelles, adressent leur demande par écrit à l'administration de l'inscription maritime.

Les avances sont payées, sous déduction de la commission de 1 p. 100 fixée par l'article 9 de la loi du 26 juillet 1917, par le trésorier des invalides, comptable de la pension, ou par son préposé, dans les formes suivies par l'établissement des invalides pour les payements d'acomptes aux pensionnaires nécessiteux. Le montant des commissions acquises à l'établissement des invalides de la marine fait l'objet d'un chapitre spécial du budget de cet établissement.

Tout pensionnaire qui, après avoir demandé à recevoir des avances au cours de chaque trimestre, s'abstient d'en toucher pendant deux trimestres consécutifs ne peut bénéficier de nou-velles avances qu'après avoir renouvelé sa demande.

Art. 39. Les pensionnaires de la Caisse des invalides de la ma-rine ou de la Caisse nationale de prévoyance des marins français dont les pensions sont payables chez un comptable du Trésor peuvent obtenir des avances mensuelles dans les mêmes condi-tions que s'il s'agissait de pensions de l'Etat.

Le payement des avances et du solde trimestriel est effectué par les bureaux de poste, les caisses d'épargne ou les monts-de-piété dans les conditions prévues par le présent décret, sans au-cune intervention de l'établissement des invalides.

Les trésoriers-payeurs généraux couvrent ces établissements du montant des avances et des payements pour solde comme il est dit aux articles 21, 27 et 33; ils sont remboursés à leur tour par le trésorier général des invalides suivant les règles de la ma-tière.

Art. 40. Les trésoriers des invalides de la marine continuent à effectuer des payements d'acomptes aux pensionnaires nécessi-teux titulaires soit d'une pension civile ou militaire de la marine, soit d'une pension de la Caisse des invalides de la marine, dans les conditions fixées par les règlements de l'établissement, sans que ces acomptes soient passibles de la retenue de 1 p. 100 prévue par l'article 9 de la loi du 26 juillet 1917.

TITRE IX.

DISPOSITIONS DIVERSES.

Art. 41. Les sociétés philanthropiques qui, conformément à l'article 5 de la loi du 26 juillet 1917, entendent user de la faculte de consentir des avances gratuites aux pensionnaires de l'Etat, du département, des communes ou de la marine de commerce doivent adresser une demande appuyée de toutes justifications jugées utiles par l'administration. L'autorisation est donnée par arrêté concerté du Ministre des finances et du Ministre dont re-lève la société intéressée.

L'autorisation peut être révoquée dans la même forme.

Art. 42. Le présent décret ne sera applicable, en ce qui concerne les opérations effectuées par la Caisse nationale d'épargne, qu'à partir du 1er janvier 1918.

Art. 43. Les Ministres· des finances, du commerce, de l'industrie, des postes et des télégraphes, du travail et de la prévoyance sociale, et de l'intérieur, sont chargés, chacun en ce qui le concerne, de l'exécution du présent décret, qui sera publié au *Journal officiel* de la République française et inséré au *Bulletin des lois.*

Instruction interministérielle relative au nouveau mode de payement des avances sur pension aux militaires indigènes des troupes coloniales.

Paris, le 31 décembre 1921.

La XXXIXe circulaire mensuelle du 1er novembre 1919 du service général· des pensions ayant été abrogée par l'instruction du 29 août 1921 pour l'application du décret du 10 août 1921 instituant des avances trimestrielles (voir page 163) les directeurs de l'intendance devront à l'avenir se conformer aux prescriptions contenues dans ces deux derniers documents pour les règles à suivre en la matière.

Il conviendra de remarquer, en ce qui concerne les militaires indigènes, que les avances à leur attribuer doivent comprendre les majorations accordées par le décret du 10 août 1921, à l'exclusion du complément dont le bénéfice ne leur a pas été étendu.

Est abrogée la circulaire n° 5156/2 du 3 juillet 1920 non insérée.

---

§ 5. — Militaires libérés par réforme ou autrement qui refusent de rentrer volontairement dans leurs foyers.

Circulaire relative aux mesures à prendre à l'égard des militaires libérés du service actif par voie de réforme ou autrement, et qui refusent de rentrer volontairement dans leurs foyers.

Paris, le 1er avril 1907.

L'attention du Ministre a été appelée sur certains faits regrettables qui ont eu lieu parce que des militaires, libérés du service actif par voie de réforme ou autrement, ont refusé de rentrer volontairement dans leurs foyers, sous prétexte qu'ils se croyaient des droits à une pension de retraite ou à un congé de réforme.

Toutes les fois qu'un incident de ce genre se présentera, l'autorité militaire locale invitera l'intéressé à établir une réclamation qui sera adressée *immédiatement* et *directement* au Ministre, sous le timbre de la Direction du Contentieux et de la Justice militaire (2e Bureau), et le militaire sera mis provisoirement en subsistance dans un corps de troupe de la garnison. Le commandant du corps d'armée en sera informé en même temps par la voie hiérarchique.

Un accusé de réception de la réclamation susvisée sera adressé par les soins de l'administration centrale à l'autorité militaire locale qui le remettra en mains propres à l'intéressé. Dans ce document, il sera expliqué qu'une décision ministérielle sera notifiée à bref délai, et que si cette décision n'intervient pas dans les quatre mois à courir de la date de la remise de l'accusé de réception, le réclamant pourra se pourvoir devant le Conseil d'Etat *sans frais* et sans que le ministère d'un avocat soit nécessaire.

Pour parer à tout retard provenant de causes fortuites, si aucune décision définitive n'a été notifiée dans le délai de deux mois à compter de l'envoi des documents visés ci-après, l'autorité militaire de qui dépend le corps où l'homme est mis en subsistance signalera l'affaire au Ministre.

La mise en subsistance prendra fin immédiatement après la notification au réclamant de la *décision définitive du Ministre.*

Toutefois, dans le cas où une gratification est accordée, la notification de la décision sera accompagnée de l'offre à l'intéressé du titre de gratification et du mandat dûment visé qui lui permettra de percevoir le montant du premier semestre de l'allocation, et ce n'est qu'après cette offre que la mise en subsistance cessera.

Auparavant et dans le plus bref délai possible après l'envoi de la réclamation, l'autorité militaire aura transmis, sous le même timbre que ci-dessus, les documents ci-après :

1° Un relevé des services de l'intéressé indiquant le corps et la localité où celui-ci a été mis en subsistance ;

2° Une déclaration signée par l'intéressé, précisant les faits sur lesquels les prétentions sont fondées ;

3° Un procès-verbal d'enquête sur les faits allégués et sur l'origine probable de l'infirmité ;

4° Un rapport complet sur la cause, la nature et la gravité de l'infirmité ;

5° Les certificats et procès-verbaux d'examen et de vérification exigés en matière de pension ;

6° Un extrait, en ce qui concerne l'intéressé, des registres d'infirmerie.

La plus grande diligence possible sera apportée dans l'établissement et la transmission de ces divers documents.

Modification à la circulaire du 1ᵉʳ avril 1907, relative aux mesures à prendre à l'égard des militaires libérés du service actif par voie de réforme ou autrement qui refusent de rentrer volontairement dans leurs foyers.

(Direction de l'Intendance militaire; Service des pensions.)

Paris, le 12 février 1925.

La circulaire du 1ᵉʳ avril 1907, relative aux mesures à prendre à l'égard des militaires libérés du service actif par voie de réforme au autrement, qui refusent de rentrer volontairement dans leurs foyers (*Bulletin officiel*, 66¹, page 132), prescrit que la réclamation de l'intéressé, ainsi que le dossier qui doit être constitué pour accompagner cette réclamation doivent être adressés à la Direction du Contentieux et de la Justice Militaire; 2ᵉ Bureau.

En raison de la répartition actuelle des attributions entre les différents organes de l'administration centrale, les dossiers de cette nature doivent être désormais adressés à la 5ᵉ Direction (Pensions).

IIIᵉ PARTIE.

Campagnes.

---

§ 1ᵉʳ. — Décision accordant le bénéfice de campagne (1).

A. — A l'intérieur.

Décret portant que, lorsqu'une troupe organisée aura contribué par des combats à rétablir l'ordre sur un point quelconque du territoire, ce service sera compté comme service de campagne.

Du 5 décembre 1851.

Le Président de la République française,

Vu la loi du 25 décembre 1790, relative au traitement des militaires;

Vu la loi du 11 avril 1831, sur les pensions de l'armée de terre;

Vu l'ordonnance du 3 mai 1832, sur le service des armées en campagne;

Sur le rapport du Ministre de la guerre;

Voulant que les services rendus au pays, à l'intérieur, soient récompensés comme le sont ceux des armées du dehors,

Décrète :

Art. 1ᵉʳ. Lorsqu'une troupe organisée aura contribué par des combats à rétablir l'ordre sur un point quelconque du territoire, ce service sera compté comme service de campagne.

Art. 2. Chaque fois qu'il y aura lieu de faire application de ce principe, un décret spécial en déterminera les conditions.

A l'Elysée, le 5 décembre 1851.

---

(1) Voir page 19 l'article 34 de la loi du 14 avril 1924.

Circulaire ministérielle relative à l'application des diverses décisions relatives au bénéfice de la campagne contre l'Allemagne, et de la campagne de 1871 à l'intérieur.

Versailles, le 22 mai 1873.

Messieurs, dans le but de faciliter l'application des diverses décisions relatives au bénéfice de la campagne contre l'Allemagne et de la campagne de 1871 à l'intérieur, et afin de fixer certains points sur lesquels quelques conseils d'administration ne se trouvent pas suffisamment renseignés, il m'a paru utile de réunir ci-après toutes les dispositions dont les corps ont à tenir compte pour opérer régulièrement, sur les registres matricules et les états de service, l'inscription des campagnes dont il s'agit.

CAMPAGNE CONTRE L'ALLEMAGNE.

La campagne contre l'Allemagne doit être comptée :

Aux militaires et assimilés qui ont fait partie des armées actives et réunions de troupes organisées, en 1870 et 1871, en vue des opérations militaires ;

A ceux des militaires et assimilés qui étaient, pendant la campagne, présents à leur corps ou en exercice de leurs fonctions dans les départements envahis, ou dans les départements qui ont été déclarés en état de guerre en exécution du décret du 14 octobre 1870 rendu par la Délégation du ministère de la guerre à Tours ;

Et, enfin, aux militaires appartenant aux compagnies de gendarmerie du Morbihan, du Finistère et des Côtes-du-Nord, qui ont été mobilisés en exécution du décret du 20 décembre 1870, rendu par la Délégation du ministère de la guerre en province (décision ministérielle du 8 juin 1872).

La campagne contre l'Allemagne a commencé :

Pour les corps de troupe de toutes armes, pour les fractions de corps de toutes armes appelées à servir activement dans les corps de marche en campagne et pour les officiers sans troupe, les fonctionnaires ou employés militaires qui ont fait partie des armées ou réunions de troupes actives organisées en vue des opérations militaires, le *jour de la réception* de l'ordre ministériel prescrivant la mobilisation ou le départ;

Pour les corps de troupe de toutes armes, les officiers sans troupe, ainsi que les fonctionnaires et employés militaires stationnés et en exercice à Paris, et qui, depuis la déclaration de la guerre, n'avaient pas fait partie de réunions de troupes actives organisées en vue des opérations militaires, à partir du 30 août 1870;

Pour les militaires et assimilés employés dans les départements envahis ou dans ceux qui ont été déclarés en état de guerre, à partir du jour où l'ennemi s'est trouvé à moins de 100 kilomètres du département.

D'après les documents officiels, le 19 juillet 1870 étant considéré comme la date à laquelle la guerre a été officiellement déclarée, c'est cette date qui doit être prise comme point de départ de la campagne, dans le cas où l'ordre de mobilisation ou de départ l'aurait précédée.

La campagne contre l'Allemagne a fini le 7 mars 1871 pour tous les militaires et assimilés ci-dessus désignés, à l'exception de ceux qui ont été prisonniers en Allemagne ou internés à l'étranger, pour lesquels elle a pris fin le jour de la rentrée sur le territoire français. Cette disposition s'étend aux militaires qui sont rentrés en France tardivement, et qui ont justifié, par des raisons valables, de la cause de leur rentrée tardive.

Les militaires retenus en Allemagne par suite de condamnations encourues pour délits ou crimes de droit commun ne doivent compter la campagne que jusqu'au jour où a été accompli l'acte qui a motivé la condamnation dont ils ont été frappés.

L'inscription de la campagne contre l'Allemagne doit être formulée ainsi qu'il suit :

<pre>
1870 |)   (du 19 juillet   (*En   (du   août
—————| | Campa-   (ou jours et mois suivants   (captivité(ou mois suivants
1870 | Suivant | gne   ((suivant le cas)   (ou en   (de 1870
1871 | le cas | contre   (interne- (ou 1871
—————| | l'Alle- (au   mars   ment   (au
1871 |) magne. (ou mois suivants   (suivant ((date et mois) de
                          (de   1871 (sui-   (le cas). (187
                          (vant le cas).
</pre>

* Cette mention doit figurer dans la colonne « *Observations* ».

CAMPAGNE DE 1871 A L'INTÉRIEUR.

En exécution des dispositions de l'arrêté du Chef du pouvoir exécutif du 14 avril 1871, une campagne de guerre doit être comptée aux militaires des corps et fractions de corps de troupe, aux officiers sans troupe et assimilés en exercice, qui étaient présents en 1871, savoir :

Dans les localités des départements de la
Seine et de Seine-et-Oise occupées par
l'armée de Versailles (2e siège de Paris). } du 18 mars au 7 juin.

à Montereau............................ les 7 et 8 mai,
à Limoges............................. du 4 au 7 avril.
à Lyon............................... les 30 avril et 1er mai.
à Saint-Etienne...................... du 25 mars au 1er avril.
à Narbonne.......................... du 24 au 31 mars.
à Toulouse .... du 22 mars au 3 avril.
à Bordeaux .... le 17 avril.
à Marseille........................ du 23 mars au 4 avril.

L'inscription de cette campagne sur les états de service des militaires dont il s'agit aura lieu en prenant pour base les indications du tableau B ci-annexe.

L'inscription de la campagne de 1871 à l'intérieur devra être libellée ainsi qu'il suit :

1871 { Campagne à l'intérieur. } { Armée de Versailles ou à (indiquer la localité) le ou { du au } { suivant le cas.

En vertu de l'article 8 de la loi du 11 avril 1831, la campague de 1871 à l'intérieur ne sera pas comptée pour la retraite aux militaires et assimilés admis déjà au bénéfice de la campagne contre l'Allemagne ou qui arrivaient de l'Algérie, mais elle sera comptée *pour la décoration*.

Les militaires et assimilés de tous grades qui justifieront, par des pièces authentiques, qu'étant en congé, en permission, en disponibilité, de passage, etc., dans les localités où les troubles ont eu lieu, ils se sont mis à la disposition de l'autorité militaire pour prêter leur concours à la répression de ces troubles, seront admis à profiter du bénéfice de la campagne de 1871 à l'intérieur.

Le temps passé, en 1870 et 1871, dans l'armée auxiliaire, c'est-à-dire dans les gardes nationales mobiles, les gardes nationales mobilisées et les corps francs, dont l'existence a été légalement reconnue, sera, ainsi que celui passé dans les gardes nationales sédentaires des villes assiégées, compté comme service dans l'armée active et en campagne, et sera inscrit sur les états de service des ayants droit. (Décret présidentiel du 27 janvier 1872.)

Décret fixant, pour les militaires de l'armée de terre, le point de départ de la campagne contre l'Allemagne et l'Autriche-Hongrie.

Bordeaux, le 27 septembre 1914.

Art. 1er. Seront considérés comme effectuant une campagne de guerre et seront admis au bénéfice de cette situation, dans les conditions fixées par les lois susvisées sur les pensions militaires et sur l'avancement dans l'armée :

Les militaires de tous corps ou services, figurant sur les contrôles de l'armée active à la date du 2 août 1914;

Les militaires de la réserve de l'armée active, de l'armée territoriale et de sa réserve et tous autres appelés ou rappelés après le 2 août 1914, à dater du jour où ils ont rejoint les corps, services, ou formations auxquels ils sont affectés.

Art. 2. Un décret ultérieur fixera la date à laquelle cesseront d'avoir effet les dispositions qui précèdent.

Circulaire relative à la date de cessation de la campagne pour les hommes renvoyés dans leurs foyers.

Paris, le 27 décembre 1917.

La question ci-après a été posée au Ministre :

A quelle date se termine la campagne des hommes renvoyés dans leurs foyers depuis la mobilisation?

Réponse. — A la date de radiation des contrôles.

Décret relatif à la cessation de la campagne contre l'Allemagne et ses alliés.

Paris, le 23 décembre 1919.

Art. 1er. La date de cessation de la campagne ouverte par le décret du 27 septembre 1914 est fixée au 23 octobre 1919.

Les dispositions de l'article 1er dudit décret auront effet jusqu'au 23 octobre inclus et, en ce qui concerne les militaires rentrés dans leurs foyers avant cette dernière date, jusqu'au jour exclu, suivant le cas, de leur envoi en congé illimité de démobilisation ou de leur radiation des contrôles.

Art. 2. Toutefois :

1° Conserveront le bénéfice de la campagne double : le personnel militaire de l'armée du Levant; le personnel militaire détaché en Sibérie;

2° Auront le bénéfice de la campagne simple à partir du 24 octobre 1919 : le personnel militaire de l'armée d'Orient; le personnel militaire des missions détachées auprès des armées étrangères en opération en Europe.

Les dates de cessation de la campagne, pour chacun de ces personnels, seront ultérieurement fixées par des décrets spéciaux.

B. — En Corse.

Décret portant qu'à l'avenir l'année de service de la gendarmerie, en Corse, sera comptée comme année de campagne.

Paris, le 3 janvier 1852.

Le Président de la République française,

Vu la loi du 11 avril 1831, sur les pensions de l'armée de terre;
Vu le décret du 5 décembre 1851;
Considérant que les services rendus par la gendarmerie dans l'île de Corse méritent d'être récompensés comme le sont ceux de l'armée à l'intérieur et au dehors;
Sur le rapport du Ministre de la guerre,

Décrète :

Art. 1er. A l'avenir, l'année de service de la gendarmerie en Corse sera comptée en sus comme année de campagne (1).

Art. 2. Le Ministre de la guerre est chargé de l'exécution du présent décret.

Fait au palais de l'Élysée-National, le 3 janvier 1852.

------

(1) Supprimée par le décret ci-après du 25 août 1867, mais rétablie par le décret du 18 avril 1887.

Décret qui abroge le décret du 3 janvier 1852, relatif au service de la gendarmerie en Corse.

Paris, le 25 août 1867.

NAPOLÉON, par la grâce de Dieu et la volonté nationale, empereur des Français, à tous présents et à venir salut :

Vu la loi du 11 avril 1831 sur les pensions de l'armée de terre ;

Vu le décret du 3 janvier 1852 portant que l'année de service de la gendarmerie en Corse est comptée en sus comme année de campagne ;

Vu les décrets des 11 février 1860 et 15 juin 1864 ;

Considérant que le bénéfice d'une campagne pour chaque année de service de la gendarmerie, en Corse, n'est plus aujourd'hui justifié par un service exceptionnel et que, dès lors, il y a lieu de replacer la 17e légion sous la règle commune,

Avons décrété et décrétons ce qui suit :

Art. 1er. Le décret du 3 janvier 1852 est rapporté.

Art. 2. Notre Ministre Secrétaire d'Etat au département de la guerre est chargé de l'exécution du présent décret.

Fait au palais des Tuileries, le 25 août 1867.

Décret portant que l'année de service de la gendarmerie en Corse sera comptée en sus comme année de campagne.

Paris, le 18 avril 1887.

Le Président de la République française,

Vu la loi du 11 avril 1831 sur les pensions de l'armée de terre ;

Vu le décret du 3 janvier 1852, portant qu'à l'avenir l'année de service en Corse sera comptée, pour la gendarmerie, comme année de campagne ;

Vu le décret du 25 août 1867, qui abroge le précédent ;

Considérant que les fatigues exceptionnelles imposées à la gendarmerie de la Corse, par la nature de son service, justifient la restitution des avantages dont elle a jouï à une autre époque;

Sur le rapport du Ministre de la guerre,

Décrète :

Art. 1er. A dater de la promulgation du présent décret, l'année de service de la gendarmerie en Corse sera comptée en sus comme année de campagne.

Art. 2. Le Ministre de la guerre est chargé de l'exécution du présent décret.

Fait à Paris, le 18 avril 1887.

Circulaire relative aux conditions dans lesquelles il convient d'appliquer les dispositions du décret du 18 avril 1887 sur le droit à la campagne en Corse.

(Cabinet du Ministre; Bureau de la Correspondance générale.)

Paris, le 1er mars 1910.

La question a été posée de savoir si le séjour en Corse des officiers de gendarmerie qui accompagnent les généraux inspecteurs de gendarmerie dans leurs missions doit leur être compté pour une campagne, en application du décret du 18 avril 1887, portant que l'année de service de la gendarmerie en Corse sera comptée, en sus, comme campagne.

Cette question doit être résolue par la négative, les dispositions du décret précité s'appliquant *exclusivement* aux militaires de la gendarmerie qui servent en Corse à *poste fixe*.

C. — En Europe (autres qu'à l'Intérieur et en Corse).

Décret conférant le bénéfice de la campagne simple aux militaires employés dans la gendarmerie de Macédoine.

Paris, le 7 août 1908.

Le Président de la République française,

Vu la loi du 11 avril 1831 sur les pensions de l'armée de terre :

Sur la proposition du Ministre de la guerre,

Décrète :

Art. 1er. Les militaires employés dans la gendarmerie de Macédoine seront admis à compter le temps passé par eux dans cette position comme campagne simple, dans les conditions de l'article 7 de la loi du 11 avril 1831.

Art. 2. Le Ministre de la guerre est chargé de l'exécution du présent décret.

Fait à Paris, le 7 août 1908.

A. FALLIÈRES.

Par le Président de la République :
Le Ministre de la guerre,
G. PICQUART.

D. — En Algérie et en Tunisie.

Décision ministérielle accordant le bénéfice de la double campagne aux troupes du corps expéditionnaire en Tunisie.

Paris, le 19 mai 1881.

Le Ministre de la guerre a décidé que, par application de l'article 7 de la loi du 11 avril 1831, et attendu que la loi du 25 juin 1861 (art. 3) n'a d'effets que pour les militaires employés en Algérie, la double campagne sera comptée aux militaires ou assimilés qui auront fait partie du corps expéditionnaire en Tunisie.

Décret portant que les militaires envoyés d'Europe employés à la répression des mouvements insurrectionnels actuels en Algérie seront admis à compter comme double campagne le temps qu'ils auront passé en expédition.

Paris, le 2 octobre 1881.

Le Président de la République française,

Vu la loi du 11 avril 1831, article 7, qui dit que le temps passé hors d'Europe, en temps de paix, pour les militaires envoyés d'Europe, est compté pour la totalité en sus de sa durée effective, et que le même service, en temps de guerre, est compté pour le double en sus de sa durée effective;

Vu le décret du 5 décembre 1851, qui dispose que lorsqu'une troupe organisée aura contribué par des combats à rétablir l'ordre sur un point quelconque du territoire, ce service sera compté comme campagne;

Vu la décision prise, le 19 mai 1881, par le Ministre de la guerre, en conformité de l'article 7 de la loi du 11 avril 1831 et qui concède le bénéfice de la double campagne aux troupes françaises faisant partie du corps expéditionnaire de Tunisie;

Considérant que l'article 3 de la loi du 25 juin 1861, qui ne compte le service militaire accompli en Algérie par les troupes françaises que pour la totalité en sus de sa durée effective ne doit être considéré que comme s'appliquant exclusivement au temps de paix;

Sur le rapport du Ministre de la guerre,

Décrète :

Art. 1er. Les militaires envoyés d'Europe employés à la répression des mouvements insurrectionnels actuels sur le territoire algérien seront admis à compter comme double campagne le temps qu'ils auront passé en expédition.

Art. 2. Le Ministre de la guerre est chargé de l'exécution du présent décret.

Fait à Paris, le 2 octobre 1881.

Décision présidentielle qui arrête à la date du 31 décembre 1882 l'époque à laquelle les militaires d'origine européenne cesseront d'avoir droit au bénéfice de la double campagne en Algérie, et ceux d'origine indigène de compter une campagne simple.

Paris, le 12 juillet 1883.

RAPPORT AU PRÉSIDENT DE LA RÉPUBLIQUE FRANÇAISE.

Monsieur le Président,

Un décret en date du 2 octobre 1881, rendu en exécution des lois du 11 avril 1831 et du 25 juin 1861, porte que les militaires d'origine européenne, employés à la répression des mouvements insurrectionnels qui ont éclaté à cette époque, en Algérie, seront admis à compter comme double campagne le temps qu'ils auront passé en expédition.

Un autre décret, en date du 19 mai 1881, avait précédemment concédé, aux militaires *indigènes de l'Algérie* faisant partie des colonnes mobiles opérant dans les mêmes conditions, qui n'ont pas, en temps ordinaire, droit à campagne (avis du Conseil d'Etat du 19 mai 1868), le bénéfice d'une campagne *simple*.

Les mouvements insurrectionnels qu'il s'agissait de réprimer ayant pris fin depuis un certain temps, il y a lieu de faire cesser la situation exceptionnelle faite aux militaires ci-dessus indiqués par les décrets précités. En conséquence, d'accord avec M. le général commandant le 19ᵉ corps d'armée, j'ai l'honneur de vous proposer de vouloir bien fixer, à la date du 31 décembre 1882, l'époque à laquelle ces militaires cesseront, ceux d'origine européenne, d'avoir droit au bénéfice de la *double* campagne; ceux d'origine indigène, de compter une campagne *simple*.

Si vous voulez bien approuver le présent rapport, je vous prierai, Monsieur le Président, de le revêtir de votre signature.

Veuillez agréer, etc.

Le Ministre de la guerre,
Signé : THIBAUDIN.

APPROUVÉ :
Le Président de la République,
Signé : JULES GREVY.

Décret admettant les militaires indigènes à compter comme campagne leur temps de présence sous les drapeaux en Afrique (1).

Paris, le 6 août 1883.

Le Président de la République Française,
Sur le rapport du Ministre de la guerre,

Décrète :

Art. 1er. Le temps de service accompli en Afrique, en temps de paix, par les militaires indigènes, leur sera compté à titre de bénéfice de campagne pour sa durée effective simple, comme il leur est compté actuellement pour les périodes de guerre.

Art. 2. Les militaires indigènes ne pourront toutefois pas prétendre pour les périodes de guerre au doublement de la campagne attribué aux militaires envoyés d'Europe.

Art. 3. Le Ministre de la guerre est chargé de l'exécution du présent décret.

Fait à Paris, le 6 août 1883.

Décision présidentielle fixant au 1er avril 1884 la cessation du bénéfice de la double campagne aux troupes de la division d'occupation de Tunisie.

Paris, le 14 février 1884.

Rapport au Président de la République française.

Monsieur le Président,

Par application de l'article 7 (paragraphe 4) de la loi du 11 avril 1831, les militaires du corps expéditionnaire de Tunisie ont été admis à compter pour le double, en sus de sa durée effective, le service fait dans ce pays.

Les opérations de guerre ayant pris fin en Tunisie depuis un certain temps, il y a lieu, conformément aux prescriptions du paragraphe 2 de l'article 7 de la loi précitée et de l'article 3 de la loi du 25 juin 1861, de faire cesser, pour les troupes du corps d'occupation de Tunisie, ainsi que cela a été décidé, le 12 juillet 1883, pour les militaires, d'origine européenne, employés à la répression des insurrections survenues en Algérie, en 1881, le bénéfice de la campagne double, et de ne leur attribuer désormais qu'une campagne simple, sauf en cas d'action de guerre régulièrement constatée.

---

(1) Abrogé (voir page suivante, le décret du 23 décembre 1901).

J'ai l'honneur, en conséquence, de vous proposer, Monsieur le Président, de décider que les militaires du corps d'occupation de Tunisie cesseront, à partir du 1er avril 1884, d'avoir droit au bénéfice de la double campagne.

Si vous voulez bien approuver le présent rapport, je vous prierai de le revêtir de votre signature.

Veuillez agréer, etc.

Le Ministre de la guerre,
Signé : E. CAMPENON.

APPROUVÉ :
Le Président de la République,
Signé : JULES GREVY.

Arrêté sur le droit au bénéfice de campagne pour les militaires
du contingent algérien.

Paris, le 23 novembre 1901.

La décision ministérielle du 11 décembre 1877 sur le droit au bénéfice de campagne pour les militaires du contingent algérien est rapportée.

A partir du 1er janvier 1902 ces militaires rentreront sous le régime du droit commun tel qu'il résulte de l'article 7 de la loi du 11 avril 1831.

Décret sur le bénéfice de campagne auquel peuvent prétendre
les militaires indigènes en Algérie et en Tunisie.

Paris, le 23 décembre 1901.

Le Président de la République française,

Vu l'article 7 de la loi du 11 avril 1831 sur les pensions de l'armée de terre ;

Vu le décret du 6 août 1883 admettant les militaires indigènes à compter comme campagne leur temps de présence sous les drapeaux en Afrique ;

Vu l'article 3 de la loi du 25 juin 1861 relatif au droit au bénéfice de campagne en Algérie ;

Vu le décret du 14 février 1884 sur le droit au bénéfice de campagne en Tunisie ;

Sur le rapport adressé par le Ministre de la guerre après entente avec le Ministre des finances,

Décrète :

Art. 1er. A partir du 1er janvier 1902, le service militaire accompli en temps de paix en Algérie et en Tunisie par les militaires indigènes des corps de l'Algérie et de la Tunisie cessera d'être compté comme campagne, sauf dans le cas prévu par le décret du 9 décembre 1894 ou dans d'autres cas particuliers à déterminer par décret.

Art. 2. Le décret du 6 août 1883 est abrogé.

Art. 3. Le Ministre de la guerre est chargé de l'exécution du présent décret.

Fait à Paris, le 23 décembre 1901.

Circulaire accordant le bénéfice de la double campagne en 1906 aux militaires en service dans certains postes du sud de l'Algérie.

Paris, le 16 mars 1906.

Le Ministre de la guerre décide que, par application des dispositions du paragraphe 4 de l'article 7 de la loi du 11 avril 1831, le bénéfice de la double campagne est acquis, pour l'année 1906, aux militaires de tous grades en service dans les postes du sud de l'Algérie ci-après désignés :

DIVISION D'ALGER.

Gardaïa, Ouargla, El Goléa, Fort Mac-Mahon.

DIVISION D'ORAN.

El Abiod Sidi Cheikh, Beni Ounif, Djenan ed Dar, Forthassa Gharbia, Colomb, Ben Zireg, Talzaza, Taghit, Beni Abbès, Oasis sahariennes.

DIVISION DE CONSTANTINE.

El Oued, Touggourt.
L'inscription de cette double campagne sur les pièces militaires des intéressés sera faite dans les conditions indiquées par l'instruction du 8 juin 1911 (vol. 10).

Circulaire accordant le bénéfice de la double campagne, en 1906, aux militaires en service dans le poste de Berguent (Algérie).

Paris, le 4 juillet 1906.

Le Ministre de la guerre décide que, par application des dispositions du paragraphe 4 de l'article 7 de la loi du 11 avril 1831, le bénéfice de la double campagne est acquis, pour l'année 190), aux militaires de tous grades en service dans le poste de Berguent.

L'inscription de cette double campagne sur les pièces militaires des intéressés sera faite dans les conditions indiquées par l'instruction du 8 juin 1911.

Circulaire accordant le bénéfice de la double campagne aux militaires qui ont servi, en 1904, dans les postes de Berguent et de Forthassa (Algérie).

Paris, le 13 septembre 1906.

Par application des dispositions du paragraphe 4 de l'article 7 de la loi du 11 avril 1831, le bénéfice de la double campagne est acquis aux militaires de tous grades qui ont servi dans les postes de Berguent et de Forthassa, en 1904.

L'inscription de cette double campagne sur les pièces militaires des intéressés sera faite dans les conditions indiquées par l'instruction du 8 juin 1911.

Circulaire accordant le bénéfice de la double campagne aux militaires qui ont servi, en 1905, dans les postes de Forthassa-Gharbia et Berguent (Algérie).

Paris, le 15 juin 1907.

Le Ministre de la guerre décide que, par application des dispositions du paragraphe 4 de l'article 7 de la loi du 11 avril

1831, le bénéfice de la double campagne est acquis aux militaires de tous grades qui ont servi dans les postes de Forthassa-Gharbia et Berguent, en 1905.

L'inscription de cette double campagne sur les pièces militaires des intéressés sera faite dans les conditions indiquées par la circulaire du 14 février 1906.

E. — **En Afrique (autres que l'Algérie et la Tunisie).**

Note ministérielle relative à l'inscription de la campagne de guerre sur les registres matricules et sur les états de services des militaires de l'armée de terre faisant partie de l'expédition du Dahomey.

Paris, le 9 janvier 1893.

Après entente avec le Ministre de la guerre, le Ministre de la marine et des colonies a pris, à la date du 28 décembre 1892, une décision en vertu de laquelle, par application du paragraphe numéroté 4° de l'article 7 de la loi du 11 avril 1831, les militaires et fonctionnaires de tous grades de l'armée de terre ayant pris part à l'expédition du Dahomey, qui relèvent directement, pour toute la durée des opérations, du département de la marine, seront admis au bénéfice de la campagne de guerre, à partir du jour de leur départ de France, de l'Algérie, de la Tunisie ou d'une de nos colonies à destination du Dahomey, jusqu'à celui de leur rentrée en France, en Algérie, en Tunisie, ou dans une de nos colonies, mais sous les réserves suivantes :

Le droit à la campagne de guerre dont il s'agit ne pourra être acquis avant la date du 27 mars 1892 ;

Il cessera d'être acquis le jour qui sera fixé ultérieurement pour la clôture, au Dahomey, du bénéfice de la campagne de guerre.

De son côté, le Ministre de la guerre a décidé que cette campagne sera inscrite sur les registres matricules des corps et sur les états de services des militaires et fonctionnaires de tous grades, conformémentà la formule suivante :

$$\text{au Dahomey} \left\{ \begin{array}{l} \text{du} \\ \text{au} \end{array} \right.$$

Note ministérielle relative à la cessation du bénéfice de la campagne de guerre pour l'expédition du Dahomey.

Paris, le 1er juin 1894.

Après avoir pris l'avis du commandant supérieur des établissements français du Bénin, le Ministre de la marine a décidé de faire cesser, à partir du 1er mars 1894, le bénéfice de la campagne de guerre accordé pour l'expédition du Dahomey.

Le Ministre de la guerre décide que cette disposition recevra application pour les militaires et fonctionnaires de tous grades de l'armée de terre ayant pris part à cette expédition auxquels le droit à la campagne de guerre a été acquis conformément à la note ministérielle du 9 janvier 1893.

Extrait du décret du 9 décembre 1894 sur l'organisation des bataillons de tirailleurs et des escadrons de spahis sahariens.

. . . .

Avantages spéciaux aux Français.

Art. 14. Les officiers, sous-officiers, caporaux et soldats français ont droit, après une première période de quatre années de séjour dans les régions sahariennes et ensuite tous les trois ans, à un congé de quatre mois, non compris l'aller et le retour.

Pendant toute la durée de ces congés, y compris l'aller et le retour, il leur est alloué la solde de présence, ainsi que l'indemnité pour cherté de vivres attribuée aux militaires français des divers grades par le tableau n° 1 ci-annexé (1).

La durée des congés ci-dessus spécifiés peut être prolongée en cas de maladie constatée.

Toute année passée dans les régions sahariennes sera comptée comme campagne double pour tous les militaires français des bataillons de tirailleurs sahariens.

Lors de leur nomination dans ces bataillons, les officiers reçoivent l'indemnité d'un mois de solde prévue par le décret du 20 mai 1890 pour les officiers appelés à faire partie des colonnes expéditionnaires en Algérie ou en Tunisie.

Avantages spéciaux aux indigènes.

Art. 15 (2). Les indigènes qui s'engagent dans les bataillons de tirailleurs sahariens sont exempts, pendant la durée de leur service, d'une partie ou de la totalité des impôts dus à l'État, suivant les dispositions qui seront concertées à ce sujet entre les départements ministériels intéressés.

Ils jouissent d'une pension de retraite, dans les conditions déterminées, pour les indigènes, par les dispositions en vigueur.

Les cadres indigènes qui n'ont pas été recrutés sur le pays ou qui n'en sont pas originaires ont droit, après une première période de quatre années de séjour dans les régions sahariennes et ensuite tous les trois ans, à un congé de quatre mois, y compris l'aller et le retour.

Pendant toute la durée de ces congés, y compris l'aller et le retour, il leur est alloué la solde de présence ainsi que l'indemnité de cherté de vivres attribuée aux militaires indigènes non originaires des régions sahariennes par le tableau n° 1 ci-annexé.

- Toute année passée dans les régions sahariennes compte comme campagne simple pour les indigènes et s'ajoute à la pension de retraite.

. . . .

(1) Voir volume n° 63 (p. 591), le décret du 9 août 1910.
(2) Modification du décret du 9 août 1910 (art. 11).

*Note ministérielle relative au bénéfice de campagne de guerre
accordé pour l'expédition de Madagascar, et à l'inscription
de cette campagne sur les registres, livrets, etc.*

Paris, le 23 février 1894.

Après entente avec le Ministre de la marine, le Ministre de la
guerre décide que, par application du paragraphe numéroté 4°
de l'article 7 de la loi du 11 avril 1831, le bénéfice de campagne
de guerre sera accordé aux officiers, fonctionnaires, employés et
militaires de tous grades de l'armée de terre ayant pris part à
l'expédition de Madagascar.

Cette mesure sera appliquée aux ayants droit à partir du jour
de leur départ de France, de l'Algérie, de la Tunisie ou d'une de
nos colonies, à destination de Madagascar, jusqu'à celui de leur
rentrée en France, en Algérie, en Tunisie ou dans une de nos
colonies, mais sous les réserves suivantes :

A) Le droit à la campagne de guerre dont il s'agit ne pourra
être accordé avant la date du 12 décembre 1894 ;

B) Il cessera d'être acquis le jour qui sera fixé ultérieurement
pour la clôture à Madagascar même du bénéfice de campagne de
guerre.

Le Ministre de la guerre décide, en outre, que cette campagne
sera inscrite sur les registres matricules des corps et sur les livrets
et états de services des militaires et fonctionnaires de tous grades
conformément à la formule suivante :

Corps expéditionnaire de Madagascar $\begin{cases} du \\ au \end{cases}$

---

*Note ministérielle faisant connaître que l'expédition du Soudan
français de 1893-1894 donne droit au bénéfice de campagne
de guerre et à la médaille coloniale.*

Paris, le 28 février 1895.

A présent entente avec le Ministre de la marine, le Ministre de la guerre décide, par application du paragraphe numéroté 4° de l'article 7

de la loi du 11 avril 1831, que le droit au bénéfice de campagne de guerre sera accordé aux officiers, fonctionnaires et militaires de tous grades de l'armée de terre qui ont fait partie de la colonne qui a opéré dans la région du Soudan français du 1er novembre 1893 au 1er juin 1894.

Note ministérielle accordant le bénéfice de la campagne de guerre aux militaires qui ont participé d'une manière effective à des opérations de guerre, en 1894 et en 1895, à la Guyane, au Soudan français, au Sénégal et à la Côte d'Ivoire.

Paris, le 27 octobre 1895.

Le Ministre de la guerre a décidé, d'accord avec son collègue de la marine, que le bénéfice de la campagne de guerre serait accordé aux militaires qui ont participé aux opérations de guerre effectuées dans les colonies ou pays de protectorat aux époques indiquées ci-après :

GUYANE.

Mapa (territoire contesté) : du 11 mai 1895 au 17 mai 1895.

SOUDAN FRANÇAIS

Du 1er juin 1894 au 21 novembre 1894.

SÉNÉGAL.

Casamance : du 3 janvier 1895 au 7 mars 1895.

COTE D'IVOIRE.

Colonne de Kong : du 9 novembre 1894 au 28 mars 1895.

Note ministérielle relative au bénéfice de la double campagne accordé aux militaires français faisant partie des troupes sahariennes ou employés dans les troupes sahariennes.

Paris, le 3 août 1896.

Le Ministre a décidé que le bénéfice de la double campagne accordé par le décret du 9 décembre 1894 (art. 14, 26 et 31) aux militaires français faisant partie des troupes sahariennes ou employés dans les régions sahariennes, doit être attribué aux militaires français appartenant aux troupes qui ont opéré dans ces régions antérieurement audit décret du 9 décembre 1894.

Note ministérielle limitant la portée de la note ministérielle du 3 août 1896, relative au bénéfice de la double campagne accordé aux militaires français faisant partie des troupes sahariennes ou employés dans les régions sahariennes.

Paris, le 4 septembre 1897.

Aux termes de la note ministérielle du 3 août 1896 (*Bulletin officiel* du ministère de la guerre, page 62), le bénéfice de la double campagne, accordé par le décret du 9 décembre 1894 (art. 14, 26 et 31) aux militaires français faisant partie des troupes sahariennes ou employés dans les régions sahariennes, doit être attribué aux militaires français appartenant aux troupes qui ont opéré dans ces régions antérieurement audit décret du 9 décembre 1894.

Il convient de préciser les conditions dans lesquelles cette mesure doit être appliquée, en arrêtant, d'une part, la date d'origine de l'effet rétroactif du décret précité, ouvert sans limitation par la décision du 3 août 1896, et, d'autre part, en indiquant la limite septentrionale des régions dites sahariennes.

Le Ministre a arrêté à ce sujet les dispositions suivantes :

La date d'origine de l'effet rétroactif du décret du 9 décembre

1894 pour le bénéfice de la campagne double est fixée au 1er janvier 1891, date correspondant aux premières mesures permanentes prises en vue d'assurer l'extension de l'influence française dans les régions sahariennes.

La limite septentrionale de ces régions est marquée par une ligne qui, partant de Nakhélat Brahimi (Algérie) pour aboutir à Gouirat Lila (frontière de Tripolitaine), est jalonnée par les points ci-après :

En Algérie : Nakhélat Brahimi (au sud de Figuig), Benoud, Lebihat Mazzer, El Hadj ed Din, Oglat ben el Debban, El Menia, Tilghem (mi-chemin entre Laghouat et Ghardaïa), Dziona, Ourlana, Bir Salem (au nord d'El Oued) et, en Tunisie : Redjem Maatong, Sobria, Douz, Bir Ghezem, Bir Sultan, Bir Kecira, Gouirat Lila (frontière de Tripolitaine).

Circulaire relative au bénéfice de la campagne de guerre accordé aux militaires qui ont séjourné dans le Haut-Oubanghi en 1899 et en 1900.

Paris, le 15 mai 1901.

Après entente avec les Ministres de la marine et des colonies, le Ministre de la guerre décide que, par application du paragraphe numéroté 4° de l'art. 7 de la loi du 11 avril 1831, le bénéfice de campagne de guerre sera accordé aux officiers, assimilés et militaires de tous grades (européens et indigènes) qui ont servi dans le Haut-Oubanghi, en 1899 et en 1900.

Le Ministre de la guerre décide, en outre, que cette campagne sera inscrite sur les registres matricules des corps et sur les livrets et états de service des militaires et fonctionnaires de tous grades conformément à la formule suivante :

Haut-Oubanghi   du
(en guerre).   au

Circulaire relative au bénéfice de la campagne de guerre accordé aux militaires qui ont séjourné dans l'Afrique occidentale française en 1900, et au personnel qui a pris part aux opérations dirigées contre les Tomas (Haute-Guinée) en 1900.

Paris, le 4 août 1901.

Par application du paragraphe numéroté 4° de l'article 7 de la loi du 11 avril 1831, le bénéfice de la campagne de guerre sera accordé aux officiers, assimilés et militaires de tous grades qui ont servi dans l'Afrique occidentale française, en 1900, ainsi qu'au personnel qui a pris part aux opérations dirigées contre les Tomas (Haute-Guinée), en 1900.

Cette campagne sera inscrite sur les registres matricules des corps et sur les livrets individuels et états de services des militaires et fonctionnaires de tous grades, conformément aux formules suivantes, selon le cas :

Afrique occidentale française (en guerre).	du au	1900.
Haute-Guinée (en guerre).	du au	1900.

Circulaire relative au bénéfice de la campagne de guerre accordé aux militaires qui ont pris part aux opérations effectuées dans le bassin du Chari en 1899-1900-1901.

Paris, le 5 mars 1902.

Après entente avec le Ministre des colonies, le Ministre de la guerre décide que, par application du paragraphe 4 de l'article 7 de la loi du 11 avril 1831, le bénéfice de la campagne de guerre sera accordé aux officiers, assimilés et militaires de tous grades (européens et indigènes) qui ont pris part aux opérations effectuées dans le bassin du Chari pendant les années 1899-1900-1901.

Le Ministre de la guerre décide, en outre, que cette campagne sera inscrite sur les registres matricules des corps et sur les livrets et états de services des militaires et fonctionnaires de tous grades conformément à la formule suivante :

Chari (en guerre). { du { au

Circulaire accordant le bénéfice de la campagne de guerre aux officiers et hommes de troupe qui ont fait partie de la mission franco-marocaine de délimitation, en 1902.

Paris, le 30 avril 1902.

Par application du paragraphe numéroté 4° de l'article 7 de la loi du 11 avril 1831, le bénéfice de la campagne de guerre est accordé aux officiers et hommes de troupe qui ont fait partie, en 1902, de la mission franco-marocaine de délimitation et de son escorte.

Le droit à ladite campagne double commence, pour le personnel intéressé, le 1er mars 1902 et finit le 19 mars 1902.

Elle sera inscrite sur les registres matricules des corps et sur les livrets individuels et états de services des militaires et fonctionnaires de tous grades, conformément à la formule suivante :

Mission franco-marocaine de délimitation du 1er au 19 mars 1902.

Circulaire relative au bénéfice de la campagne de guerre accordé aux militaires qui ont séjourné à la Côte d'Ivoire en 1900 et 1901 et dans les trois territoires militaires de l'Afrique occidentale française en 1901.

Paris, le 12 septembre 1902.

Par application du paragraphe numéroté 4° de l'article 7 de

la loi du 11 avril 1831, le bénéfice de la campagne de guerre est accordé aux officiers, assimilés et militaires de tous grades qui ont servi à la Côte d'Ivoire et dans les trois territoires militaires de l'Afrique occidentale française, en 1901.

Cette campagne sera inscrite sur les registres matricules des corps et sur les livrets individuels et états de services des ayants droit, conformément aux formules suivantes, selon le cas :

Côte d'Ivoire (en guerre).	du	1900
	au	1901.
Afrique occidentale française (en guerre).	du	
	au	1901.

Circulaire relative au bénéfice de la campagne de guerre accordé aux militaires qui ont participé à la mission de délimitation du golfe de Guinée en 1901.

Paris, le 27 septembre 1902.

Par application du paragraphe numéroté 4° de l'article 7 de la loi du 11 avril 1831, le bénéfice de la campagne de guerre est accordé aux officiers, assimilés et militaires de tous grades qui ont fait partie de la mission qui a exécuté, du 15 août au 11 décembre 1901, les travaux de délimitation du golfe de Guinée, sous les ordres de M. Bonnel de Mézières, administrateur des colonies.

Cette campagne sera inscrite sur les registres matricules des corps et sur les livrets individuels et états de services des ayants droit, conformément à la formule suivante :

Congo (en guerre).	du	1901.
	au	

Circulaire relative au bénéfice de la campagne de guerre accordé aux militaires qui ont séjourné dans les trois territoires militaires, dans le Haut-Dahomey, la Haute-Guinée et la Côte d'Ivoire.

Paris, le 10 mars 1903.

Par application du paragraphe numéroté 4° de l'article 7 de la loi du 11 avril 1831, le bénéfice de la campagne de guerre sera accordé aux officiers, assimilés et militaires de tous grades (Européens et indigènes) qui ont servi, en 1902, dans les trois territoires militaires, dans le Haut-Dahomey, la Haute-Guinée et la Côte-d'Ivoire.

Cette campagne sera inscrite sur les registres matricules des corps et sur les livrets individuels et états de services des militaires et fonctionnaires de tous grades, conformément aux formules suivantes :

Afrique occidentale française (du
(en guerre). (au   } 1902.

Haute-Guinée. (du
(en guerre). (au   } 1902.

Circulaire relative au bénéfice de la campagne de guerre accordé au personnel militaire (français et indigène) des troupes qui ont séjourné, en 1902, dans les territoires du Haut-Oubanghi, du Tchad, de la Sangha, de l'Ogoué et dans la région nord de Libreville (Congo).

Paris, le 13 mars 1903.

Par application du paragraphe numéroté 4° de l'article 7 de la loi du 11 avril 1831, le bénéfice de la campagne de guerre est accordé aux officiers, assimilés et militaires de tous grades

(européens et indigènes) qui ont servi, en 1902, dans les territoires du Haut-Oubanghi, du Tchad, de la Sangha, de l'Ogoué
et dans la région nord de Libreville (Congo).

Ces campagnes seront respectivement inscrites sur les registres matricules des corps et sur les livrets individuels et états
de services des ayants droit, conformément aux formules suivantes :

Haut-Oubanghi (en guerre) { du au } 1902.

Sangha (en guerre)............ { du au } 1902.

Tchad (en guerre)............ { du au } 1902.

Ogoué (en guerre)............ { du au } 1902.

Libreville (en guerre)........ { du au } 1902.

---

*Circulaire relative au bénéfice de la campagne de guerre ac-
cordé aux militaires qui ont séjourné dans les régions de
Gaya (Niger oriental) en 1899, 1900 et 1901.*

Paris, le 15 décembre 1903.

Par application du paragraphe numéroté 4° de l'article 7
de la loi du 11 avril 1831, le bénéfice de la campagne de
guerre est accordé aux militaires de tous grades qui ont servi
en 1899, 1900 et 1901 dans la région de Gaya (Niger oriental)
qui par sa situation géographique a été par la suite rattachée au troisième territoire militaire de l'Afrique occidentale.

Cette campagne sera inscrite sur les registres matricules
des corps et sur les livrets individuels et états de service des
ayants droit conformément à la formule suivante :

Afrique occidentale française { du au }

Circulaire concédant le bénéfice de la campagne de guerre aux militaires qui ont séjourné, en 1903, dans le Haut-Dahomey, la Haute-Guinée, la Côte d'Ivoire, le pays Trarza et les trois territoires militaires de l'Afrique occidentale française.

Paris, le 21 avril 1904.

Le Ministre de la guerre décide que, par application du paragraphe numéroté 4° de l'article 7 de la loi du 11 avril 1831, le bénéfice de la campagne de guerre est accordé aux militaires de tous grades (européens et indigènes) qui ont servi, en 1903, dans le Haut-Dahomey, la Haute-Guinée, la Côte-d'Ivoire, le pays Trarza et les trois territoires militaires de l'Afrique occidentale française.

Le Ministre de la guerre décide, en outre, que cette campagne sera inscrite sur les registres matricules des corps et sur les livrets et états de service des militaires et fonctionnaires de tous grades conformément aux formules suivantes :

Haut-Dahomey (en guerre)	(du / (au
Haute-Guinée (en guerre)	(du / (au
Côte d'Ivoire (en guerre)	(du / (au
Pays Trarza (en guerre)	(du / (au
Afrique occidentale française (en guerre)	(du / (au

Circulaire relative au bénéfice de la campagne de guerre. accordé aux militaires qui ont séjourné dans les territoires des pays et protectorats du Tchad.

Paris, le 4 août 1904.

Par application du paragraphe numéroté 4° de l'article 7 de la loi du 11 avril 1831, le bénéfice de la campagne de guerre est accordé aux officiers, assimilés et militaires de tous grades (européens et indigènes) qui ont servi en 1903, dans les territoires des pays et protectorats du Tchad.

Cette campagne sera inscrite sur les registres matricules des corps et sur les livrets et états de services des militaires et fonctionnaires de tous grades conformément à la formule suivante :

Tchad   { du
(en guerre)   { au

Circulaire relative au bénéfice de la campagne de guerre attribué aux militaires qui ont séjourné, en 1902, dans le pays Trarza (Mauritanie).

Paris, le 22 septembre 1904.

Le Ministre de la guerre décide que, par application du paragraphe numéroté 4° de l'article 7 de la loi du 11 avril 1831, le bénéfice de la campagne de guerre est accordé aux militaires de tous grades (européens et indigènes) qui ont servi, en 1902, dans le pays Trarza (Mauritanie).

Cette campagne sera inscrite sur les registres matricules des corps et sur les livrets et états de service des militaires et fonctionnaires de tous grades, conformément à la formule suivante :

Pays Trarza (du
(en guerre) { au

Circulaire relative au bénéfice de la campagne de guerre accordé aux militaires qui ont servi en 1903 dans le pays de Brakna et le Tagant (Mauritanie).

Paris, le 31 octobre 1904.

Par application du paragraphe numéroté 4° de l'article 7 de la loi du 11 avril 1831, le bénéfice de la campagne de guerre est accordé aux militaires de tous grades (européens et indigènes) qui ont servi, en 1903, dans le pays Brakna et le Tagant (Mauritanie).

Cette campagne sera inscrite sur les registres matricules des corps et sur les livrets et états de services des militaires et fonctionnaires de tous grades conformément aux formules suivantes :

Pays Brakna (Mauritanie) du
    (en guerre). au

Au Tagant (Mauritanie) du
    (en guerre). au

Circulaire relative au bénéfice de la campagne de guerre accordé aux militaires qui ont pris part, du 24 mars au 25 avril 1904, aux opérations militaires contre les Coniaguis (Guinée française).

Paris, le 25 novembre 1904.

Le Ministre de la guerre décide que, par application du paragraphe numéroté 4° de l'article 7 de la loi du 11 avril 1831, le bénéfice de la campagne de guerre est accordé aux militaires de tous grades (européens et indigènes) qui ont pris part aux opérations militaires effectuées, du 24 mars au 25 avril 1904, contre les Coniaguis (Guinée française).

Le Ministre de la guerre décide, en outre, que cette campagne sera inscrite sur les registres matricules des corps et sur les livrets et états de services des militaires et fonctionnaires de tous grades conformément à la forme suivante :

Guinée française du   1904.
    (en guerre) au   1904.

Circulaire portant attribution du bénéfice de la campagne
de guerre.

Paris, le 9 juin 1905.

Par application du paragraphe numéroté 4° de l'article 7 de la loi du 11 avril 1831 le bénéfice de campagne de guerre est accordé aux militaires de tous grades (européens et indigènes) qui ont servi, en 1904, dans le pays Trarza, la Mauritanie, les trois territoires militaires, le Haut-Dahomey, la Côte d'Ivoire, la Haute-Guinée (frontière libérienne) et le Congo français dans toute son étendue.

Cette campagne sera inscrite sur les registres matricules des corps et sur les livrets et états de services des militaires et fonctionnaires de tous grades conformément aux formules suivantes :

Pays Trarza et Mauritanie (en guerre)	du / au
Afrique occidentale française (les trois territoires militaires) (en guerre)	du / au
Haut-Dahomey (en guerre)	du / au
Côte d'Ivoire (en guerre)	du / au
Haute-Guinée (frontière libérienne) (en guerre)	du / au
Congo (en guerre)	du / au

Circulaire relative au bénéfice de la campagne de guerre
accordé aux militaires qui ont pris part, en 1890-1891, aux
opérations des colonnes du Djoloff et du Fouta.

Paris, le 21 décembre 1905.

Le Ministre de la guerre décide que, par application du paragraphe numéroté 4° de l'article 7 de la loi du 11 avril 1831, le bénéfice de la campagne de guerre est accordé aux militaires de tous grades (européens et indigènes) qui ont pris part aux opérations des colonnes du Djoloff (du 7 mai au 11 juin 1890), et du Fouta (du 2 janvier au 29 mars 1891).

Le Ministre de la guerre décide, en outre, que cette campagne sera inscrite sur les registres matricules des corps et sur les livrets et états de services des militaires et fonctionnaires de tous grades, conformément aux formules suivantes :

Djoloff   { du
(en guerre)   { au
Fouta   { du
(en guerre)   { au

Circulaire relative au bénéfice de la campagne double accordé aux militaires de tous grades (européens et indigènes) qui ont servi en 1905 dans le territoire civil de la Mauritanie, le territoire militaire du Niger, à la Côte d'Ivoire et au Congo.

Paris, le 20 septembre 1906.

Par application du paragraphe numéroté 4° de l'article 7 de la loi du 11 avril 1831, le bénéfice de la campagne double est acquis aux officiers, assimilés et militaires de tous grades (européens et indigènes) qui ont servi en 1905 dans le territoire civil de la Mauritanie, le territoire militaire du Niger, à la Côte d'Ivoire et au Congo.

L'inscription de cette double campagne sur les pièces militaires des intéressés sera faite dans les conditions indiquées par la circulaire du 14 février 1906 (1).

Circulaire accordant le bénéfice de la double campagne aux militaires en service dans la colonie du Haut-Sénégal-Niger pendant le 2ᵉ semestre 1906.

Paris, le 16 août 1907.

Le Ministre de la guerre décide que, par application des dispositions du paragraphe 4 de l'article 7 de la loi du 11 avril 1831, le bénéfice de la double campagne est acquis, pour le 2ᵉ semestre de l'année 1906, aux militaires de tous grades en service dans la colonie du Haut-Sénégal-Niger.

L'inscription de cette double campagne sur les pièces militaires des intéressés sera faite dans les conditions indiquées par la circulaire du 14 février 1906 (1).

---

(1) Remplacé par l'instruction du 8 juin 1911 (vol. 10).

*Circulaire accordant le bénéfice de la double campagne aux
militaires ayant fait partie du groupe qui a opéré en juin 1903
dans la région du Tigri.*

Paris, le 14 janvier 1908.

Par application des dispositions du paragraphe numéroté 4°
de l'article 7 de la loi du 11 avril 1831, le bénéfice de la campagne double est accordé aux officiers et militaires de tous
grades qui ont fait partie, d'une manière effective, du détachement de la 6ᵉ compagnie du 1ᵉʳ bataillon d'infanterie légère
d'Afrique qui, sous les ordres du commandant PIERRON, a parcouru la région du Tigri pendant les périodes suivantes :

1ᵉʳ peloton : du 7 au 17 juin 1903 inclus.
2ᵉ peloton : du 13 au 17 juin 1903 inclus.

L'inscription de cette campagne sur les pièces militaires des
intéressés sera faite dans les conditions indiquées par l'arrêté
du 23 décembre 1903 (1).

*Circulaire accordant le bénéfice de la double campagne aux
militaires qui ont servi en 1900, 1901, 1902 et 1903 dans la
région de Figuig (2).*

Paris, le 2 avril 1908.

Le Ministre de la guerre décide que, par application des dispositions du paragraphe 4 de l'article 7 de la loi du 11 avril
1831, le bénéfice de la double campagne est acquis aux militaires de tous grades qui ont servi dans la région de Figuig en
1900, 1901, 1902 et 1903

Cette région était délimitée à cette époque par le périmètre
polygonal ayant pour sommet les points suivants :

Bou-Aïech, El-Ardja, Duveyrier, Djenan-ed-Dar, Ben-Zireg.

L'inscription de cette campagne sur les pièces militaires des
intéressés sera faite dans les conditions indiquées par l'arrêté
du 23 décembre 1903 mis à jour.

---

(1) Remplacé par l'instruction du 8 juin 1911 (vol. 10).
(2) Complétée conformément à celle du 20 juin 1908.

*Circulaire accordant le bénéfice de campagne aux instructeurs
de la police des ports et aux cadres de la mission militaire
au Maroc (à l'ouest de la Moulouya) à partir du 5 août 1907.*

Paris, le 9 avril 1908.

Le Ministre de la guerre décide qu'à partir du 5 août 1907,
le temps passé par les instructeurs de la police des ports et les
cadres de la mission militaire au Maroc (à l'ouest de la Moulouya) sera compté :

1° Pour le double en sus de sa durée effective, pour les militaires du contingent métropolitain ;

2° Pour la totalité en sus de sa durée effective, pour les militaires du contingent algérien ou tunisien.

L'inscription de cette campagne sur les pièces militaires des
intéressés sera faite suivant les formules ci-après, selon le cas :

Police des ports au Maroc   { du
(en guerre)   { au
Mission militaire au Maroc   { du
(en guerre)   { au

---

*Circulaire accordant le bénéfice de campagne pour les opéra-
tions effectuées du 1er février au 1er mai 1907, contre Boussedou (Guinée française)*

Paris, le 7 juillet 1908.

Le Ministre de la guerre décide que, par application du paragraphe numéroté 4° de l'article 7 de la loi du 11 avril 1831, le
bénéfice de campagne double pour le personnel européen (simple pour le personnel indigène) est acquis aux militaires de
tous grades ayant pris part aux opérations militaires effectuées
contre le village de Boussedou (Guinée française) du 1er février
au 1er mai 1907.

L'inscription de cette campagne sur les pièces militaires des
intéressés sera faite selon la formule suivante :

Guinée française   { du   1907
(en guerre)   { au

Circulaire accordant le bénéfice de campagne aux officiers et assimilés qui, à partir du 5 août 1907, ont été attachés à la légation de France à Tanger, ou ont été envoyés individuellement en mission au Maroc.

(Cabinet du Ministre; Bureau de la Correspondance générale.)

Paris, le 20 novembre 1908.

Le Ministre de la guerre décide que les dispositions de la circulaire du 9 avril 1908 (voir page 234), portant attribution du bénéfice de campagne, à partir du 5 août 1907, aux instructeurs de la police des ports et aux cadres de la mission militaire au Maroc, seront étendues aux officiers et assimilés qui, à compter de la même date, ont été attachés à la légation de France au Maroc, ou ont été envoyés individuellement en mission dans ce pays.

L'inscription de cette campagne sur les pièces militaires des intéressés sera faite d'après la formule suivante :

Au Maroc
(Légation de France)
      ou   en guerre du
(en mission)   au
(selon le cas).

Circulaire accordant le bénéfice de campagne aux personnels militaires et assimilés, européens et indigènes, ayant servi en 1906 et 1907, dans certaines régions de l'Afrique occidentale.

Paris, le 29 janvier 1909.

Le Ministre de la guerre décide que, par application du paragraphe 4 de l'article 7 de la loi du 11 avril 1831, le bénéfice de la campagne double pour le personnel européen, simple pour le personnel indigène, est acquis aux officiers, assimilés et militaires de tous grades ayant servi dans les territoires ci-après désignés :

1° En 1906 : Secteur libérien de la Guinée.
Côte d'Ivoire.
Gabon-Congo-Tchad.
Haut-Dahomey.
Mauritanie.
Cercles de l'ancien 2ᵉ territoire militaire.
Territoire militaire du Niger.

2° En 1907 : Secteur libérien de la Guinée.
Côte d'Ivoire.
Mauritanie.
Sahel.
Territoire militaire du Niger.
Cercle de Gaoua (Haut-Sénégal et Niger).
Gabon et Congo.
Tchad.

3° Le même avantage est acquis aux militaires de tous grades et assimilés ayant pris part d'une manière effective aux opérations de police effectuées dans la région de Kartiak (Casamana) pendant les mois de juin et juillet 1906.

L'inscription de ces campagnes sur les pièces militaires des intéressés sera faite dans les conditions indiquées par l'arrêté du 23 décembre 1903 (1).

---

(1) Arrêté remplacé par l'instruction du 8 juin 1911.

Circulaire accordant le bénéfice de la campagne de guerre aux personnels militaires et assimilés (Européens et indigènes) ayant servi, en 1908, dans certaines régions de l'Afrique occidentale.

(Cabinet du Ministre; Bureau de la Correspondance générale.)

Paris, le 12 mars 1910.

Le Ministre de la guerre décide que, par application du paragraphe 4 de la loi du 11 avril 1831, le bénéfice de la campagne double pour le personnel européen, simple pour le personnel indigène, est acquis aux officiers, assimilés et militaires de tous grades ayant servi, en 1908, dans les territoires ci-après désignés :

> Secteur libérien de la Guinée;
> Côte d'Ivoire ;
> Mauritanie ;
> Sahel ;
> Territoire militaire du Niger ;
> Gabon, Congo, Tchad.

Le même avantage est acquis aux militaires de tous grades et assimilés ayant pris part d'une manière effective aux opérations de police effectuées dans la région de Damatang (Sénégal), du 20 septembre au 5 décembre 1908.

L'inscription de ces campagnes sur les pièces militaires des intéressés sera faite dans les conditions indiquées par l'arrêté du 23 décembre 1903 (1).

Circulaire accordant le bénéfice de la campagne de guerre aux personnels militaires et assimilés, européens et indigènes, ayant servi, en 1909, dans l'Afrique équatoriale française.

(Cabinet du Ministre; Bureau de la Correspondance générale.)

Paris, le 31 août 1910.

Le Ministre de la guerre décide que, par application du paragraphe 4 de l'article 7 de la loi du 11 avril 1831, le bénéfice de la campagne, double pour le personnel européen, simple

(1) Remplacé par l'instruction du 8 juin 1911.

pour le personnel indigène, est acquis, à partir du 1er janvier 1909, et jusqu'à nouvel ordre, aux officiers, assimilés et militaires de tous grades en service dans les territoires de l'Afrique équatoriale française (Gabon, Moyen-Congo, Oubangui-Chari, Tchad et territoire militaire du Tchad).

L'inscription de la campagne sur les pièces militaires des intéressés sera faite dans les conditions indiquées par l'article 27 de l'arrêté du 23 décembre 1903 (1).

Circulaire accordant le bénéfice de campagne aux personnels militaires et assimilés (Européens et indigènes) ayant servi, en 1909 et 1910, dans certaines régions de l'Afrique occidentale.

(Cabinet du Ministre; Bureau de la Correspondance générale.)

Paris, le 7 juin 1911.

Le Ministre de la guerre décide que, par application du paragraphe numéroté 4° de l'article 7 de la loi du 11 avril 1831, le bénéfice de la campagne double pour le personnel européen, simple pour le personnel indigène, est acquis aux officiers, assimilés et militaires de tous grades ayant servi dans les territoires ci-après désignés :

1° En 1909 :

Secteur libérien de la Guinée;
Côte d'Ivoire;
Mauritanie et Adrar;
Région de Bandiagara (colonne contre les Abbès) et secteur de Kiffa (Haut-Sénégal et Niger);
Territoire militaire du Niger.

2° En 1910 :

Région militaire de la Guinée;
Côte d'Ivoire;
Mauritanie;
Secteur de Kiffa (Haut-Sénégal et Niger);
Territoire militaire du Niger.

L'inscription de ces campagnes sur les pièces militaires des intéressés sera faite dans les conditions indiquées par l'arrêté du 23 décembre 1903 (1).

---

(1) Remplacé par l'instruction du 8 juin 1911.

Circulaire relative à l'attribution du bénéfice de campagne aux troupes qui ont pris part aux opérations de police effectuées au Maroc (1).

(Cabinet du Ministre; Bureau de la Correspondance générale.)

Paris, le 11 janvier 1912.

Par application des dispositions du paragraphe numéroté 4° de l'article 7 de la loi du 11 avril 1831, le bénéfice de campagne double est accordé, dans les conditions spécifiées à l'article 8 de la même loi, aux officiers, assimilés et militaires de tous grades, non indigènes et n'appartenant pas au contingent algérien :

1° *a*) Embarqués pour Casablanca ;

b) Embarqués pour le Maroc occidental, à dater du 21 mars 1911 et jusqu'à une date qui sera ultérieurement fixée ;

2° Ayant fait partie des troupes d'occupation d'Oudjda ou de la mission militaire française de cette ville, à un moment quelconque, entre le 29 mars 1907 et le 10 janvier 1908 inclus;

3° Ayant franchi vers l'Ouest, entre le 23 novembre 1907 et le 10 janvier 1908 inclus, la ligne Nemours, Turenne, Sidi-Aïssa, ces trois localités incluses ;

4° Ayant fait partie des troupes d'opérations ou d'occupation à l'ouest de la frontière algéro-marocaine, entre le 11 janvier 1908 (ce jour inclus) et le 22 avril 1911 (inclus);

5° Ayant fait partie des troupes d'opérations ou d'occupation à l'ouest de la frontière algéro-marocaine et au nord du parallèle du Téniet-Sassi, à partir du 23 avril 1911 (ce jour inclus) jusqu'à une date qui sera ultérieurement fixée ;

6° Ayant fait partie des colonnes qui ont opéré, du 6 mars 1908 au 10 juin 1908 inclus et du 15 août 1908 au 7 octobre 1908 inclus, au sud du parallèle du Teniet-Sassi, à l'ouest d'une ligne qui, partant du Teniet-Sassi, rejoindrait, à Duveyrier, la limite septentrionale des régions sahariennes, et laisserait à l'ouest le poste de Forthassa ;

7° Ayant fait partie, à un moment quelconque, entre le 6 mars 1908 et le 7 octobre 1908 inclus, soit des garnisons de Bou-Denib et Bou-Anane, soit des détachements chargés du ravitaillement de ces postes ou de la construction de la ligne télégraphique de Colomb à Bou-Denib ;

8° Ayant séjourné dans la région définie au paragraphe 6 de la présente circulaire, à partir du 6 mars 1908 inclus et jusqu'à une date qui sera ultérieurement fixée.

Le bénéfice de la campagne simple est acquis aux militaires du contingent algérien et tunisien et aux militaires indigènes

---

(1) Modifiée par les *errata* insérés au *B. O.*, 1ᵉʳ semestre 1912, page 301, et 2ᵉ semestre, page 1241.

qui se seront trouvés dans l'une des situations définies par la présente circulaire.

L'inscription de cette campagne sur les pièces militaires des intéressés sera faite selon les formules ci-après :

Paragraphe 1° (a).

Opérations militaires dans la région de Casablanca (Maroc) (en guerre). . . . . du au

Paragraphe 1° (b).

Opérations militaires dans le Maroc occidental (en guerre). . . . . du au

Paragraphes 2°, 3° et 4°.

Colonnes formées pour opérer dans l'amalat d'Oudjda (Maroc) (en guerre). . . . . du au

Paragraphe 5°.

Opérations militaires sur les confins nord algéro-marocains (en guerre). . . . . du au

Paragraphes 6° et 7°.

Opérations militaires sur les confins sud algéro-marocains (en guerre). . . . . du au

Paragraphe 8 .

Troupes d'occupation des confins sud algéro-marocains (en guerre). . . . . du au

La présente circulaire annule et remplace celle du 20 septembre 1911 (*B. O.*, P. R., p. 1170).

Circulaire accordant le bénéfice de la campagne de guerre aux personnels militaires et assimilés ayant servi en 1911 dans certaines régions de l'Afrique occidentale française.

(Cabinet du Ministre; Bureau du Personnel des Officiers généraux, Décorations, Affaires diverses et d'ordre général.)

Paris, le 4 octobre 1912.

Le Ministre de la guerre décide que, par application du paragraphe numéro 4 de l'article 7 de la loi du 11 avril 1831 le bénéfice de la campagne, double pour le personnel européen, simple pour le personnel indigène, est acquis aux officiers, assimilés et militaires de tous grades ayant servi, en 1911, dans les territoires désignés ci-après :

CÔTE D'IVOIRE.

Région militaire de la Guinée;

Ou participé aux opérations suivantes :

Affaire de Goumba : 30 mars 1911;

Tournée de police du Fouta-Djallon : 23 avril - 2 juin 1911 (commandant Boin).

Circulaire accordant le bénéfice de la campagne de guerre, à titre permanent, à dater du 1ᵉʳ janvier 1911, aux personnels militaires et assimilés ayant servi dans la zone saharienne de l'Afrique occidentale française.

(Cabinet du Ministre; Bureau du Personnel des Officiers généraux, Décorations, Affaires diverses et d'ordre général.)

Paris, le 4 octobre 1912.

Le Ministre de la guerre décide que, par application du paragraphe numéroté 4 de l'article 7 de la loi du 11 avril 1831, le bénéfice de la campagne double pour le personnel européen, simple pour le personnel indigène, est acquis, à titre permanent, à dater du 1ᵉʳ janvier 1911, aux officiers, assimilés et militaires de tous grades, ayant servi dans la zone saharienne de l'Afrique occidentale française, limitée au sud par la ligne suivante, les postes situés sur cette ligne étant compris dans cette zone :

Territoire civil de la Mauritanie. — Ligne passant par les postes de Nouakchott, sur l'Atlantique, Boutilimit, Moudjeria;

Colonie du Haut-Sénégal et Niger. — Ligne passant par Moudjeria, Kiffa, Nioro, Goumbou (1);

---

(1) A partir du 1ᵉʳ janvier 1913, ce paragraphe est modifié comme il suit : ligne passant par Moudjeria, Yelimane, Nioro, Goumbou (circulaire du 13 janvier 1914, *B. O.*, p. 85).

Région de Tombouctou. — Ligne passant par Goumbou, Ras-El-Ma, Goundam, Tombouctou, Kabara, et suivant de ce point le cours du Niger;

Territoire militaire du Niger. — Le cours du Niger jusqu'à la frontière franco-anglaise, la frontière franco-anglaise jusqu'au lac Tchad, la limite administrative entre l'Afrique occidentale française et l'Afrique équatoriale française.

Circulaire accordant le bénéfice de la campagne de guerre aux personnels militaires et assimilés ayant servi, en 1911 et 1912, dans certains postes et régions de l'Afrique occidentale française.

(Cabinet du Ministre; Bureau du Personnel des Officiers généraux, Décorations, Affaires diverses et d'ordre général.)

Paris, le 18 juin 1913.

Le Ministre de la guerre décide que, par application du paragraphe numéroté 4 de l'article 7 de la loi du 11 avril 1831, le bénéfice de la campagne, double pour le personnel européen, simple pour le personnel indigène, est acquis aux officiers, assimilés et militaires de tous grades ayant servi :

1° En 1911, dans les postes de M'Bout et Aleg (Mauritanie);

2° En 1912, dans la Côte d'Ivoire, dans la région militaire de la Guinée, dans les postes de M'Bout et Aleg (Mauritanie).

L'inscription de ces campagnes sur les pièces militaires des intéressés sera faite dans les conditions indiquées par l'instruction du 8 juin 1911 (art. 44, *B. O.*, p. p., vol. 10).

Circulaire accordant le bénéfice de la campagne de guerre aux personnels militaires et assimilés ayant servi, en 1913, dans certaines régions de l'Afrique occidentale française.

Paris, le 1ᵉʳ août 1916.

Le Ministre de la guerre décide que, par application du paragraphe numéroté 4 de l'article 4 de la loi du 11 avril 1831 :

1° Le bénéfice de la campagne, double pour le personnel européen, simple pour le personnel indigène, est acquis aux officiers, assimilés et militaires de tous grades, ayant servi en 1913 :

a) Dans les postes de M'Bout et Aleg (Mauritanie);

b) Dans la Côte d'Ivoire;

2° Le bénéfice de la campagne double est acquis au personnel européen : officiers, assimilés et militaires de tous grades, ayant servi en 1913 :

a) Dans la région militaire de la Guinée;

b) Dans le poste de Gaoua (Haut-Sénégal et Niger).

L'inscription de ces campagnes sur les pièces militaires des intéressés sera faite dans les conditions indiquées par l'instruction du 8 juin 1911 (art. 44, *B. O.*, p. p., vol. 10).

* * *

Circulaire accordant le bénéfice de la campagne de guerre aux personnels militaires et assimilés ayant servi du 1ᵉʳ janvier au 1ᵉʳ mai 1914 dans certaines régions de l'Afrique occidentale française.

Paris, le 1ᵉʳ août 1916.

Le Ministre de la guerre décide que, par application du paragraphe numéroté 4 de l'article 7 de la loi du 11 avril 1831, le bénéfice de la campagne, double pour le personnel européen, simple pour le personnel indigène est acquis :

1° Aux officiers, assimilés et militaires de tous grades, ayant servi au cours de la période du 1ᵉʳ janvier au 1ᵉʳ mai 1914 inclus :

a) Dans la Côte d'Ivoire;

b) Dans la région militaire de la Guinée;

c) Au Dahomey;

d) Dans les postes de M'Bout et Aleg (Mauritanie);

2° Aux officiers, assimilés et militaires de tous grades, ayant servi au cours de la période du 1ᵉʳ mai au 1ᵉʳ août 1914, dans toute l'étendue de l'Afrique occidentale française.

L'inscription de cette campagne sur les pièces militaires des intéressés sera faite dans les conditions indiquées par l'instruction du 8 juin 1911 (art. 44, *B. O.*, p. p., vol. 10).

* * *

Circulaire relative aux droits à la campagne des militaires envoyés ou non d'Europe, et qui ont servi dans le nord de l'Afrique pendant la période du 2 août 1914 au 23 octobre 1919.

(Cabinet du Ministre; Bureau de la Correspondance générale.)

Paris, le 2 mai 1922.

La question a été posée de savoir quels étaient les droits à la campagne des militaires, envoyés ou non d'Europe, et qui ont servi dans le nord de l'Afrique, pendant la période du 2 août 1914 au 23 octobre 1919.

En application des dispositions de l'article 7 de la loi du 11 avril 1831, sur les pensions de l'armée de terre; du décret du 1er avril 1914, relatif à la mobilisation générale; du décret du 27 septembre 1914, fixant, pour les militaires de l'armée de terre, le point de départ de la campagne contre l'Allemagne et l'Autriche-Hongrie, et de l'article 10 de la loi du 16 avril 1920, portant modification à la législation des pensions en ce qui concerne les militaires et marins de carrière et les militaires indigènes de l'Afrique du Nord, le quantum des campagnes accomplies par les militaires dont il s'agit, dans les conditions susvisées, est fixé ainsi qu'il suit :

1° En Algérie et Tunisie, les militaires, qu'ils soient envoyés ou non d'Europe, compteront, pour la totalité en sus de sa durée effective, le temps de service qu'ils auront accompli entre le 2 août 1914 et le 23 octobre 1919;

2° Sur le front sud-tunisien, ils compteront pour le double en sus de sa durée effective le temps de service accompli durant cette même période;

3° Dans les régions sahariennes, enfin, les militaires envoyés d'Europe compteront pour le double en sus de sa durée effective le temps de service ainsi accompli. Mais les militaires originaires du nord de l'Afrique ne compteront ce même temps que pour la totalité en sus de sa durée effective.

F. — En Asie.

Décision ministérielle accordant le bénéfice de la campagne aux militaires français en activité de service faisant partie de la mission militaire de l'Annam.

Paris, le 24 novembre 1885.

Le Ministre de la guerre a décidé qu'il sera fait, jusqu'à nouvel ordre, application de l'article 7 de la loi du 11 avril 1831 (§ 4) aux militaires français en activité de service faisant partie de la mission envoyée en Annam pour réorganiser l'armée de ce pays.

Le service accompli dans ces conditions sera inscrit sur les divers documents officiels (registres matricules, états de services, livrets, etc.), conformément à la formule suivante :

Mission militaire en Annam { du ... / au ...

Arrêté ministériel rapportant la décision du 8 juin 1886, aux termes de laquelle les militaires et fonctionnaires militaires de tous grades faisant partie de la division d'occupation du Tonkin et de l'Annam ne compteront plus, à dater du 1er juillet suivant, le temps passé dans ce pays que comme campagne simple.

Paris, le 23 mars 1887.

Le Ministre de la guerre,

Considérant qu'il est survenu, depuis le mois de juillet 1886, diverses opérations de guerre au Tonkin et dans l'Annam résultant de la nécessité de repousser les incursions de quelques bandes de rebelles et de mettre fin à leurs déprédations ;

Vu l'article 7 de la loi du 11 avril 1831,

Arrête :

Les militaires et fonctionnaires militaires envoyés d'Europe avant et après le 1er juillet 1886, employés au Tonkin et dans l'Annam, continueront, jusqu'à décision contraire, à compter pour le double, en sus de la durée effective, le temps qu'ils auront passé dans l'Extrême-Orient.

La décision ministérielle du 8 juin 1886 est annulée.

Note ministérielle accordant le droit au bénéfice de la double campagne au personnel qui a pris part, en 1893, aux opérations du Haut-Mékong et du Siam.

Paris, le 1er février 1894.

En vertu d'une décision du Ministre de la marine du 28 janvier 1894, le droit au bénéfice de la double campagne (loi du 11 avril 1831, art. 7, § 4°) est accordé aux militaires des armées de terre et de mer, ainsi qu'aux marins, fonctionnaires et agents qui ont pris part, en 1893, aux opérations du Haut-Mékong et du Siam.

Cette mesure sera appliquée, en ce qui concerne les troupes, dans les conditions suivantes :

1° Troupes du Haut-Mékong, colonne de réserve de Pnom-Penh, troupes d'occupation de Chantaboun autres que celles ayant fait partie de la colonne de réserve ou provenant du Tonkin : depuis le jour où elles ont quitté le territoire de la Cochinchine jusqu'au 5 octobre, date de la signature du traité ;

2° Troupes venues du Tonkin, du jour du départ de Haïphong au jour de leur retour dans ce port (la date du débarquement à Haïphong est antérieure à la signature du traité). Cette catégorie de militaires a donc continué, sans interruption, de jouir du bénéfice de la double campagne, puisqu'il est accordé au personnel présent au Tonkin ;

3° Bataillon de marche de la légion étrangere, du jour de l'embarquement en Algérie jusqu'au 5 octobre.

Pour les isolés rentrés en Cochinchine avant le 5 octobre et appartenant aux troupes stationnées normalement dans cette colonie, le bénéfice de la double campagne cesse naturellement du lendemain de la rentrée.

Circulaire relative au bénéfice de campagne de guerre accordé pour les opérations en Chine et à l'inscription de cette campagne sur les registres, livrets, etc

Paris, le 4 mai 1901.

Après entente avec le Ministre de la marine, le Ministre de la guerre décide que, par application du paragraphe numéroté 4° de l'article 7 de la loi du 11 avril 1831, le bénéfice de campagne de guerre sera accordé aux officiers, fonctionnaires, employés et militaires de tous grades de l'armée de terre ayant pris part aux opérations en Chine.

Cette mesure sera appliquée aux ayants droit à partir du jour de leur départ de France, de l'Algérie, de la Tunisie ou d'une de nos colonies, à destination de la Chine, jusqu'à celui de leur rentrée en France, en Algérie, en Tunisie ou dans une de nos colonies, mais sous les réserves suivantes :

a) Le droit à la campagne de guerre dont il s'agit ne pourra être accordé avant la date du 30 mai 1900 ;

b) Il cessera d'être acquis, quelle que soit la destination des ayants droit, le jour qui sera fixé ultérieurement pour la clôture en Chine même du bénéfice de campagne de guerre.

Cette campagne sera inscrite sur les registres matricules des corps et sur les livrets et états de service des militaires et fonctionnaires de tous grades, conformément à la formule suivante :

Corps expéditionnaire { du
de Chine. { au

Circulaire relative au bénéfice de la campagne de guerre accordé aux troupes qui ont opéré, à partir de 1902, sur la frontière du Siam (1).

Paris, le 13 février 1903.

Par application du paragraphe numéroté 4° de l'article 7 de la loi du 11 avril 1831, le bénéfice de la campagne de guerre

---

(1) Cette circulaire est applicable aux militaires de la gendarmerie (circ. du 23 novembre 1903, *B. O.*, p. 1753).

est accordé aux officiers, assimilés et militaires de tous grades des troupes ci-après désignées, qui ont pris part, à partir de 1902, aux opérations militaires effectuées au Cambodge et au Laos, sur la frontière du Siam :

A Pnom-Penh.

1re compagnie du 11e régiment d'infanterie coloniale ;

1 peloton de la 5e compagnie du 11e régiment d'infanterie coloniale ;

6e compagnie du régiment de tirailleurs annamites.

A Bassac.

1 section de la 12e compagnie du 11e régiment d'infanterie coloniale ;

9e compagnie du régiment de tirailleurs annamites (1), les médecins de l'ambulance de Khong, et le personnel qui les accompagnait au cours des événements militaires de cette région (2).

A Pursat.

3 sections de la 12e compagnie du 11e régiment d'infanterie coloniale.

A Chantaboum.

2e compagnie du 11e régiment d'infanterie coloniale ;

1/2 section de la 9e batterie du régiment d'artillerie coloniale ;

1 section de la 12e batterie du régiment d'artillerie coloniale ;

7e et 8e compagnies du régiment de tirailleurs annamites.

---

(1) Circulaire du 25 septembre 1903.

(2) Circulaire du 30 août 1904. Les dispositions de la circulaire du 13 février 1903, relative à l'attribution du bénéfice de la campagne de guerre aux troupes qui ont opéré, à partir de 1902, sur la frontière du Siam, sont applicables au médecin-chef et au personnel médical de l'ambulance de Pak-Hinboun, qui ont participé aux événements de Bassac et de Savannaket à partir du 25 avril 1902.

A Paknam.

1 peloton de la 9ᵉ compagnie du 11ᵉ régiment d'infanterie coloniale ;

1ʳᵉ compagnie du régiment de tirailleurs annamites.

Les dates à partir desquelles est acquis auxdites troupes le bénéfice de la campagne de guerre sont les suivantes :

1° Pour les garnisons de Chantaboum, de Paknam, de Pnom-Penh et de Pursat et pour le détachement de Soaidonkéo, du 15 avril 1902, date à laquelle ont été entrepris les mouvements nécessités par les troubles survenus au Siam ;

2° Pour le détachement de Bassac, ainsi que pour les médecins et le personnel de l'ambulance de Khong, du 15 avril 1902, jour de son départ de Pnom-Penh ;

3° Pour les renforts envoyés à Paknam et à Chantaboum, des 16 et 31 mai 1902, jour de leur départ de Saïgon.

Le droit à la campagne de guerre continuera à être acquis pour ces troupes, ainsi que pour celles qui pourraient être appelées ultérieurement à les relever ou à les renforcer, jusqu'à cessation complète des opérations nécessitées au Siam par l'état des choses actuel.

Cette campagne sera inscrite sur les registres matricules des corps et sur les livrets individuels et états de services des intéressés, conformément à la formule suivante :

Cambodge	{ du	1902
(en guerre)	{ au	

Circulaire relative au bénéfice de la campagne double accordé aux troupes qui ont servi, à partir de 1902, au Cambodge.

Paris, le 17 août 1906.

Par application des dispositions du paragraphe 4 de l'article 7 de la loi du 11 avril 1831, le bénéfice de la campagne double est accordé aux officiers, assimilés et militaires de tous grades qui ont servi au Cambodge à partir de 1902, ainsi qu'à ceux qui pourraient être appelés à y servir ultérieurement.

L'inscription de cette double campagne sur les pièces militaires des intéressés sera faite dans les conditions indiquées par la circulaire du 14 février 1906 (1).

---

(1) Remplacée par l'instruction du 8 juin 1911.

Circulaire relative au bénéfice de campagne accordé au personnel militaire qui a pris part aux opérations de la commission de délimitation de la frontière franco-siamoise, en 1904, 1905, 1906 et 1907.

Paris, le 26 janvier 1908.

Par application des dispositions du paragraphe numéroté 4° de l'article 7 de la loi du 11 avril 1831, le bénéfice de campagne est accordé aux officiers, assimilés et militaires de tous grades, qui ont pris part d'une manière effective, pendant la période comprise entre les mois de décembre 1904 et mars 1907, aux opérations de la commission de délimitation de la frontière franco-siamoise, sous les ordres de M. le lieutenant-colonel d'artillerie coloniale hors cadres BERNARD.

L'inscription de cette double campagne sur les pièces militaires des intéressés sera faite de la manière suivante :

Commission de délimitation
     franco-siamoise   } du
       (en guerre)   { au

G. — En Amérique.

Circulaire accordant aux officiers et soldats de la mission géodésique française à la République de l'Equateur le bénéfice d'une campagne simple par année de séjour à l'Equateur.

Paris, le 18 juillet 1902.

Le bénéfice de la campagne simple est accordé aux officiers et soldats de la mission géodésique française de l'Equateur, qui, formant un détachement soumis aux lois et règlements militaires, sous les ordres du chef de mission, doivent être considérés comme en service militaire, hors d'Europe, pendant la durée de leur mission.

Circulaire relative au bénéfice de la campagne de guerre accordé aux militaires qui, du 6 novembre 1903 au 9 janvier 1904, ont pris part aux opérations effectuées sur le territoire de la Haute-Mana (Guyane).

Paris, le 6 juin 1904.

Par application du paragraphe numéroté 4° de l'article 7 de la loi du 11 avril 1831, le bénéfice de la campagne de guerre est accordé aux militaires de tous grades qui ont pris part aux opérations effectuées sur le territoire de la Haute-Mana (Guyane), pendant la période comprise entre le 6 novembre 1903 et le 9 janvier 1904 (1).

Cette campagne sera inscrite sur les registres matricules des corps et sur les livrets individuels et états de services des ayants droit, conformément à la formule suivante :

Haute-Mana (Guyane) (du   1903,
(en guerre).   (au   1904.

Circulaire relative au bénéfice de la campagne de guerre accordé aux militaires de la gendarmerie qui, du 20 août au 20 octobre 1903, ont fait partie d'une mission sur le territoire de la Haute-Mana (Guyane).

Paris, le 11 novembre 1904.

Par application du paragraphe numéroté 4° de l'article 7 de la loi du 11 avril 1831, le bénéfice de la campagne de guerre est accordé aux militaires de la gendarmerie qui ont fait partie de la mission qui a opéré sur le territoire de la Haute-Mana (Guyane) pendant la période comprise entre le 20 août et le 20 octobre 1903.

Cette campagne sera inscrite sur les registres matricules des corps et sur les livrets individuels et états de services des ayants droit, conformément à la formule suivante :

Haute-Mana (Guyane) (du   1903.
(en guerre).   (au   1903.

---

(1) Pour la période du 11 au 17 mai 1895 dans le territoire contesté (Mapa), voir page 222 la circulaire du 27 octobre 1895.

Circulaire relative aux inscriptions à porter sur les livrets et pièces matricules des militaires qui font partie du corps expéditionnaire d'Orient, au point de vue du bénéfice de campagne.

Paris, le 6 mai 1915.

Les inscriptions à porter sur les livrets et pièces matricules des militaires qui font partie du corps expéditionnaire d'Orient, au point de vue du bénéfice de campagne, sont les suivantes : « Campagne d'Orient (1915) ».

La date de l'ouverture de la campagne est celle de l'embarquement, conformément aux dispositions de l'article 44 de l'instruction du 8 juin 1911 (*B. O.*, É. M., vol. 10, p. 83).

Circulaire relative au bénéfice de la campagne de guerre accordé aux militaires qui ont séjourné au Cameroun à partir du 2 août 1914.

Paris, le 3 novembre 1917.

Par application du § 4 de l'article 7 de la loi du 11 avril 1831, le bénéfice de la campagne de guerre est accordé aux militaires de tous grades qui ont servi depuis le 2 août 1914 au Cameroun.

Cette campagne sera inscrite sur les pièces militaires des intéressés dans les conditions prévues par l'instruction du 8 juin 1911, article 44 (*B. O.*, É. M., vol. 10, p. 82) et dans les formes suivantes :

Cameroun (en guerre), du   19   au 19

La présente circulaire abroge la circulaire du 17 juillet 1915, relative à l'inscription de la campagne contre l'Allemagne, au Cameroun, sur les pièces matricules.

---

§ 2. — Dispositions relatives au mode de supputation des campagnes.

Note ministérielle explicative sur la question d'un bénéfice de campagne aux militaires rentrés d'Afrique, pour cause de maladie ou pour être temporairement attachés au dépôt de leur corps.

Paris, le 11 décembre 1846.

Des doutes se sont élevés sur la manière d'envisager, en ce qui touche les bénéfices attachés aux campagnes, la position des militaires de l'armée d'Afrique rentrés temporairement en France, soit pour cause de maladie, soit pour faire partie du dépôt.

Il est vrai que, dans le cas dont il s'agit, il n'est point accordé de nouvelle gratification d'entrée en campagne aux officiers rappelés en Afrique ; mais c'est à tort que quelques conseils d'administration en ont inféré qu'il y aurait lieu de leur continuer, pour le temps de leur séjour provisoire en France, l'application du bénéfice de campagne.

En effet, le droit étant ici pleinement subordonné à une question de fait, quel que soit le motif qui puisse être invoqué, on ne saurait attribuer à un service fait en France un bénéfice exclusivement réservé par l'article 7 (section 4e du 2e §) de la loi du 11 avril 1831, au service fait hors d'Europe sur le pied de guerre.

Décision ministérielle qui confirme celle du 11 décembre 1846, relative à une question de bénéfice de campagne, en ce qui touche les militaires rentrés de l'armée d'Afrique, de l'armée d'Italie ou des colonies, soit pour cause de maladie, soit pour faire partie du dépôt.

Paris, le 26 juillet 1852.

Malgré les termes formels de la solution insérée au *Journal militaire*, sous la date du 11 décembre 1846, de nouveaux doutes se sont élevés sur la question de savoir si les militaires de l'armée d'Afrique rentrant temporairement en France, soit pour cause de maladie, soit pour faire partie du dépôt, ont droit, pendant leur absence, au bénéfice de campagne.

Quelles que soient les causes qui ont pu faire naître ces doutes, il n'est pas possible, en présence des termes de l'article 7 de la loi du 11 avril 1831, de leur donner d'autre solution que celle qui les résout négativement dans la note de 1846, note à laquelle il y a lieu de se référer pour tous les cas de même espèce, qu'il s'agisse, soit des militaires de l'armée d'Afrique, soit de ceux qui font partie de l'armée_d'Italie, ou des corps de troupes stationnés aux colonies.

Arrêté ministériel réglant le droit de campagne des militaires envoyés en dehors du territoire continental de l'empire, à titre transitoire.

Paris, le 19 janvier 1870.

Le Ministre Secrétaire d'État de la guerre,

Considérant que le service accompli par les militaires qui sont chargés de conduire des détachements en dehors du territoire continental de l'empire est diversement apprécié par les corps, au point de vue de la supputation des campagnes, et qu'il importe d'adopter à cet égard une règle fixe et uniforme,

Arrête :

Art. 1er. Les militaires envoyés en conduite de détachement, en dehors du territoire continental de l'empire, sont admis à compter comme campagne le temps employé à cette mission.

Le décompte dudit service est fait, suivant le cas, conformément aux règles posées par les lois des 11 avril 1831 et 25 juin 1861.

Art. 2. Le bénéfice de ces dispositions est étendu aux inspecteurs généraux d'armes opérant en Algérie et à leurs aides de camp.

Paris, le 19 janvier 1870.

Note ministérielle relative au nouveau mode de supputation des campagnes hors d'Europe.

Paris, le 20 août 1881.

Sur l'avis de la section des finances au Conseil d'État, le mode de supputation des campagnes hors d'Europe est modifié ainsi qu'il suit :

Lorsque des campagnes hors d'Europe en temps de guerre sont comprises dans un espace de moins d'un an et sont précédées ou suivies d'autres, faites en Europe (en d'autres termes, campagne double et simple), on établit premièrement les périodes donnant droit au bénéfice des campagnes, sans se préoccuper de la nature de celles-ci, puis on suppute séparément et de la même manière les périodes hors d'Europe en temps de guerre, et enfin on totalise les résultats de ces deux opérations.

L'exemple suivant fait ressortir les différences existant entre l'ancien et le nouveau système de décompte.

Supputation des campagnes hors d'Europe.

CAMPAGNES.	MODE DE DÉCOMPTE ANCIEN.	NOUVEAU MODE ADOPTÉ PAR LE CONSEIL D'ÉTAT et actuellement suivi.
Italie. — Du 13 juillet 1851 au 3 mars 1853. Afrique { Du 4 mars 1853 au 30 janvier 1854. Du 9 juin 1854 au 3 avril 1855. Orient. — Du 4 avril 1855 au 13 avril 1856. France. — Du 18 août 1870 au 7 mars 1871.	Italie .. { 13 juillet 1851 / 12 juillet 1852 } 1 simple. 1. Italie .. { 13 juillet 1852 / Afrique 12 juillet 1853 } 1 double. 2. Afrique 13 juillet 1853 / Orient . 13 avril 1856 } 3 doubles. 6. France. — 1870-71..... 1 simple. 1.	Italie... 13 juillet 1851 / Afrique. / Orient.. 13 avril 1856 } 5. France. — 1870-71........ 1. BONIFICATION. Afrique. { 4 mars 1853 / 30 janvier 1854 } 1. Afrique. { 9 juin 1854 / Orient.. 13 avril 1856 } 2.

Circulaire relative au décompte des compagnes des officiers rapatriés des colonies par un itinéraire anormal.

Paris, le 10 juin 1901.

(Nouvelle rédaction. — Circ. 15 septembre et 9 décembre 1902.)

Des officiers rapatriés des colonies sont parfois autorisés à modifier l'itinéraire réglementaire en vue de profiter de leur retour pour séjourner à l'étranger ou dans des colonies ou pays de protectorat.

En ce cas, il n'y a pas lieu de compter comme campagne aux officiers dont il s'agit la durée totale du voyage de retour : la campagne doit prendre fin pour eux le jour où se termine l'itinéraire qu'ils auraient dû normalement suivre.

Pour l'application de ces dispositions, les commandants supérieurs des troupes qui autorisent des officiers ou assimilés à modifier l'itinéraire réglementaire pour leur rentrée en France en rendront compte au Ministre (Bureau de l'arme). Ils indiqueront, sur ce compte rendu et en outre sur l'autorisation délivrée aux intéressés, le bateau (nom et date du départ) par lequel ces officiers sont censés rentrer en France avec leurs camarades rapatriés à la même date.

La date de l'arrivée en France de ce bateau sera adoptée pour la fin de la campagne.

Loi modifiant l'article 8 de la loi du 11 avril 1831, sur les pensions de l'armée de terre.

Paris, le 15 mars 1904.

Le Sénat et la Chambre des députés ont adopté,
Le Président de la République promulgue la loi dont la teneur suit :

Art. 1er. Dans la supputation des bénéfices attachés aux campagnes par l'article 7 de la loi du 11 avril 1831, on comptera pour une année entière la campagne dans laquelle le militaire aura été blessé et mis hors de service.

En tout autre cas, la campagne sera comptée pour sa durée effective en considérant toutefois comme acquis en entier le mois pendant lequel la campagne aura pris fin.

Si, par l'application des règles qui précèdent, il arrive que deux périodes de campagnes chevauchent l'une sur l'autre, la partie commune ne sera attribuée qu'à l'une des campagnes et, au cas où elles seraient de nature différente, à celle qui ouvre les droits les plus élevés.

Art. 2. Pour les campagnes antérieures à la promulgation de la présente loi, la bonification sera supputée selon les règles alors en vigueur.

La présente loi, délibérée et adoptée par le Sénat et par la Chambre des députés, sera exécutée comme loi de l'Etat.

Fait à Paris, le 15 mars 1904.

EMILE LOUBET.

Par le Président de la République :

Le Ministre de la guerre,   *Le Ministre des finances,*
Général L. ANDRÉ.   ROUVIER.

Circulaire relative à l'établissement de bulletins individuels pour les officiers ou assimilés en service dans une colonie ou pays de protectorat passant dans une région donnant droit au bénéfice de la double campagne, ou sortant de cette région.

(Cabinet du Ministre; Bureau de la Correspondance générale.)

Paris, le 27 juillet 1909.

Le Ministre de la guerre décide que, dorénavant, les corps ou services devront produire, pour les officiers ou assimilés en service en Algérie, en Tunisie ou toute autre colonie française ou pays de protectorat bénéficiant normalement de la campagne simple, un bulletin individuel analogue à celui prescrit pour les campagnes et interruptions de campagne (art. 221 du service courant), lorsque les intéressés pénétreront, pendant leur séjour colonial, dans une zone donnant droit à la campagne double, ou sortiront de cette zone.

Cette mesure est applicable aux sous-officiers de la justice militaire et aux militaires de la gendarmerie.

Ce mode de procéder est destiné à éviter les erreurs ou omissions qui pourraient se produire dans l'inscription à l'administration centrale, aux dossiers des intéressés, des campagnes qu'ils ont effectuées.

*Circulaire relative à l'interruption et à la cessation
des campagnes (1).*

(Cabinet du Ministre; Bureau de la Correspondance générale.)

N° 16132 K.   Paris, le 26 décembre 1923.

L'interruption des campagnes, en cas de déplacement temporaire et la cessation des campagnes, en cas de déplacement définitif, sont fixées comme suit, étant entendu que, dans le calcul
de l'absence, il est fait abstraction du temps consacré au voyage
proprement dit, jusqu'au jour inclus du passage de la frontière,
ou, en cas de trajet sur mer, du débarquement (à l'aller) ou du
rembarquement (au retour) :

I. — DÉPLACEMENT TEMPORAIRE POUR LE SERVICE OU POUR RAISON DE SANTÉ.

Les militaires stationnés sur un territoire comportant un bénéfice de campagne d'une valeur déterminée, — et qui se trouvent en déplacement temporaire sur un autre territoire donnant
droit à campagne de valeur moindre, — interrompent, à partir
du 31e jour inclus de l'absence, leur campagne primitive, et, s'il
y a lieu, reçoivent, à la même date, application du régime de
campagne afférent à ce nouveau territoire.

Si, au contraire, le nouveau régime de campagne auquel les
intéressés peuvent prétendre, du fait de leur stationnement temporaire, est plus avantageux que celui dont ils bénéficiaient, le
premier sera appliqué à partir du jour de leur arrivée dans le
nouveau territoire; l'ancien régime de campagne reprendra dès
leur rentrée dans la zone y donnant droit.

II. — CONGÉS ET PERMISSIONS.

a) D'une part, les permissions ne dépassant pas trente
jours n'interrompent pas le bénéfice de la campagne.

D'autre part, les congés ou permissions, cumulés ou non,
quelle qu'en soit la durée totale, auxquels les militaires ont droit
d'après la durée de leur séjour sur certains territoires, n'interrompent pas le bénéfice de la campagne dans le cas de déplacement temporaire, et ne le font pas cesser dans le cas de déplacement définitif.

---

(1) Modifiée le 26 février 1925. (B. O., p. 473.)

b) Les congés ou permissions non visés à l'alinéa (*a*) ne donnent pas droit au bénéfice de la campagne. En outre, lorsqu'un congé pour raison de santé s'ajoute à une permission ou à un congé réglementaire visés par cet alinéa, la campagne est interrompue pendant la durée de ce congé pour raisons de santé.

4° Les dispositions susvisées auront effet à dater du 26 décembre 1923.

III. — INSCRIPTION DES INTERRUPTIONS DE CAMPAGNES.

En vue de faciliter l'application des dispositions de la présente circulaire, ainsi que l'inscription des interruptions sur les pièces matricules, un bulletin individuel du modèle ci-joint sera adressé à l'administration centrale (Bureau de l'arme), par le chef de corps ou de service, pour tout militaire de carrière dont la campagne sera interrompue dans les conditions susvisées et dont le dossier administratif est détenu par l'administration centrale.

IV. — DOCUMENTS ABROGÉS.

La présente circulaire abroge et remplace la circulaire sur le même objet du 18 mars 1907, modifiée par celle du 2 août 1922.

BULLETIN individuel d'absence interrompant le bénéfice de campagne.

NOMS ET PRÉNOMS.	GRADE.	CORPS OU SERVICE.	DATE DE L'INTERRUPTION de la campagne.	DATE DE LA REPRISE de la campagne.	OBSERVATIONS.
					Indiquer le motif de l'interruption de la campagne, et, le cas échéant, si le séjour temporaire sur le territoire où ont été passées les journées d'absence comporte une campagne (mentionner la valeur).

Transmis au Ministre (° Direction).

A   , le   19 .

Le Général commandant le

A   , le   19 .

Le Chef de corps (ou de service),

*Circulaire relative à l'inscription de la campagne de 1914
sur les pièces matricules.*

Bordeaux, le 2 décembre 1914.

La formule à adopter pour l'inscription de la campagne de
1914, sur les pièces matricules des militaires qui y auront pris
part, est la suivante : « Campagne contre l'Allemagne ».

---

*Circulaire relative au bénéfice de campagne des militaires rapa-
triés du Maroc ou des colonies donnant droit au bénéfice de la
campagne double pour prendre part à la guerre contre l'Allemagne (1).*

Paris, le 15 mars 1915.

La question a été posée de savoir à quelle date les militaires
rapatriés du Maroc ou des colonies donnant droit au bénéfice de
la campagne double, pour prendre part à la guerre contre l'Allemagne, cessent d'avoir droit au bénéfice de la campagne double.
Cette date est celle du débarquement en France.

---

*Décret accordant le bénéfice de la campagne simple aux mem-
bres de la mission militaire française de Grèce pendant les
guerres balkaniques.*

Paris, le 10 janvier 1916.

Art. 1er. Le droit à la campagne simple est accordé aux officiers et sous-officiers qui ont appartenu à la mission militaire
française de Grèce, sous les ordres de M. le général EYDOUX,
pendant les guerres balkaniques de 1912-1913, pour la période
comprise entre le 30 septembre 1912, date de la mobilisation de
l'armée grecque, et le 14 novembre 1913 inclus, date de la signature du traité d'Athènes.

---

(1) Complétée (circ. du 14 avril 1915, *B. O.*, p. 245).

IVE PARTIE.

Instruction générale pour l'établissement des demandes et propositions de pensions.

Formalités de revision et de concession des pensions militaires.

Loi réglant les formalités de revision et de concession des pensions militaires.

Paris, le 27 avril 1920.

Le Sénat et la Chambre des députés ont adopté,

Le Président de la République promulgue la loi dont la teneur suit :

Art. 1er. Les pouvoirs conférés aux Ministres de la guerre, de la marine et des colonies par les lois existantes pour la liquidation des pensions d'ancienneté de service de militaires ou de marins et de retraites proportionnelles sont transférés au Ministre des pensions, des primes et des allocations de guerre.

Art. 2. Ces pensions, ainsi que celles dues à raison des droits qui sont ouverts à partir du 2 août 1914, par suite d'infirmités ou de décès résultant d'événements de guerre, d'accidents de service ou de maladies, sont concédées par arrêté interministériel, signé par le Ministre des pensions et par le Ministre des finances.

Ces pensions ne seront soumises à l'examen de la section des finances, de la guerre, de la marine et des colonies du Conseil d'Etat que dans les deux cas suivants :

1° Lorsqu'il y aura désaccord entre le Ministre liquidateur et le Ministre des finances;

2° Lorsque le renvoi sera demandé par l'un des Ministres intéressés.

Art. 3. Sont et demeurent abrogées toutes dispositions contraires à la présente loi.

La présente loi, délibérée et adoptée par le Sénat et la Chambre des députés, sera exécutée comme loi de l'Etat.

Pensions militaires de retraite et proportionnelles.

Instruction pour l'application de la loi du 14 avril 1924, portant réforme du régime des pensions civiles et militaires (1) et du décret d'administration publique du 2 septembre 1924 (1), pour l'application de la loi précitée, en ce qui concerne le service des pensions militaires.

N° 0135/A. D.   Paris, le 15 octobre 1924.

TITRE PREMIER.

Dispositions générales.

CHAPITRE Iᵉʳ.

EXAMEN DES DEMANDES ET ÉTABLISSEMENT DES MÉMOIRES
DE PROPOSITION.

ARTICLE 1ᵉʳ. — *Établissement des propositions de pension.*

Un militaire peut être admis à la retraite, à titre d'ancienneté, soit sur sa demande, soit d'office. L'admission à la retraite proportionnelle peut être prononcée d'office, en ce qui concerne les hommes de troupe, dans les conditions fixées par l'article 82 de la loi du 1ᵉʳ avril 1923. D'autre part, l'admission à la retraite proportionnelle, sur demande des officiers et hommes de troupe, peut être prononcée conformément aux dispositions de l'article 44 de la loi du 14 avril 1924.

La demande de pension ou l'admission d'office à la retraite d'un militaire, fait l'objet d'un mémoire de proposition établi par l'autorité compétente.

Les opérations relatives aux pensions rentrent dans le service

---

(1) Voir pages 15 et 32.

courant et sont assurées par les autorités ci-après, selon la position de l'intéressé :

A) Militaires en activité de service (autres que ceux des catégories C et D ci-dessous) : général commandant la brigade.

B) Anciens militaires et officiers sans troupe et militaires appartenant à des troupes non embrigadées : général commandant la subdivision.

C) Commis et ouvriers militaires d'administration : directeur de l'intendance du corps d'armée.

D) Sections d'infirmiers : directeur du service de santé du corps d'armée.

Les officiers généraux ou assimilés adressent leur demande de pension au Ministre (1) par la voie hiérarchique, s'ils sont en activité, ou directement, lorsqu'ils se trouvent dans toute autre position.

La solde de réserve à laquelle les officiers généraux peuvent prétendre par application de l'article 35 de la loi du 14 avril 1924, quand ils sont placés dans la 2ᵉ section du cadre de l'état-major général, est liquidée d'office sans proposition.

ARTICLE 2. — *Autorités chargées de l'instruction.*

Sous réserve de ce qui est dit à l'article qui précède (pour les officiers généraux), toute demande de pension formée par un militaire ou un ancien militaire est instruite :

1° Si le militaire fait partie d'un corps de troupe ou d'un établissement considéré comme tel, par le conseil d'administration;

2° S'il appartient à une compagnie ou section formant corps, par le commandant de la compagnie ou section;

3° S'il s'agit d'un officier sans troupe, par le général commandant la subdivision;

4° Si le militaire, appartenant à un corps de troupe ou à un établissement, s'en trouve assez éloigné pour ne pas pouvoir être déplacé sans inconvénient, ou si l'intéressé, n'appartenant plus à l'armée active, est rentré dans ses foyers, par le conseil d'administration de l'un des corps à proximité et que désigne le général commandant la subdivision.

ARTICLE 3. — *Vérification du sous-intendant militaire.*

La demande et les pièces à l'appui sont communiquées au sous-intendant militaire chargé du service des pensions dans la

____

(1) Au Ministre de la guerre, voir page 341.

circonscription où se trouve stationnée l'autorité désignée à l'article 2 qui précède.

Le sous-intendant s'assure que toutes les pièces prévues par la présente instruction sont produites et régulièrement établies; dans le cas contraire, il en provoque la production ou le redressement, puis il vise le bordereau énumératif desdites pièces. Ce visa est ainsi libellé : « Le sous-intendant militaire soussigné certifie avoir vérifié toutes les pièces énumérées sur le présent bordereau. »

Le dossier est ensuite envoyé à l'autorité désignée à l'article 1er pour effectuer sa transmission au Ministre (1).

ARTICLE 4. — *Epoques de transmission.*

Les propositions pour la pension proportionnelle ou d'ancienneté sont toujours envoyées trois mois avant la date de radiation des contrôles, lorsque cette date est connue d'avance (par exemple date à laquelle le rengagement ou la commission en cours d'un homme de troupe arrive à expiration, si ce rengagement ou cette commission ne doit pas être renouvelé, date à laquelle un officier est atteint par la limite d'âge de son grade). Toutefois, ce délai est fixé à six mois pour les militaires de nationalité étrangère appartenant aux régiments étrangers.

Dans le cas de changement dans la position militaire de l'intéressé ou, le cas échéant, dans sa situation de famille, le Ministre en est immédiatement informé.

Lorsque la date de radiation des contrôles n'est pas connue d'avance, le dossier doit être établi dès qu'elle a été notifiée à l'autorité chargée d'instruire la demande et transmis au Ministre (1) dans le plus bref délai.

ARTICLE 5. — *Revision de pension pour nouveaux services.*

Pour nouveaux services, il est de droit strict (sous réserve des observations mentionnées aux articles 6, 13, 19 et 20 ci-après) qu'une pension proportionnelle ou d'ancienneté peut toujours être revisée administrativement lorsque la liquidation nouvelle est avantageuse pour l'intéressé.

Mais quelle qu'ait été la solde ayant servi de base à la première liquidation, la deuxième est opérée d'après la solde moyenne afférente aux trois dernières années d'activité. Toutefois, si les nouveaux services résultent d'un rappel à l'activité en temps de guerre, et lorsqu'il ne s'agit pas de la revision gé-

___

(1) Au Ministre de la guerre, voir page 341.

nérale des retraites opérées par application de l'article 94 de la loi du 14 avril 1924, il est tenu compte, dans cette revision, de la solde afférente au dernier grade obtenu et au dernier échelon de solde atteint.

Article 6. — *Délais d'instance.*

L'autorité chargée d'instruire une demande de pension ou de revision de pension doit d'abord rechercher si l'intéressé se trouve encore dans les délais réglementaires d'instance.

Ces délais sont les suivants :

1° Pour les demandes en liquidation de pensions fondées sur la durée des services et en revision de pension pour nouveaux services : cinq ans à compter de la cessation de l'activité (article 67 de la loi du 14 avril 1924);

2° Pour les demandes de revision de pension d'invalidité pour aggravation d'infirmités, cinq ans à compter de la concession de la pension définitive (article 68 de la loi du 31 mars 1919).

En ce qui concerne l'introduction d'un pourvoi devant le Conseil d'Etat tendant à la revision d'une pension déjà concédée, elle, doit être produite dans un délai de trois mois à compter de la date à laquelle l'intéressé a reçu notification de la décision qui a arrêté le chiffre de la pension concédée (article 66 de la loi du 14 avril 1924).

Article 7. — *Péremption.*

La péremption est d'application rigoureuse et aucune exception ne peut être accordée par voie gracieuse; mais il importe que les intéressés soient exactement mis à l'abri de toute erreur.

En cas de péremption, l'autorité militaire ne rejette donc pas la demande; elle la transmet, sans instruction sur le fond, au Ministre (1) qui seul doit statuer.

Article 8. — *Rejet de demandes.*

Aucune demande de pension n'est rejetée pour quelque motif que ce soit, sans que le Ministre (1), ait été appelé à statuer, conformément à l'article 6 du décret du 2 novembre 1864 et à l'article 3 de la loi du 17 juillet 1900.

Il ne suffit pas, en effet, qu'un militaire ayant sollicité son admission à la retraite ait la certitude que ses titres ont été examinés avec soin et bienveillance; il faut encore, lorsque sa demande n'est pas accueillie, qu'il soit mis à même de se pourvoir, s'il le juge convenable, devant le Conseil d'Etat.

---

(1) Au Ministre des pensions, voir page 341.

TITRE II.

Pensions de retraite et pensions proportionnelles.

CHAPITRE II.

PENSION POUR ANCIENNETÉ DE SERVICE.

ARTICLE 9. — *Droit à pension d'ancienneté.*

La pension à titre d'ancienneté de service est due dans les conditions indiquées à l'article 28 du règlement d'administration publique, le bénéfice du 1er alinéa de cet article étant acquis à tout officier qui a accompli au total au moins six années de services militaires soit hors d'Europe, soit en navigation.

Temporairement, le Ministre de la guerre est autorisé jusqu'au 31 décembre 1924, à prononcer, sur leur demande, l'admission à la retraite d'ancienneté après vingt-cinq ans de service, d'officiers d'infanterie et de cavalerie. La pension à laquelle ont droit ces officiers est basée sur la solde moyenne définie à l'article 26 du règlement d'administration publique et est égale au minimum de la pension augmentée des annuités pour campagnes acquises par les intéressés.

La proposition de mise à la retraite pour les officiers en non-activité visés à l'avant-dernier alinéa de l'article 28 du règlement d'administration publique, peut être établie soit d'office, soit sur demande de l'intéressé, sans condition de durée de la non-activité, dès que l'officier ayant accompli au moins vingt-cinq ans de services et se trouvant dans la position de non-activité pour infirmité temporaire a été reconnu définitivement hors d'état d'être rappelé à l'activité.

Les officiers mis à la retraite avec le grade supérieur dans les conditions fixées par l'article 116 de la loi du 30 juin 1923 ont droit à une pension basée sur la solde afférente à ce grade. Les officiers déjà mis à la retraite depuis le 1er janvier 1923 remplissant les conditions fixées par cet article et promus au grade supérieur, soit dans les réserves, soit au jour de leur radiation des contrôles, ont droit à la revision de leur pension basée sur la solde afférente à ce grade.

Article 10. — *Décompte de la pension d'ancienneté.*

Sauf les exceptions prévues aux deux derniers alinéas de l'article 26 du règlement d'administration publique, la pension militaire est basée sur la moyenne des soldes indiquées aux tableaux annexés à l'instruction du 29 juin 1924 que l'intéressé a perçues ou aurait perçues s'il avait servi en position de présence à terre pendant les trois dernières années qui ont précédé sa radiation définitive des contrôles de l'activité. Toutefois, en ce qui concerne les officiers titulaires d'un congé sans solde accordé postérieurement au 30 juillet 1920, il n'est tenu compte que des trois dernières années qui ont précédé la cessation des services admissibles pour la retraite lorsque ces services ont pris fin avant la date de radiation précitée.

Le décompte de la pension est effectué dans les conditions prévues par l'article 2 de la loi du 14 avril 1924, compte tenu, le cas échéant, des dispositions des articles 34, 41 et 80 de la même loi.

Les majorations spéciales à l'arme de la gendarmerie ne peuvent être allouées que dans la limite du maximum fixé par l'article 34 de la loi.

Article 11. — *Bonifications pour famille nombreuse.*

Au montant de la pension d'ancienneté s'ajoutent, le cas échéant, les bonifications pour famille nombreuse prévues par l'antépénultième alinéa de l'article 2 de la loi du 14 avril 1924 et par l'article 2 du règlement d'administration publique. Elles ne peuvent être allouées que dans la limite des maxima fixés par l'article 2 et l'article 34 de la loi. Elles sont réduites, s'il y a lieu, jusqu'à concurrence de ces maxima.

Le régime de la majoration est exclusif du régime des indemnités pour charges de famille; l'intéressé a le choix entre l'un ou l'autre de ces régimes. Par conséquent, si un père de famille a trois enfants de plus de 16 ans et un ou plusieurs enfants de moins de 16 ans, il devra, s'il veut bénéficier de la majoration, faire abandon de la ou des indemnités auxquelles lui donneraient droit les enfants de moins de 16 ans. Sous cette réserve, les majorations sont acquises lors de la concession de la pension à raison du nombre des enfants ayant atteint l'âge de 16 ans avant la cessation des services; les enfants en sus du 2e, qui, à cette époque, n'ont pas atteint l'âge de 16 ans et qui ouvrent droit à l'indemnité pour charges de famille, donnent lieu, après concession de la pension, à attribution, toujours dans la limite du maximum, d'une bonification de 10 p. 100 ou 5 p. 100, selon le cas, lorsque l'indemnité pour charges de famille cesse d'être servie.

La revision de la pension est alors effectuée par les soins du Ministre des pensions, à qui les intéressés doivent adresser leur demande accompagnée des pièces justificatives nécessaires.

Article 12. — *Indemnités pour charges de famille.*

Les indemnités pour charges de famille sont dues sous la réserve indiquée au 2e alinéa de l'article 11 qui précède, même au delà des maxima prévus par les articles 2, 34 et 80 de la loi du 14 avril 1924, pour les enfants réunissant les conditions fixées par l'avant-dernier alinéa de l'article 2 de cette loi et par l'article 3 du règlement d'administration publique.

Elles ne sont accordées qu'aux titulaires d'une pension d'ancienneté, c'est-à-dire celle qui est acquise après vingt-cinq ou trente ans de services selon le cas. Elles ne sont attribuées que pour les enfants de moins de 16 ans, même dans l'hypothèse où, si le pensionné était resté en activité, le service de ces indemnités lui aurait été continué jusqu'au moment où l'enfant aurait atteint 18 ans (cas d'apprentissage), ou 21 ans (cas d'études justifiées). Leur taux est de 495 francs pour chacun des deux premiers enfants, de 840 francs pour chaque enfant à partir du troisième (lois des 30 juin et 30 décembre 1923).

CHAPITRE III.

PENSIONS PROPORTIONNELLES.

Article 13. — *Droit à pension proportionnelle.*

Les militaires sont admis à pension proportionnelle dans les conditions fixées par l'article 44 de la loi du 14 avril 1924 et l'article 32 du règlement d'administration publique.

Le militaire rengagé ou commissionné, qui compte quinze années de service effectif et 33 ans d'âge, conserve son droit à la pension proportionnelle, même en cas de démission ou de réforme.

La pension proportionnelle est décomptée dans les conditions fixées par l'article 44 précité; elle est exclusive de toute majoration au titre de bonifications pour famille nombreuse ou d'indemnité pour charges de famille.

Pour acquérir des droits à une pension proportionnelle ou d'ancienneté, le militaire qui a été commissionné après interruption de service doit rester sous les drapeaux en cette qualité pendant une période de cinq années consécutives, sans aucune exception, même en cas de renvoi par suite de circonstances indépendantes de sa volonté, comme la réforme, par exemple (article 78 de la loi du 1er avril 1923).

Les cinq années dont il s'agit ne sont pas exigées des militaires qui ont déjà obtenu une pension proportionnelle et qui en sollicitent la revision, mais elles le sont de tous ceux qui prétendent à la retraite d'ancienneté.

ARTICLE 14. — Pensions proportionnelles d'officiers.

Les officiers admis à pension proportionnelle à payement différé dans les conditions fixées par l'avant-dernier alinéa de l'article 44 de la loi du 14 avril 1924, reçoivent un certificat spécial constatant leurs droits éventuels établi par l'agent comptable du Grand Livre de la Dette viagère.

Ce certificat spécial est revêtu du timbre de la Dette viagère et porte un numéro d'ordre. Il énonce pour chaque titulaire, les nom, prénoms, date de naissance, qualité. Il indique la nature du droit de l'intéressé, son montant, ainsi que son échéance, et, d'une façon succincte, les formalités à remplir pour obtenir à l'échéance, la délivrance du titre de pension différé.

Au moment de la date d'entrée en jouissance de la pension, il sera délivré aux intéressés, par les soins du ministère des finances, un livret de pension contre remise du certificat spécial précité, et d'un certificat de vie établi par le maire au plus tôt le jour du point de départ des arrérages.

En cas de perte du certificat spécial prévu au premier alinéa du présent article, il est pourvu à son remplacement, dans les formes prescrites pour la délivrance d'un duplicatum de livret de pension.

CHAPITRE IV.

FIXATION DE L'ENTRÉE EN JOUISSANCE.

ARTICLE 15. — Date d'entrée en jouissance.

La date d'entrée en jouissance est fixée au jour de la radiation définitive des contrôles de l'activité. Au cas de prolongation exceptionnelle des services militaires, les règles prohibitives du cumul d'une pension et d'une solde sont appliquées.

TITRE III.

Justification du droit à pension.

CHAPITRE V.

DÉCOMPTE DU SERVICE EFFECTIF.

ARTICLE 16. — *Commencement du service effectif.*

Le service effectif compte en matière de pension :

1° Pour les jeunes soldats d'une classe antérieure à celle de 1904, du jour de la mise en route;

2° Pour les jeunes soldats des classes 1904 à 1920, du 1ᵉʳ octobre de l'année d'incorporation;

3° Pour les jeunes soldats des classes postérieures à 1920, du 10 mai ou du 10 novembre, selon leur contingent, de l'année d'incorporation;

4° Pour les engagés volontaires et rengagés, du jour de la signature de l'acte;

5° Pour les commissionnés, de la date de la nomination;

6° Pour les élèves des grandes écoles militaires, des écoles militaires préparatoires et de l'Ecole coloniale, du jour où commence le bénéfice des dispositions prévues par l'article 31 de la loi du 14 avril 1924 et l'article 29 du règlement d'administration publique.

ARTICLE 17. — *Fin du service effectif.*

Le service effectif dans l'armée active cesse, en matière de pension :

1° Pour les jeunes soldats de la classé, le jour du passage dans la position de disponibilité prévue par l'article 2 de la loi du 1ᵉʳ avril 1923, ou dans la réserve de l'armée active, pour les classes régies par les lois de recrutement antérieures à celle précitée (en se conformant, s'il y a lieu, aux dispositions spéciales ou aux mesures transitoires pouvant intervenir dans une loi nouvelle; par exemple, loi du 15 juillet 1889, loi du 21 mars 1905, loi du 7 août 1913, loi du 1ᵉʳ avril 1923);

2° Pour les engagés volontaires et rengagés, le jour de l'expiration de l'engagement ou du rengagement;

3° Pour les commissionnés, le jour de la radiation définitive des contrôles de l'activité;

4° Pour les militaires maintenus sous les drapeaux postérieurement à la date où ils devenaient libérables, le jour du renvoi dans les foyers;

5° Pour les hommes qui, aux termes de l'ancienne législation sur le recrutement de l'armée n'étaient astreints qu'à une année de service, le jour où l'homme a quitté le corps.

ARTICLE 18. — *Dispositions spéciales aux officiers.*

Les services ci-après sont comptés à titre de bénéfice d'études préliminaires (sans condition d'âge) :

Pour la retraite et la réforme :

Quatre années aux élèves de l'Ecole polytechnique nommés, à leur sortie de cette Ecole, comme sous-lieutenant dans une arme spéciale (article 5 de la loi du 11 avril 1831).

Pour la retraite :

Cinq années aux médecins et pharmaciens militaires lors de leur nomination au grade d'aide-major de 2° classe (article 35 du décret du 23 mars 1852, volume 64);

Quatre années aux vétérinaires militaires antérieurement à leur admission comme aides-vétérinaires stagiaires (article 3 du décret du 30 avril 1875, volume 64).

L'article 22 de la loi du 7 juillet 1900 a conservé aux officiers des troupes coloniales les droits acquis en vertu des règlements antérieurs. Il est donc accordé aux officiers des troupes coloniales pour études préliminaires :

Quatre années aux officiers d'artillerie et aux fonctionnaires de l'intendance provenant de l'Ecole polytechnique (article 5 de la loi du 11 avril 1831);

Quatre années aux officiers du corps de santé provenant de l'Ecole de Bordeaux (décret du 24 juin 1886);

Cinq années aux officiers du corps de santé provenant de l'Ecole de Lyon (article 33 du décret du 23 mars 1852);

Deux années aux officiers du corps de santé provenant des Ecoles de Brest, Toulon ou Rochefort, avant la publication du décret du 24 juin 1886;

Deux années aux fonctionnaires de l'intendance provenant des élèves commissaires de la marine (décret du 11 mai 1895).

Il est de jurisprudence constante de décompter la bonification pour études préliminaires à partir du jour où l'intéressé a pris rang dans le grade visé par le règlement lorsque ce jour ne concorde pas avec la date de nomination à ce grade.

Les anciens élèves de l'Ecole polytechnique qui n'ont pas été nommés sous-lieutenants dans une arme spéciale à leur sortie de l'Ecole ne sont pas fondés à prétendre au droit au bénéfice d'études préliminaires.

Les services militaires effectifs accomplis avant la nomination aux emplois visés par cet article sont admis en liquidation même lorsqu'ils se trouvent englobés dans la période déterminée par la durée du bénéfice d'études préliminaires.

Toutefois, les bénéfices d'études préliminaires ne se cumulent pas avec le temps passé dans une école où les élèves servent sous le régime de l'engagement militaire.

Le temps passé en non-activité dans les conditions prévues par la loi du 19 mai 1834 compte pour la retraite et la réforme. Il en est de même du temps passé en congé de longue durée sans solde, mais, en ce qui concerne les congés sans solde accordés postérieurement au 1er août 1920, seules entrent en compte les deux premières années du congé (article 85, loi du 31 juillet 1920 et article 103, loi du 31 décembre 1921).

ARTICLE 19. — Service non admis.

Ne comptent pas comme service effectif et n'ouvrent aucun droit à pension ou à revision de pension :

1° Le temps passé sous les drapeaux pour des exercices ou manœuvres en temps de paix;

2° Le temps de désertion, lorsqu'il y a eu jugement de condamnation : depuis le jour du manquement constaté jusqu'à celui de l'arrestation ou de la présentation volontaire du déserteur.

En cas d'amnistie et sauf dérogation spéciale dans les lois accordant cette amnistie, il y a interruption pour le temps de désertion même s'il n'y a pas eu condamnation;

3° Le temps pendant lequel un militaire a subi la peine de l'emprisonnement en vertu d'un jugement;

4° Le temps passé, même avec autorisation du gouvernement, dans l'armée d'une puissance étrangère, à moins que, pendant cette période, l'intéressé n'ait pas cessé d'appartenir à l'armée active française;

5° Le temps passé par les officiers généraux et assimilés dans la section de réserve après avoir atteint la limite d'âge;

6° Le temps pendant lequel les militaires retraités touchent une indemnité de fonctions, tels que les officiers retraités employés dans le service du recrutement, les parquets militaires, ou maintenus provisoirement en fonctions pour raisons de service.

Article 20. — Services civils.

Les services civils ouvrant droit à pension civile dans les conditions fixées par la loi du 14 avril 1924, sont admis pour constituer le droit à pension militaire d'ancienneté ou proportionnelle et entrent en compte pour la liquidation de la pension.

Ils ne donnent pas droit à la revision d'une pension militaire lorsqu'ils ont été rendus après la concession de ladite pension.

Ils sont admis en liquidation à partir du jour de l'entrée en fonctions pourvu que l'intéressé ait alors atteint l'âge de 18 ans accomplis.

S'ils ont été rendus avant le 17 avril 1924, hors d'Europe par des fonctionnaires ou des employés envoyés d'Europe par le gouvernement français, ils sont comptés comme services effectifs pour moitié en sus de leur durée effective, sans toutefois que cette bonification puisse réduire de plus d'un cinquième le temps de service nécessaire pour constituer le droit à pension (article 10 de la loi du 9 juin 1853).

S'ils ont été rendus après le 16 avril 1924, hors d'Europe, quel que soit le lieu d'origine des intéressés, ils sont comptés pour un tiers en sus de leur durée effective. Ils sont comptés seulement pour un quart dans les services sédentaires rendus dans les territoires civils de l'Afrique du Nord (article 9 de la loi du 14 avril 1924).

L'alinéa qui précède est applicable aux services civils accomplis hors d'Europe, même avant le 17 avril 1924, par des fonctionnaires ou employés, qui, en raison de leur lieu de naissance, n'ont pas été admis au bénéfice de l'article 10 de la loi du 9 juin 1853.

CHAPITRE VI.

DROIT A PENSION RÉSULTANT DE BLESSURES OU D'INFIRMITÉS.

ARTICLE 21. — *Règles générales.*

Ouvre droit à pension d'invalidité toute infirmité contractée ou aggravée par le fait ou à l'occasion du service, à condition que le degré d'invalidité en résultant soit d'au moins 10 p. 100 (loi du 31 mars 1919).

Si l'intéressé continue à figurer sur les contrôles de l'activité, il a droit, conformément aux prescriptions de l'article 2 de la loi du 30 avril 1920, au cumul, avec sa solde, d'une pension équivalente à celle accordée par la loi du 31 mars 1919 au soldat atteint de la même infirmité.

S'il est rayé des contrôles de l'activité, soit d'office, soit sur sa demande, il lui est fait application des articles 22, 23 et 24 ci-après.

Au contraire, n'ouvre droit, selon le cas, qu'à la pension de réforme ou à la solde de réforme prévue par l'article 45 de la loi, toute infirmité non rattachable au service.

ARTICLE 22. — *Officiers.*

Tout officier atteint d'infirmités graves et incurables le rendant définitivement incapable d'accomplir son service et le mettant, par suite, hors d'état de rester en activité en lui ôtant la possibilité d'y rentrer ultérieurement, peut être mis à la retraite soit sur sa demande, soit d'office, dans les conditions fixées par l'article 1er de la loi du 30 avril 1920. Le taux d'invalidité ne peut alors être inférieur à 60 p. 100 (avis du Conseil d'Etat du 29 novembre 1921).

L'intéressé peut prétendre, soit à la pension prévue pour son grade par la loi du 31 mars 1919, soit, si son infirmité est attribuable au service qu'il a accompli pendant la guerre 1914-1919 ou à un service antérieur ou postérieur accompli en opérations de guerre, à la pension mixte prévue par l'article 59 de la loi du 31 mars 1919.

En aucun cas, sa pension ne peut être inférieure à la pension minimum d'ancienneté de son grade augmentée de ses annuités pour campagnes.

Lorsque l'officier ne remplit pas, de par son invalidité, les conditions précitées, soit parce que son infirmité n'est pas incurable, soit parce qu'il n'est pas hors d'état de servir ou de rentrer ultérieurement au service, il a droit, au cumul avec sa solde, d'une pension équivalente à celle accordée par la loi du 31 mars 1919 au soldat atteint de la même invalidité.

S'il demande et obtient sa radiation des contrôles de l'activité, il ne peut alors prétendre qu'à la pension prévue pour son grade par la loi du 31 mars 1919. Toutefois, s'il a droit à une pension fondée sur la durée des services, il peut opter pour cette pension qui est alors majorée de celle prévue par ladite loi pour un soldat atteint de la même invalidité.

Article 23. — *Hommes de troupe.*

Tout homme de troupe servant au delà de la durée légale en vertu d'un contrat, s'il est atteint d'infirmités graves et incurables entraînant un degré d'invalidité d'au moins 60 p. 100, le rendant définitivement incapable d'accomplir son service, peut être mis à la retraite, soit sur sa demande, soit d'office, dans les conditions prévues par l'article 1er de la loi du 30 avril 1920.

Les droits de l'intéressé sont ceux fixés par les 2e et 3e alinéas de l'article qui précède.

Lorsque l'homme de troupe ne remplit pas, de par son invalidité, les conditions précitées, soit parce que son infirmité n'est pas incurable, soit parce qu'elle ne le rend pas définitivement incapable d'accomplir son service, il a droit, s'il n'est pas réformé, au cumul, avec sa solde, d'une pension équivalente à celle prévue par la loi du 31 mars 1919 pour un soldat atteint de la même invalidité.

S'il est réformé et que son invalidité soit attribuable à un service accompli pendant la guerre 1914-1919, ou à un service antérieur ou postérieur, accompli en opérations de guerre, il peut opter soit pour la pension fixée pour son grade par la loi du 31 mars 1919, soit pour la pension mixte prévue par l'article 59 de la même loi.

S'il n'est pas réformé, mais est rayé des contrôles de l'activité, il ne peut alors prétendre qu'à la pension prévue pour son grade par la loi du 31 mars 1919. Toutefois, s'il a droit à une pension fondée sur la durée des services, il peut opter pour cette pension, qui est alors majorée de celle prévue par ladite loi pour un soldat atteint de la même invalidité.

Le dernier alinéa de l'article 78 de la loi du 1er avril 1923 se trouve abrogé par le dernier alinéa de l'article 45 de la loi du 14 avril 1924.

ARTICLE 24. — *Dispositions spéciales.*

Les autorités médicales ont seules qualité pour apprécier la gravité et l'incurabilité des affections soumises à leur examen; le sous-intendant militaire n'a jamais à prendre parti dans la question médicale, mais il ne doit pas négliger de veiller, sous ce rapport, comme sous tous autres, à l'observation des formalités réglementaires.

Dans les cas douteux, il empêche que, sans en avoir référé au Ministre (1), l'on abandonne à l'intéressé le soin de faire valoir plus tard des droits dont celui-ci n'aura peut-être connaissance qu'à un moment où la prescription devra lui être opposée.

Enfin, il veille à ce qu'un militaire reconnu susceptible d'être retraité ne soit jamais réformé, ni signalé comme tel, et à ce que les prescriptions de l'article 1er de la loi du 30 avril 1920 soient strictement observées le cas échéant.

TITRE IV.

Pièces qui doivent accompagner les demandes et propositions de pension concernant les militaires.

CHAPITRE VII.

PENSIONS POUR ANCIENNETÉ DE SERVICE OU PROPORTIONNELLE.

ARTICLE 25. — *Pension d'ancienneté.*

Le dossier de pension d'ancienneté doit comprendre :

1° Que la mise à la retraite soit prononcée d'office ou sur demande de l'intéressé, une demande de liquidation de pension (modèle n° 4);

2° Etat général des services et campagnes (modèle n° 7);

3° Acte de naissance du militaire;

4° Acte de mariage du militaire lorsque de ce mariage sont issus des enfants ouvrant droit soit à bonification pour famille nombreuse, soit à indemnité pour charges de famille;

5° Actes de naissance, certificat de vie collectif et actes de décès, le cas échéant, des enfants précités;

6° Acte d'individualité modèle n° 8, s'il y a lieu;

---

(1) Au Ministre des pensions, voir page 341.

7° Etat des services admissibles pour la retraite et accompli à un titre autre qu'à titre de militaire de l'armée de terre;

8° Une déclaration modèle n° 5, signée de l'intéressé, indiquant qu'il a ou n'a pas élevé au moins trois enfants depuis leur naissance jusqu'à l'âge de 16 ans et qu'il a, ou n'a pas d'enfants de moins de 16 ans, donnant, s'il y a lieu, l'énumération des enfants précités et précisant que le pensionné fait abandon, le cas échéant, soit des bonifications pour famille nombreuse, soit des indemnités pour charges de famille (voir articles 11 et 12 de la présente instruction);

9° Un certificat de position (modèle n° 6).

ARTICLE 26. — Pension proportionnelle.

Le dossier de pension proportionnelle doit comprendre :

1° Une demande de liquidation de pension (modèle n° 4);

2° Etat général des services et campagnes (modèle n° 7);

3° Acte de naissance du militaire;

4° Acte d'individualité (modèle n° 8), s'il y a lieu;

5° Etat des services admissibles pour la retraite et accompli à un titre autre qu'à titre de militaire de l'armée de terre;

6° Un certificat de position (modèle n° 6).

ARTICLE 27. — Pension d'invalidité.

Les dossiers de pensions d'invalidité sont composés d'après la réglementation en la matière. En cas de pension mixte, les pièces visées aux articles qui précèdent sont produites, si elles ne l'ont pas déjà été, pour la justification des droits à pension d'invalidité. En tout état de cause, lorsqu'il s'agit d'une pension mixte de l'article 60 de la loi du 31 mars 1919 comprenant une pension d'ancienneté, une déclaration de l'intéressé doit être produite mentionnant le cas échéant qu'il fait abandon, soit des majorations pour enfants qui peuvent lui être dues au titre de la loi du 14 avril 1924, soit des majorations prévues par l'article 13 de la loi du 31 mars 1919.

ARTICLE 28. — Demande de liquidation de pension.

La demande mentionne exactement :

1° La nature de la pension sollicitée;

2° La résidence choisie par l'intéressé (en indiquant pour les grandes villes, le nom de la rue et le numéro et pour Paris, l'arrondissement).

Elle fait connaître si l'intéressé est déjà titulaire d'une pension à quelque titre que ce soit. Dans l'affirmative, elle mentionne la nature, le numéro et le montant de la pension.

Article 29. — *Actes de l'état civil.*

Les actes de l'état civil peuvent être produits sur papier libre (loi du 28 fructidor an VII). Ils doivent n'avoir aucune altération ni abréviation ou surcharge et être certifiés par les dépositaires des registres.

Les expéditions venant de l'étranger doivent être légalisées, soit par la légation ou l'un des consulats de France dans le pays d'où elles viennent, soit par l'agent diplomatique ou consulaire du pays en France (sauf pour les documents émanant de Belgique, du Luxembourg ou de la principauté de Monaco).

Lorsque l'expédition est en langue étrangère, il est utile d'y joindre une traduction dûment certifiée. Les actes rédigés en latin n'ont besoin de traduction que dans le cas où ils sont écrits en caractères non usités en France.

Si l'intéressé se trouve dans l'impossibilité de produire son acte de naissance, il y est suppléé par un acte de notoriété conforme aux dispositions des articles 70 et 71 du Code civil modifiés par la loi du 7 février 1924.

Les demandes d'actes de l'état civil des militaires nés en pays étrangers sont adressées directement au Ministre des affaires étrangères par les conseils d'administration chargés de l'établissement des dossiers.

Article 30. — *Acte d'individualité.*

Dans le cas de discordance entre certaines pièces d'état civil ou entre une pièce d'état civil et l'état des services en ce qui concerne les points essentiels de l'état civil, notamment les nom, prénoms, date de naissance, il est établi un certificat d'individualité (modèle n° 8). Cette pièce n'est pas indispensable pour les points secondaires qui ne peuvent exercer aucune influence sur la liquidation de la pension et l'établissement des titres d'inscription.

Article 31. — *Militaires étrangers.*

L'article 56 de la loi du 14 avril 1924, doit être compris dans le sens étroit, c'est-à-dire que le droit à l'obtention ou à la jouissance des pensions n'est suspendu par la perte de la qualité de Français que pour les militaires français d'origine ou naturalisés.

Les militaires d'origine étrangère ne sont donc pas tenus à se pourvoir en demande de naturalisation pour obtenir une pension. Il y ont droit dans les conditions fixées par l'article 43 de la loi du 14 avril 1924 et l'article 31 du règlement d'administration publique.

Article 32. — *Etat des services.*

Les services militaires sont constatés par un relevé conforme au modèle n° 7 ci-joint. Toute autre pièce serait inutile comme faisant double emploi.

Ce relevé relate tous les renseignements inscrits sur les feuillets et livrets matricules et notamment la date et la durée de chaque rengagement, la date de chaque nomination, les dates et la durée des interruptions.

Il doit indiquer très exactement les dates de commencement et de fin de chaque campagne et les mentionner sous la dénomination fixée par la décision qui a accordé le bénéfice de campagne.

Les campagnes effectuées dans un territoire colonial, ou à mandat, de protectorat ou étranger, doivent être inscrites sur les états des services précisant, s'il y a lieu, les dates d'embarquement et de débarquement pour rejoindre ou quitter le poste (2° paragraphe de l'alinéa D de l'article 36 de la loi du 14 avril 1924). Pour les militaires de la gendarmerie, l'état des services est accompagné, le cas échéant, d'un relevé détaillé des conduites de prisonniers en Afrique du Nord avec la date de commencement et de fin de chaque transfèrement.

Les interruptions dans le bénéfice des campagnes par suite de déplacement temporaire, de congés et permissions ou pour raisons de santé, doivent être inscrites conformément aux dispositions de la circulaire n° 16132 K en date du 26 décembre 1923 (*Bulletin officiel*, page 3774).

Les services civils et de marine sont constatés par des certificats délivrés par l'administration dans laquelle ils ont été effectués.

Si l'intéressé a obtenu une pension, à quelque titre que ce soit, il devra toujours en être fait mention avec le plus grand soin.

Pour les officiers, les états de services sont vérifiés au minis tère de la guerre d'après les contrôles déposés aux archives.

ARTICLE 33. — *Certificat de position.*

Le certificat de position est établi par les membres du conseil d'administration du corps instructeur. Il indique très exacte ment :

1° La date de radiation des contrôles et, le cas échéant, la date de la décision qui a prononcé la radiation;

2° Les différents grades et échelons de solde occupés par l'intéressé pendant les trois dernières années qui ont précédé la radiation des contrôles.

Il fait, en outre, connaître :

a) Si le militaire est ou non titulaire d'une pension d'invalidité;

b) S'il a ou non demandé des avances sur pension.

Enfin, il indique, pour les militaires proposés pour une pension d'ancienneté, le détail des indemnités pour charges de famille perçues par les intéressés pour leurs propres enfants lors de leur radiation des contrôles de l'activité.

TITRE V.

Ayants cause de militaires.

CHAPITRE VIII.

DROIT ET JUSTIFICATION.

ARTICLE 34. — *Demandes des ayants cause de militaires.*

Ont droit au bénéfice d'une pension et dans les conditions fixées aux articles 36 et 37 du règlement d'administration publique les ayants cause des militaires ou marins en activité de service ou en instance au 16 avril 1924, de pensions fondées en tout ou partie sur la durée des services.

Ont droit au même bénéfice les ayants cause de militaires ou marins titulaires au 17 avril 1924 d'une pension fondée, en tout ou partie, sur la durée des services quelle que soit la date de concession de cette pension.

Que le militaire soit décédé en activité ou en retraite, la demande des ayants cause, accompagnée des pièces justificatives prescrites doit être adressée au sous-intendant militaire chargé du service des pensions dans leur département de domicile.

Si les documents exigés n'ont pas tous été réunis, ce sous-intendant donne aux pétitionnaires les moyens de combler les lacunes et sert, au besoin, d'intermédiaire auprès des corps de troupe, des établissements militaires et des officiers de l'état civil.

Lorsque tous éléments de l'instruction sont rassemblés, le sous-intendant militaire s'assure que les expéditions d'actes de l'état civil sont régulières, qu'elles ne contiennent aucune rature ou surcharge non approuvée, et qu'elles se rapportent bien au militaire ou aux ayants cause. S'il existe des différences de nature à rendre l'identité douteuse, il établit ou fait établir un acte d'individualité expliquant ces différences (modèle n° 8).

Lorsque toutes les pièces sont réunies, quelle que soit la suite que la demande est susceptible de recevoir, le dossier est transmis au Ministre des pensions, avec un bordereau modèle n° 3 complété par le visa du sous-intendant militaire.

Le Ministre a seul qualité pour statuer, s'il y a lieu, sur le refus de pension et notifier administrativement sa décision aux intéressés.

Article 35. — *Actes de l'état civil.*

Toutes les observations spécifiées au titre IV relativement aux actes de l'état civil sont applicables aux droits par réversion.

Article 36. — *Entrée en jouissance.*

La pension des veuves ou femmes divorcées de militaires, court du lendemain du décès du mari; il en est de même des pensions temporaires accordées aux orphelins de père.

Les pensions concédées au nom des orphelins de père et de mère courent du lendemain du décès du père, si la mère est prédécédée et du lendemain du décès de la mère dans le cas contraire.

Les mêmes règles sont applicables lorsque la mère ne peut obtenir pension par suite d'inhabilité (séparation de corps ou

divorce aux torts de la mère, condamnation à une peine afflictive ou infamante, perte de la nationalité française) ou bien
lorsqu'elle se trouve déchue de ses droits (déchéance de la puissance paternelle). Les droits qui lui appartiendraient passent
aux enfants mineurs jusqu'à leur majorité, mais si l'événement
entraînant la perte du droit dans les cas susvisés, n'a été connu
ou n'est intervenu qu'après concession de la pension au profit
de la mère, la réversion sur la tête des orphelins n'aura effet
qu'à partir du dernier terme acquitté.

CHAPITRE IX.

PIÈCES A PRODUIRE A L'APPUI DES DEMANDES.

ARTICLE 37. — *Veuves.*

Les veuves de militaires décédés titulaires d'une pension fondée en tout ou partie sur la durée des services ou décédés en
activité après avoir accompli au moins quinze années de services effectifs admissibles pour la retraite, doivent formuler leur
demande sur papier libre. Elles doivent indiquer exactement
leur domicile (pour les grandes villes, il est indispensable de
faire connaître le nom de la rue et le numéro) ainsi que le département dans lequel elles désirent recevoir les arrérages de
leur pension. Leur signature est légalisée par le maire de leur
résidence.

Les pièces justificatives à joindre sont les suivantes :

1° Acte de naissance de la veuve.

2° Acte de célébration de mariage.

Pour la justification du mariage, il ne peut être suppléé à
l'acte de l'état civil que par une enquête judiciaire, conformément à l'article 46 du Code civil. Dans ce cas, l'extrait du jugement du tribunal remplace l'extrait prescrit par les articles 45
et 19 du Code civil.

Si la veuve, mariée moins de deux ans avant la cessation de
l'activité du mari, puise son droit dans l'existence d'enfants issus
de ce mariage et si la veuve a perdu, depuis la mort de son mari,
les enfants ou l'enfant unique issus de son mariage, elle doit produire l'acte de mariage et l'acte de décès constatant que l'enfant
a survécu au père.

Dans le cas où le droit résulte de l'existence d'un enfant pos-
thume. il suffit de produire l'acte de naissance de cet enfant.

3° Acte de décès du mari.

4° Etat général des services et campagnes du mari.

5° Etat des services admissibles pour la retraite et accompli à un titre autre qu'à titre militaire de l'armée de terre (à ne produire que si le militaire n'était pas, au 16 avril 1924, titulaire d'une pension militaire).

Si le militaire était titulaire d'une pension fondée en tout ou partie sur la durée de ses services, les documents énumérés sous le 4° et 5° ci-dessus sont remplacés par une copie du titre ou de la notification de cette pension.

6° Actes de naissance et certificat de vie collectif des enfants âgés de moins de 21 ans lors de l'ouverture du droit à pension, *ou* déclaration de la veuve indiquant qu'il n'existe pas d'enfants âgés de moins de 21 ans.

7° Certificat de notoriété (modèle n° 9) délivré par l'autorité municipale, sur la déclaration de l'intéressé, constatant :

a) Que le mariage n'a pas été dissous par le divorce;

b) Qu'aucune séparation de corps n'a été prononcée judiciairement entre les époux;

c) Que la veuve est Française, n'est pas remariée, n'est pas déchue de la puissance paternelle et est en possession de ses droits civils;

d) Que le mari a ou n'a pas laissé des enfants mineurs, enfants naturels reconnus ou enfants issus d'un mariage antérieur et qu'il a ou n'a pas contracté antérieurement de mariage dissous par divorce.

En cas de séparation de corps, la veuve doit justifier que cette séparation a été prononcée en sa faveur, et produire à cet effet un extrait du jugement. Si la séparation a été prononcée aux torts réciproques des deux époux, elle est considérée comme ayant été prononcée en partie contre la femme et celle-ci ne peut pas prétendre à pension.

8° Certificat de position (modèle n° 6) lorsque le mari est décédé en activité de service.

9° Acte d'individualité (modèle n° 8). Lorsqu'il y a lieu d'en produire un pour expliquer les différences existant entre les diverses pièces du dossier, il devra être établi d'une manière analogue au modèle n° 8 en y apportant toutes les modifications nécessaires.

Pour les veuves, cet acte peut être établi sur l'attestation de deux témoins devant une autorité administrative ou judiciaire, devant un notaire, ou devant le sous-intendant militaire.

ARTICLE 38. — *Epouses divorcées.*

L'épouse divorcée postérieurement au 16 avril 1924 produit les pièces énumérées à l'article qui précède; elle doit fournir, en outre, un extrait du jugement de divorce mentionnant spécialement que le divorce a été prononcé en sa faveur. Si le divorce a été prononcé aux torts réciproques des deux époux, il est considéré comme ayant été prononcé en partie contre la femme et celle-ci ne peut pas prétendre à pension.

Le certificat de notoriété (modèle n° 10) délivré par l'autorité municipale, sur la déclaration de l'intéressée, constate :

1° Que l'intéressée est Française, n'est pas remariée, n'est pas déchue de la puissance paternelle et est en possession de ses droits civils;

2° Que le mari a laissé ou n'a pas laissé des enfants mineurs, enfants naturels reconnus ou enfants issus d'un mariage antérieur ou postérieur et a ou n'a pas laissé de veuve.

ARTICLE 39. — *Orphelins.*

A) En principe, les pièces relatives aux orphelins de père sont produites par la mère, tutrice légale, dans les conditions fixées par les articles 37 ou 38 qui précèdent. Toutefois, si leur tutelle est confiée à un tiers, les documents énumérés à ces articles sont fournis par le tuteur, accompagnés de l'extrait de la délibération du conseil de famille réuni pour la nomination du tuteur.

Les mineurs émancipés formulent eux-mêmes leur demande à laquelle doit être annexé l'acte d'émancipation. Pour les orphelines mariées, la demande doit être faite par le mari et être accompagnée de l'acte de mariage et d'un certificat de nationalité du mari.

B) La demande concernant les orphelins de père et de mère est produite par leur tuteur (sous les réserves indiquées ci-dessus en ce qui concerne les mineurs émancipés ou les orphelines mariées).

La demande doit être accompagnée des pièces ci-après :

1° Extrait de la délibération du conseil de famille réuni pour la nomination du tuteur, ou acte d'émancipation si le mineur est émancipé, ou acte de célébration du mariage si l'orpheline est mariée;

2° Acte de naissance de tous les orphelins mineurs existant au moment du décès du dernier mourant, père ou mère;

3° Certificat de vie collectif de ces orphelins;

4° Acte de célébration du mariage des parents;

5° Acte de décès du père.

Si la mère des orphelins était elle-même titulaire d'une pension de veuve, les pièces énumérées aux paragraphes 4 et 5 ne sont pas exigées;

6° Acte de décès de la mère;

7° État général des services et campagnes du père;

8° État des services admissibles pour la retraite et accomplis à un titre autre qu'à titre militaire de l'armée de terre (à ne produire que si ce militaire n'était pas au 16 avril 1924, titulaire d'une pension militaire).

Si le militaire ou la mère était titulaire d'une pension fondée en tout ou partie sur la durée des services, les documents énumérés sous les n°ˢ 7° et 8° ci-dessus sont remplacés par une copie de la notification de cette pension;

9° Certificat de notoriété (modèle n° 11) délivré par l'autorité municipale constatant que le père a ou n'a pas laissé de veuve, de femme divorcée ou d'autres enfants mineurs.

En cas de divorce ou de séparation de corps prononcée sur la demande du père et à son profit, produire un extrait du jugement prononçant le divorce ou la séparation de corps;

10° Certificat de position (modèle n° 6) lorsque le père est décédé en activité de services;

11° Acte d'individualité (modèle n° 8) comme il est dit à l'article 37 précédent pour les pensions de veuves.

Article 40. — Veuves et orphelins.

S'il existe une femme divorcée, une veuve et des orphelins mineurs, enfants naturels reconnus ou enfants issus de mariages antérieurs du militaire, il y a lieu de produire simultanément les pièces mentionnées aux articles 37, 38 et 39.

S'il existe des ayants cause de plusieurs lits du militaire on doit constituer autant de dossiers qu'il y a de lits différents mais sans qu'il soit nécessaire de fournir plus d'une expédition des pièces qui devraient accompagner chaque dossier et qui se trouvent déjà dans l'un d'eux.

Article 41. — *Pensions mixtes.*

En cas de pension mixte, les pièces visées aux articles qui précèdent sont produites, si elles ne l'ont pas déjà été, pour la justification des droits à pension de la loi du 31 mars 1919. En tout état de cause, une déclaration de l'intéressé doit être produite mentionnant, le cas échéant, qu'il fait abandon soit des pensions temporaires qui peuvent être dues au titre de la loi du 14 avril 1924, soit des majorations pour enfants prévues par la loi du 31 mars 1919.

TITRE VI.

Dispositions spéciales et transitoires.

CHAPITRE X.

DISPOSITIONS SPÉCIALES.

Article 42. — *Décompte des pensions.*

Conformément à l'article 39 de la loi du 14 avril 1924, il est tenu compte, dans la liquidation des pensions, de la fraction d'année obtenue par la totalisation des services effectifs et des campagnes, toute fraction de mois dans le total étant décomptée pour un douzième entier d'annuité.

La solde moyenne' est déterminée d'après les soldes afférentes aux grades et échelons arrondies au franc supérieur lorsque la fraction de centimes est égale ou supérieure à 50, au franc inférieur dans le cas contraire.

Si le décompte final de la pension présente une fraction de francs, la fraction de 50 centimes et au-dessus est portée pour le franc, celle au-dessous est négligée (décision réglementaire du 15 juillet 1819).

Article 43 — *Remise des carnets de pension et des lettres de notification.*

Les carnets de pension et les lettres de notification portant décompte des pensions concédées en vertu de la loi du 14 avril 1924 aux anciens militaires et à leurs ayants cause sont transmis par un même envoi au sous-intendant militaire chargé du service des pensions dans le département du domicile.

Ce fonctionnaire adresse immédiatement à l'intéressé la lettre de notification par envoi recommandé avec accusé de réception, il l'invite en même temps à lui faire parvenir les pièces indispensables pour la mise en paiement de la pension, c'est-à-dire le certificat de cessation de paiement de solde et, le cas échéant, l'autorisation de paiement d'avances sur pension.

L'accusé de réception est conservé par le sous-intendant militaire à la disposition du Ministre. Cette pièce a pour but de fixer le point de départ du délai de recours prévu par l'article 66 de la loi du 14 avril 1924.

Dans le cas de réclamation, le sous-intendant militaire transmet au Ministre cette réclamation accompagnée de l'accusé de réception précité.

Sur le vu des pièces énumérées ci-dessus le sous-intendant militaire établit ensuite, conformément à l'instruction présidentielle du 6 avril 1897, le certificat de cessation de payement constatant la date d'entrée en jouissance des premiers arrérages de la pension et, un état constatant la perception ou non d'avances et, le cas échéant, le montant de ces dernières. Il transmet sans délai ces pièces à l'intéressé (1). Le carnet de pension est transmis le même jour à l'autorité municipale pour être remis à l'intéressé.

Le certificat spécial relatif à une pension proportionnelle à payement différé prévu à l'article 14 qui précède est remis dans les conditions fixées aux quatre premiers alinéas du présent article. Il ne donne pas lieu à délivrance, de la part du sous-intendant militaire, d'un certificat de cessation de payement.

ARTICLE 44. — Liquidation des pensions.

Sont seules obligatoirement soumises à l'examen de la section des finances, de la guerre et de la marine du Conseil d'Etat, les liquidations de pensions militaires d'invalidité concernant des militaires de carrière lorsque l'invalidité n'est pas attribuable à un service accompli en opération de guerre et entraîne la radiation des contrôles de l'activité du bénéficiaire.

CHAPITRE XI.

DISPOSITIONS TRANSITOIRES.

ARTICLE 45. — Dossiers en instance de liquidation à l'administration centrale.

Les dossiers en instance de liquidation au ministère des pensions seront complétés par les soins de l'administration centrale

____

(1) Texte nouveau (circulaire du 1ᵉʳ mai 1925, B. O., p. 1243).

en ce qui concerne les pièces nécessaires à la détermination des droits nouveaux des intéressés.

ARTICLE 46. — *Veuves bénéficiaires de l'article 68 de la loi du 14 avril 1924*

Les veuves de militaires de carrière décédés avant le 17 avril 1924 en activité de service sans réunir de droits à pension d'aucune sorte, et sans être elles-mêmes titulaires du chef de leur mari d'une pension, d'un emploi public ou d'un bureau de tabac de 1re classe, peuvent solliciter la concession d'une allocation annuelle. Cette allocation est calculée sur la base de 30, 40 ou 50 francs pour chaque année de service effectif (décompté d'après la législation en vigueur au moment du décès du militaire), suivant que le mari, au jour de sa mort percevait une solde de moins de 3.000 francs, de 3.000 à 5.999 francs ou de 6.000 francs et au-dessus.

L'allocation est exclusive de toute adjonction de pension temporaire d'orphelin.

L'attribution de cette allocation est soumise aux mêmes conditions touchant la durée du mariage que celle de la pension de reversion. Elle est subordonnée à la condition que le mari soit mort en activité, c'est-à-dire dans une position susceptible d'ouvrir droit à pension. Les règles visant la déchéance du droit à pension de veuve sont applicables en ce qui touche le droit à allocation (séparation ou divorce aux torts de la femme, perte de la nationalité française, condamnations et autres cas visés à l'article 56 de la loi du 14 avril 1924).

Les demandes en vue de la liquidation de l'allocation instituée par l'article 68 de la loi (modèle n° 12) sont adressées au sous-intendant départemental du domicile de l'intéressée, comme en matière de pension proprement dite. Dans le cas où la veuve aurait été du fait de son veuvage soit titulaire d'un bureau de tabac de 1re classe, soit pourvue d'un emploi public, elle doit le mentionner dans sa demande et y joindre une déclaration de renonciation soit au bureau de tabac s'il est de 1re classe, soit à l'emploi. De plus, sa déclaration sera corroborée par l'administration des contributions indirectes (ministère des finances).

Les autres pièces justificatives à joindre sont :

1° Acte de naissance de la veuve;

2° Acte de mariage avec le mari décédé dans les conditions précitées;

3° Acte de décès dudit mari;

4° Etat général des services et campagnes du mari et état des services admissibles pour la retraite, accompli à un titre autre que militaire;

5° Certificat de notoriété modèle n° 9 sur lequel les paragraphes 4° et 5° seront supprimés;

6° Acte d'individualité (modèle n° 8) s'il y a lieu;

7° En cas de remariage depuis le décès du mari ouvrant des droits à allocation, la veuve devra fournir en outre toutes pièces destinées à justifier de son état civil actuel, acte du nouveau mariage, certificat de l'autorité municipale attestant que le nouveau mari est de nationalité française, acte de décès du nouveau mari dans le cas où la pétitionnaire serait redevenue veuve, extrait du jugement de divorce dans le cas où la nouvelle union aurait été dissoute par un tel jugement, etc.

Les demandes de liquidation d'allocation de l'article 68 ne peuvent ouvrir de droits à mandatement d'avances. Elles indiquent la localité où la requérante désire percevoir les arrérages (localité, rue, numéro et pour Paris, arrondissement). La signature de l'intéressée doit être légalisée par le maire.

Les déclarations de renonciation à un emploi ou à un bureau de tabac de 1re classe seront communiquées par les soins du bureau liquidateur au service dont relève l'emploi occupé par la veuve ou, s'il s'agit d'un bureau de tabac de 1re classe, au cabinet du Ministre des finances (Bureau des débits de tabac).

Le service du traitement attaché à l'emploi ou à la jouissance du bureau de tabac ne cessera dans tous les cas qu'à compter de la date à laquelle l'allocation aura commencé à être perçue par l'intéressée. Une mention spéciale sera portée à cet effet sur l'arrêté de concession et reproduite sur le certificat d'inscription de l'allocation qui aura pour point de départ le 17 avril 1924.

Le Ministre des pensions,

BOVIER-LAPIERRE.

TABLE DES MATIÈRES

DE L'INSTRUCTION.

TABLE DES MODÈLES

MODÈLES

Modèle N° 1.

(1) Désigner le corps auquel appartient l'intéressé, et si la demande est instruite par un autre corps, le désigner pareillement.

(2) Nom, prénoms, grade et corps de l'intéressé.

(3) Pour avoir droit à bonification pour famille nombreuse, il faut avoir élevé jusqu'à l'âge de 16 ans, au moins trois enfants légitimes issus du militaire.

(4) Cette indemnité est due pour les enfants légitimes issus du militaire et âgés de moins de 16 ans.

(5) A ne produire pour les enfants légitimes issus du militaire, âgés de plus de 16 ans, que s'ils sont au moins trois. A produire pour les enfants légitimes issus du militaire âgés de moins de 16 ans.

(6) A produire pour les enfants vivants et pour lesquels il est fourni des actes de naissance.
Un certificat de vie collectif peut être fourni.

(7) A ne produire que pour les enfants ouvrant droit à bonification pour famille nombreuse et décédés après l'âge de 16 ans.

(8) Actes d'individualité, s'il y a lieu.

Pièces diverses.

(1)

BORDEREAU ÉNUMÉRATIF

des pièces à l'appui de la proposition pour pension d'ancienneté, établie en faveur de (2)

Savoir :

1° Déclaration de demande de liquidation de pension. . . . .

2° État général des services et campagnes. . . .

3° État des services admissibles pour l: retraite et accomplis à un titre autre qu'à titre de militaire de l'armée de terre. . . . .

4° Acte de naissance du militaire. . . . .

5° Déclaration du militaire indiquant s'il a droit ou non :

    a) A bonification pour famille nombreuse (3)
    b) A indemnité pour charges de famille (4).

6° Actes de naissance des enfants (5). . . . .

7° Certificats de vie des enfants (5) (6). . . . .

8° Acte de décès d'enfant (5) (7). . . . .

9° Certificat de position. . . . .

10° (8). . . . .

TOTAL des pièces. . . . .

CERTIFIÉ véritable par nous, membres composant le Conseil d'administration.

A   , le   19 .

Le sous-intendant militaire soussigné certifie avoir vérifié toutes les pièces énumérées sur le présent bordereau.

A   , le   19 .

MODÈLE N° 2.

(1) Désigner le corps auquel appartient l'intéressé, et, si la demande est instruite par un autre corps, le désigner pareillement.

(2) Nom, prénoms, grade et corps de l'intéressé.

(3) Acte d'individualité s'il y a lieu. Pièces diverses.

(1)

BORDEREAU ÉNUMÉRATIF

des pièces à l'appui de la proposition pour pension proportionnelle établie en faveur de (2)

Savoir :

1° Déclaration de demande de liquidation de pension. . . . .

2° Etat général des services et campagnes. . . .

3° Etat des services admissibles pour la retraite et accomplis à un titre autre qu'à titre de militaire de l'armée de terre. . . . .

4° Acte de naissance du militaire. . . . .

5° Certificat de position. . . . .

6° (3). . . . .

TOTAL des pièces. . . . .

CERTIFIÉ véritable par nous, membres composant le Conseil d'administration.

A   , le   19 .

Le sous-intendant militaire soussigné certifie avoir vérifié toutes les pièces énumérées sur le présent bordereau.

A   , le   19 .

PENSIONS MILITAIRES.

MODÈLE N° 3.

(1) Nom patronymique et prénoms des postulants (veuves, orphelins, femme divorcée).

Pour les orphelins, porter la
mention: formée par M... (nom
et prénoms du tuteur) au nom
de (nom et prénoms des orphelins).

(2) Degré de parenté avec le
militaire (veuve, orphelin, femme divorcée).

(3) Nom, prénoms, grade e
corps du militaire.

(4) En retraite ou en activité
après 15 ans de services effectifs.

(5) Des postulants (veuves, orphelins, femme divorcée).

(6) A ne produire que si le
militaire n'était pas, au 16 avril
1924, titulaire d'une pension militaire.

(7) Si le militaire était titulaire d'une pension, copie du titre ou de la notification de cette
pension. Les pièces numérotées
5° et 6° ne sont pas alors à
produire.

(8) Un certificat de vie collectif peut être produit.

(9) Acte d'individualité, s'il y
a lieu, extrait du jugement de
divorce ou de séparation de
corps le cas échéant.

Acte de remariage et certificat de nationalité du mari, s'il
y a lieu; pour la veuve; extrait
de la délibération du conseil de
famille pour les orphelins de
père et de mère, ou pour les
orphelins de père confiés à un
tiers.

Acte de décès de la mère pour
les orphelins de père et de mère.

Certificat de position (modèle
5) lorsque le militaire est décédé en activité de service.

Pièces diverses.

Sous-intendance militaire d

BORDEREAU ÉNUMÉRATIF

*des pièces à l'appui d'une demande de pension for-
mée par M. (1)*   **(2)**
de (3)   *décédé (4)*

Savoir :

1° Demande de pension. . . ..

2° Acte de naissance (5)......................

3° Acte de mariage du militaire,..............

4° Acte de décès du militaire..................

5° Etat général des services et campagnes du
militaire. . . ..

6° Etat des services admissibles pour la retraite
et accompli par l'ayant cause à un titre autre
qu'à titre militaire de l'armée de terre (6).

7° (7). . . ..

8° Déclaration de la veuve faisant connaître si
elle a ou non des enfants âgés de moins de
21 ans, issus du militaire.....................

9° Actes de naissance des enfants de la veuve
âgés de moins de 21 ans.....................

10° Certificat de vie des enfants précités (8)....

11° Certificat de notoriété délivré par l'autorité
municipale. . . ..

12° (9). . . ..

TOTAL des pièces.........

Le Sous-Intendant militaire soussigné certifie avoir vérifié toutes les pièces
énumérées sur le présent bordereau.

A   , le   19 .

(1) Nom, prénoms, grade, échelon de solde, corps ou service.

(2) D'ancienneté, proportionnelle ou de réforme.

(3) Si l'intéressé est titulaire d'une pension, à quelque titre que ce soit, il doit en indiquer la nature ainsi que la date, le numéro et le montant du titre de pension.

(4) Commune, département et, s'il y a lieu, rue et numéro.

MODÈLE N° 4.

DEMANDE DE LIQUIDATION DE PENSION.

(Cette pièce doit être entièrement écrite de la main de l'intéressé s'il est officier ou assimilé.)

Je soussigné (1)

déclare demander à être mis à la retraite avec pension (2)

  ou :

admis d'office à la retraite demande la liquidation de la pension à laquelle j'ai droit.

Je déclare n'être titulaire d'aucune pension (3)

Je déclare, en outre, avoir l'intention de percevoir les arrérages de ma pension à (4)

(Dater et signer.)

Nous, membres du Conseil d'administration d

certifions que la signature apposée ci-dessus est bien celle de M. (1)

A   ,le   19 .

Les Membres du Conseil d'administration.

(1) Nom, prénoms, grade, corps ou service.

(2) Rayer les mentions inutiles.

(3) Ne mentionner que les enfants issus du militaire.

(4) Nom, prénoms, date et lieu de naissance, et, s'il y a lieu, date et lieu de décès.

(5) Noms, prénoms, date et lieu de naissance.

(6) Des bonifications pour famille nombreuse ou des indemnités pour charges de famille, selon le cas.

(7) A ne remplir que pour les militaires ayant élevé au moins trois enfants depuis leur naissance jusqu'à l'âge de 16 ans.

NOTE IMPORTANTE.

La présente déclaration n'est à produire que pour les militaires ayant droit à pension d'ancienneté, c'est-à-dire ayant accompli au moins 25 ou 30 ans de services effectifs, selon le cas.

MODÈLE N° 5.

DECLARATION

relative à la situation de famille d'un militaire ayant droit à pension d'ancienneté de services.

Je soussigné (1)

    déclare :

1° N'avoir pas élevé trois enfants depuis leur naissance jusqu'à l'âge de 16 ans (2)

    ou :

Avoir élevé depuis leur naissance, jusqu'à l'âge de 16 ans, les enfants ci-après : (2) (3) (4)

(4)

(4)

(4)

(4)

(4)

2° N'avoir pas d'enfants de moins de 16 ans (2)

    ou :

Avoir les enfants ci-après, âgés de moins de 16 ans (2) (3)

(5)

(5)

(5)

(5)

(5)

3° Faire abandon des (6)

A   , le   19 .

Le Militaire,

Certificat du maire (7)

Le Maire certifie que le susnommé a élevé depuis leur naissance jusqu'à l'âge de 16 ans les enfants désignés au paragraphe 1er de la présente déclaration.

A   , le   19 .

Le Maire,

Vu pour la légalisation de la signature de M.

apposée ci-dessus.

A   , le   19 .

Le Maire,

Modèle n° 6.

CERTIFICAT DE POSITION.

Les membres du Conseil d'administration soussignés certifient que :

M. (1)

qui demande la liquidation de sa pension de (2)

1° Est rayé des contrôles de l'activité le
par décision de   le

2° Pendant la période de trois ans précédant ladite date, il a occupé les grades et échelons de solde ci-après :

Du   au
Du   au
Du   au

3° Lors de sa radiation des contrôles, il percevait les indemnités pour charges de famille afférentes à ses propres enfants et selon les taux annuels ci-après (3) :

a)   francs pour   né le   à
b)   francs pour   né le   à
c)   francs pour   né le   à

4° L'intéressé n'est pas titulaire d'une pension d'invalidité

ou :

est titulaire de pension d'invalidité de   p. 100 concédée par arrêté du
valable du   et comportant
majorations pour enfants.

5° L'intéressé a demandé
     ou :   des avances sur pension.
     n'a pas demandé

A

, le   19 .

Le Conseil d'administration,

Modèle n° 7.

(1)

ETAT GENERAL DES SERVICES ET CAMPAGNES.

(N.-B. — Cette pièce n'est établie que pour la justification, devant le Ministre des pensions, des titres aux pensions de toute nature et aux soldes de réforme).

de (2) , né le
à , département de fils de
et de profession d' marié le
autorisation d , à D°
(3) (4)

SERVICE EFFECTIF. (Services de toute nature rappelés sur les matricules ou dont il a été justifié).		CAMPAGNES. Rappelées sur les matricules ou dont il a été justifié.		OBSERVATIONS. Services et campagnes réclamés par l'intéressé, mais dont il n'a pas été justifié.
Détail des services (5).	Dates.	Dénominations.	Dates (6).	
			du	
			au	
				Signature de l'intéressé

Certifié véritable par nous, membres composant le Conseil d'administration, du

A , le 19 .

(1) Désigner le corps auquel appartient l'intéressé, et, si la demande est instruite par un autre corps, le désigner pareillement.
(2) Nom (en bâtarde) et prénoms de l'intéressé.
(3) Grade de l'intéressé.
(4) Indiquer si l'intéressé est Français d'origine.
(5) Reproduire tous les renseignements mentionnés sur les matricules, surtout la date et la durée de chaque rengagement, les dates des interruptions, etc.
(6) Indiquer avec soin les dates de commencement et de fin de chaque campagne.

MODÈLE N° 8.

ACTE D'INDIVIDUALITÉ.

(1) Nom, prénoms (tels qu'ils sont portés sur l'acte de naissance) et grade de l'intéressé.

(2) Désigner le corps auquel appartient l'intéressé.

(3) Nom, prénoms, grade et corps de chacun des deux témoins.

(4) Nom de l'intéressé.

(5) Inscrire ici en entier les nom, prénoms et signalement de l'intéressé, tels qu'ils sont portés sur les contrôles ou extrait des matricules des divers corps où il a servi (lorsqu'il existe des différences avec l'acte de naissance).

L'an mil neuf cent
le   par-devant nous,
Sous-Intendant militaire, chef de la section départementale des pensions de
s'est présenté le sieur (1)
(2)   lequel nous ayant requis
de procéder à l'établissement d'un certificat d'identité,
à l'effet de rectifier les différences qui existent entre
son acte de naissance et les pièces de l'état militaire
concernant ses services, le présent certificat a été
établi en présence des sieurs (3)

Lesdits témoins dignes de foi et déclarant connaître parfaitement le sieur (4)
dénommé et qualifié ci-dessus, ont attesté formellement que celui-ci qui a été signalé dans les différents
corps où il a servi ainsi qu'il suit (5)

est le même individu que le sieur (1)
né le   à
département d   fils de
et de   suivant acte de naissance
qui lui a été délivré à
département d   le
et que c'est par erreur qu'il a été signalé autrement
dans les divers corps auxquels il a appartenu.

Fait à   les jours,
mois et an que dessus.

L'intéressé,   1er témoin,   2e témoin,

Le Sous-Intendant militaire,

PENSIONS MILITAIRES.

DÉPARTEMENT D

Mairie d

(1) En cas de séparation de corps, le maire doit modifier la formule en désignant la date du jugement et le tribunal qui l'a prononcé.

(2) Dans le cas où il existerait des enfants naturels issus du militaire ou des enfants mineurs issus de précédents mariages du militaire, le maire devra modifier la formule en désignant quels sont ces enfants et en indiquant leur âge ainsi que le domicile de leur tuteur.

(3) Dans le cas de divorce antérieur, le maire doit modifier la formule en désignant la date du jugement et le tribunal qui l'a prononcé. Il indiquera aussi les nom et prénoms de la femme divorcée ainsi que son domicile.

L'intéressée,

CERTIFICAT DE NOTORIÉTÉ

(destiné à être joint à une demande de pension de veuve de militaire).

RÉPUBLIQUE FRANÇAISE.

Le maire d

département d

Sur la déclaration de l'intéressée,

certifie :

1° Que le mariage contracté le

à   département d

entre le sieur

décédé le

et Mme   n'a pas été dissous par le divorce.

2° Qu'aucune séparation de corps n'a été prononcée judiciairement entre les époux (1)

3° Que la veuve du susnommé est française, n'est pas remariée, n'est pas déchue de la puissance paternelle et est en possession de ses droits civils.

4° Que le susnommé n'a laissé aucun enfant mineur, enfant naturel reconnu ou enfant issu d'un mariage antérieur (2).

5° Que le susnommé n'a pas contracté antérieurement au mariage sus-indiqué d'autre mariage dissous par le divorce (3).

Fait, à   le

Le Maire,

PENSIONS MILITAIRES.

MODÈLE N° 10.

DÉPARTEMENT D

Mairie d

(1) Le maire doit modifier la formule :

a) Dans le cas d'existence d'une veuve ou d'une autre femme divorcée en indiquant les nom et prénoms de la veuve ou de la femme divorcée ainsi que son domicile;

b) Dans le cas d'existence d'enfants naturels issus du militaire ou d'enfants mineurs orphelins de mère issus d'un mariage antérieur ou postérieur en désignant quels sont ces enfants et en indiquant leur âge ainsi que le domicile de leur tuteur.

(2) Si le divorce a été prononcé aux torts réciproques des deux époux, il est considéré comme ayant été prononcé en partie contre la femme et celle-ci ne peut pas prétendre à pension.

L'intéressée,

CERTIFICAT DE NOTORIÉTÉ

(destiné à être joint à une demande de pension de femme divorcée d'un militaire).

RÉPUBLIQUE FRANÇAISE.

Le maire de
département d
Sur la déclaration de l'intéressée,
    certifie :

1° Que le mariage contracté le
à   département d
entre le sieur   décédé le
et Mme   a été dissous par
jugement de divorce prononcé le   par le
tribunal d   et transcrit le
                sur les registres de l'état civil
détenus par la mairie d

2° Que ce divorce n'a pas été prononcé contre la requérante (2)

3° Que l'intéressée est française, n'est pas remariée, n'est pas déchue de la puissance paternelle et est en possession de ses droits civils.

4° Que le susnommé n'a laissé ni veuve, ni autre femme divorcée, ni enfant mineur, orphelin de mère, enfant naturel reconnu ou enfant issu d'un mariage antérieur ou postérieur (1).

Fait à   , le   19 .

Le Maire,

PENSIONS MILITAIRES.

MODÈLE N° 11.

DÉPARTEMENT D

Mairie d

(1) Noms et prénoms des orphelins.

(2) Nom et prénoms du père.

(3) Nom et prénoms de la mère.

(4) Le maire doit modifier la formule :

a) Dans le cas d'existence d'une veuve ou d'une femme divorcée, en indiquant les nom et prénoms de la veuve ou de la femme divorcée, ainsi que son domicile;

b) Dans le cas d'existence d'enfants naturels, d'enfants mineurs orphelins de mère issus d'un mariage antérieur ou postérieur, en désignant quels sont ces enfants et en indiquant leur âge ainsi que le domicile de leur tuteur.

CERTIFICAT DE NOTORIÉTÉ

(destiné à être joint à une demande de pension d'orphelins de militaire).

RÉPUBLIQUE FRANÇAISE.

Le maire de
département d
Sur la déclaration du tuteur des orphelins,

Certifie :

1° Que M. (1)
(1)
issu du mariage contracté le
à   par (2)
et de (3)   ont pour
tuteur M.   désigné par
délibération du conseil de famille le

2° Que le père n'a laissé ni veuve, ni femme divorcée, ni enfant mineur, orphelin de mère, enfant naturel reconnu ou enfant issu d'un mariage antérieur ou postérieur à celui susindiqué (4).

Fait à   , le   19 .

Le Tuteur,

Le Maire,

Modèle n° 12.

(1) Veuve, orphelin ou femme divorcée.

(2) Chef-lieu de département du domicile de la veuve.

(3) Nom de jeune fille, prénoms; en cas de remariage, indiquer : épouse de (nom, prénoms), ou éventuellement veuve de,.... ou encore nom, prénoms du tuteur (tuteur des orphelins) (prénoms des orphelins et dates de naissance).

(4) Adresse complète par ville, département, rue, numéro, et, en ce qui concerne Paris, arrondissement.

(5) Date du décès.

(6) Nom, prénoms, grade, corps du mari ouvrant les droits.

(7) Taux de la pension.

(8) Date du décret ou de l'arrêté de concession.

(9) Numéro du certificat d'inscription.

(10) En cas de jouissance d'une autre pension, indiquer la nature, le montant, la date de concession, le numéro du certificat d'inscription ainsi que les nom, prénoms, grade ou profession de la personne ayant ouvert des droits à la pension antérieurement concédée.

DEMANDE DE LIQUIDATION D'UNE PENSION

de (1) en vertu de la loi du 14 avril 1924, adressée à M. le Ministre des pensions.

(sous le couvert de M. le Sous-Intendant militaire, chef de la section départementale des pensions de (2)

———

Je soussignée (3).

domiciliée à (4)

ai l'honneur de solliciter la concession en ma faveur d'une pension de (1)
en raison du décès survenu le (5)
de M. (6)

en activité de service, titulaire d'une pension de (7) par an, concédée le (8)
n° (9)

Ci-joint les pièces constituant mon dossier.

Je déclare n'être actuellement titulaire d'aucune pension (10, et n'avoir formulé antérieurement à la présente aucune demande de pension au titre de la loi du 14 avril 1924.

Je désire percevoir les arrérages de cette pension à

Vu pour la légalisation de la signature de Mme

apposée ci-contre.

A   , le   19

Le Maire

Date et signature :

Modèle n° 13.

(1) Chef-lieu du département du domicile de la postulante.

(2) Nom du militaire au titre duquel est demandée l'allocation.

(3) Nom de jeune fille de la requérante.

(4) Indiquer ici éventuellement l'état civil actuel exact de la requérante. Par exemple, si elle est remariée : épouse de..... ou divorcée de..... Si elle est à nouveau veuve : veuve en deuxièmes noces de....., etc.

(5) Date du décès.

(6) En cas de jouissance d'une pension, en indiquer la nature, le montant, la date de concession, le numéro du certificat d'inscription ainsi que les nom, prénoms et profession de la personne ayant ouvert des droits à cette pension.

(7) Rayer la mention inutile.

(8) Nature de l'emploi.

(9) Adresse très complète par département. Localité, rue et numéro, et, en ce qui concerne Paris, arrondissement.

DEMANDE DE LIQUIDATION

d'une allocation spéciale instituée par l'article 68 de la loi du 14 avril 1924 adressée à M. le Ministre des pensions.

(sous le couvert de M. le Sous-Intendant militaire, chef de la section départementale des pensions à (1)

Je soussignée, veuve de (2)

(prénoms)

(grade et corps)

née (3)

(prénoms)

(4)

sollicite la liquidation à mon profit de l'allocation annuelle instituée par l'article 68 de la loi du 14 avril 1924, et à laquelle j'ai droit en raison du décès survenu le (5)   de M. (2)
qui était à cette date en activité de service et ne réunissait pas de droits à pension.

Je déclare n'être titulaire d'aucune pension (6). Je déclare en outre (7) n'être pourvue d'aucun emploi public et n'être pas titulaire de bureau de tabac de 1re classe (ou bien je déclare avoir été pourvue d'un emploi public en qualité de (8)
ou avoir été titulaire d'un bureau de tabac de 1re classe situé à
et qui m'a été accordé le
et auquel je renonce ainsi qu'il résulte de la déclaration ci-jointe.

Je désire percevoir mon allocation à (9).

Vu pour la légalisation de la signature de Mme

apposée ci-contre.

A   , le   19 .

Le Maire,

A,   , le   19 .

La Pétitionnaire,

DISPOSITIONS DIVERSES

*Circulaire relative aux certificats de genre de mort prescrits
par l'instruction du 23 mars 1897 (article 75).*

Bordeaux, le 22 octobre 1914.

L'article 75 de l'instruction du 23 mars 1897 a prescrit de
justifier les causes du décès des militaires décédés sur le champ
de bataille ou des suites des blessures reçues dans ces circonstances, lorsque les veuves ou les orphelins de ces militaires
réclament la pension qui leur est due, par des certificats dressés
dans les formes prescrites par les articles 5 et 6 de l'ordonnance
du 2 juillet 1831.

Il est rappelé à toutes fins utiles que ces certificats doivent
toujours être établis à l'appui des mémoires de propositions de
pension en faveur des veuves ou orphelins des militaires décédés
en guerre, que le décès ait eu lieu sur le champ de bataille,
dans les formations sanitaires ou les hôpitaux. L'article 5 de
l'ordonnance du 2 juillet 1831 n'exigeant que « des certificats
des autorités militaires », les certificats pourront être établis
par les conseils d'administration sur les états de service des militaires décédés, dans les cases réservées aux mentions « blessures ou des actions d'éclat »; ils contiendront une analyse
succincte de l'événement de guerre et des circonstances du décès,
avec indication des lieux et des dates, et une référence formelle
aux pièces officielles (télégrammes, avis de quelque nature qu'il
soit) par le moyen desquelles le conseil d'administration a été
informé dudit décès.

La présente circulaire ne vise que l'établissement des mémoires de proposition de pension de veuves ou d'orphelins; elle
ne modifie en rien les dispositions prescrites par l'article 48 de
l'instruction du 8 juin 1911 relative à la mention des blessures
sur les états de service des militaires.

Loi du 9 août 1919 modifiant l'article 45 du Code civil.
(Bulletin des lois, page 2544.)

Art. 1er. L'art. 45 du Code civil est ainsi modifié :

Toute personne pourra, sauf l'exception prévue à l'article 57, se faire délivrer par les dépositaires des registres de l'état civil des copies des actes inscrits sur les regitres.

Les copies délivrées conformes aux registres, portant en toutes lettres la date de leur délivrance et revêtues de la signature et du sceau de l'autorité qui les aura délivrées, feront foi jusqu'à inscription de faux. Elles devront être, en outre, légalisés, lorsqu'il y aura lieu de les produire devant les autorités étrangères. Il pourra être délivré des extraits qui contiendront, outre le nom de la commune où l'acte a été dressé, la copie latérale de cet acte et des mentions et transcriptions mises en marge, à l'exception de tout ce qui est relatif aux pièces produites à l'officier de l'état civil qui l'a dressé et à la comparution des témoins. Ces extraits feront foi jusqu'à inscription de faux.

Décret relatif à la modification de l'organisation du service des pensions dans les régions de corps d'armée.

Paris, le 20 avril 1920.

Décrète :

Art. 1er. La partie du service des pensions incombant au service de l'intendance est assurée, dans chaque région de corps d'armée ou gouvernement militaire, sous la haute autorité et la responsabilité du directeur de l'intendance agissant par délégation du général commandant la région de corps d'armée ou du gouverneur militaire.

Art. 2. Pour assurer la partie du service des pensions lui incombant, le directeur de l'intendance de la région de corps d'armée ou du gouvernement militaire dispose :

1° Au chef-lieu de la région, d'une section régionale des pensions chargée de la liquidation des pensions de toute nature et des allocations d'ascendant. La section régionale des pensions est placée directement sous la haute autorité du directeur de l'intendance et dirigée effectivement par un sous-intendant militaire adjoint au directeur de l'intendance et portant le titre de sous-intendant régional des pensions;

2° Dans chaque département, d'une section départementale des pensions rattachée à une sous-intendance du chef-lieu et dirigée par le sous-intendant militaire chef de cette sous-intendance.

Art. 3. Les personnels affectés à la section régionale et aux sections départementales des pensions dans les sous-intendances sont des personnels spécialisés, appartenant exclusivement au ministère des pensions, administrés par lui et recevant leur solde, traitement ou salaire par imputation sur le budget de ce département.

Art. 4. Sont abrogées, en ce qu'elles ont de contraire au présent décret, les dispositions antérieures et, notamment, celles faisant l'objet des décrets des 20 août 1917 et 18 février 1919.

Art. 5. Le Ministre de la guerre et le Ministre des pensions, des primes et des allocations de guerre sont chargés, chacun en ce qui le concerne, de l'exécution du présent décret.

Instruction pour l'application du décret du 20 avril 1920 relatif à l'organisation du service des pensions dans les régions de corps d'armée.

Ministère des Pensions, des Primes et des Allocations de guerre; Direction de la Liquidation des Pensions; Section Administrative et Services extérieurs.

Paris, le 3 juin 1920.

TITRE Ier.

Organisation générale du service.

PRÉAMBULE.

Le décret du 20 avril 1920 apporte une modification importante à l'organisation actuelle du service des pensions dans les régions.

Désormais, les trois opérations fondamentales qui doivent précéder la concession des pensions :

Constatation des droits;

Constitution des dossiers;

Liquidation des droits constatés,

sont effectuées, pour toute la partie du travail qui peut être réalisée dans les régions de corps d'armée, sous la haute autorité du général commandant la région et par les soins de deux de ses directeurs de service : le directeur de l'intendance et le directeur du service de santé. Les attributions de chacun de ces directeurs sont, par ailleurs, nettement définies par les diverses instructions sur la matière. Mais, il importe pour obtenir le résultat voulu, dans un délai convenable, qu'une collaboration constante et intime existe, à tous les échelons, entre les organes du service de l'intendance et ceux du service de santé chargés des pensions. Le général commandant la région doit prendre toutes mesures utiles pour assurer cette collaboration, donner des directives dans ce sens aux directeurs des services et s'assurer qu'elles sont appliquées comme il convient.

L'organisation du service des pensions dans les régions peut se résumer ainsi :

1° MISSION DU SERVICE DE SANTÉ.

a) Constatation au point de vue médical des droits des postulants à pension (militaires en activité de service, anciens militaires invoquant des infirmités ouvrant droit à pension, orphelins ou ascendants ne réunissant pas les conditions d'âge fixées par la loi, mais atteints d'infirmités ou de maladies incurables).

b) Constitution des dossiers de pension pour infirmité en faveur des militaires en activité de service ou libérés.

2° MISSION DU SERVICE DE L'INTENDANCE.

a) Constatation des droits à pension de veuves ou d'orphelins, ou à allocation d'ascendants.

b) Constitution des dossiers de ces ayants droit.

c) Délivrance de titres d'allocation provisoire d'attente à tous les postulants dont les droits à pension ou à allocation d'ascendant sont reconnus.

d) Liquidation des droits constatés.

e) Remise des titres définitifs de pension et décompte des arrérages dus.

Les sous-intendants militaires ont, en outre, un rôle à remplir en ce qui concerne la constatation des droits des militaires à pension d'invalidité, par leur intervention auprès des commissions de réforme en qualité de commissaire du gouvernement.

Appelés enfin à siéger comme commissaire du gouvernement auprès des tribunaux de pensions prévus par la loi du 31 mars 1919, ils prennent part, en cette qualité, à l'examen des appels des postulants à pension contre les décisions prises à leur égard.

L'instruction ministérielle du 7 juin 1919 règle dans son détail l'organisation et le fonctionnement du service de santé en matière de pension; la présente instruction a pour but de fixer les règles à appliquer pour l'organisation et le fonctionnement du service de l'intendance en cette même matière.

ARTICLE 1er. — *Rôle du directeur de l'intendance.*

Le directeur de l'intendance exerce ses attributions, en matière de pensions militaires, comme pour toutes les autres questions d'administration militaire, sous l'autorité et par délégation du général commandant la région; il dirige, sous sa propre responsabilité, la partie du service des pensions qui incombe au service de l'intendance dans la région.

Il adresse les ordres, instructions et observations nécessaires à toutes autorités appelées à intervenir dans l'exécution de cette partie du service; il met en cause, s'il y a lieu, leur responsabilité, et provoque, le cas échéant, toutes sanctions utiles auprès du général commandant la région.

Il dispose des organes ci-après :

a) Au chef-lieu de la région : *une section régionale des pensions* placée directement sous sa haute autorité et dirigée effectivement par un sous-intendant militaire qui lui est adjoint et qui porte le titre de sous-intendant régional des pensions;

b) Dans chaque département : *une section départementale des pensions* rattachée à une sous-intendance militaire et dirigée par le sous-intendant militaire chef de cette sous-intendance.

Il peut, en outre, suivant les besoins du service, charger les autres sous-intendants militaires sous ses ordres, soit d'assister aux séances des commissions de réforme, soit de délivrer les titres d'allocation provisoire d'attente; il peut aussi proposer la désignation de certains d'entre eux comme commissaires du gouvernement près les tribunaux de pension.

Il lui appartient tout particulièrement de s'assurer, tant par

une surveillance constante que par des inspections inopinées faites par lui ou par son adjoint (le sous-intendant régional des pensions), que, dans les divers organes sous ses ordres, le service
est bien exécuté et le rendement maintenu au maximum, que
chacun de ces organes est doté des locaux, du matériel et du
personnel indispensables, et de prendre ou provoquer toutes mesures utiles pour améliorer l'organisation et le fonctionnement
de ces organes.

Art. 2. — *Rôle du sous-intendant régional des pensions.*

Le sous-intendant régional des pensions a les attributions suivantes :

1° Il est adjoint au directeur de l'intendance et, en cette qualité, assure toutes les missions d'inspection ou de surveillance
qui lui sont confiées par ce haut fonctionnaire;

2° Il dirige la section régionale des pensions chargée de procéder à la liquidation des dossiers de pension constitués par les
centres de réforme (pour les militaires) ou par les sous-intendances départementales (pour les veuves, orphelins ou ascendants);

3° Il est, en principe, appelé à siéger comme commissaire du
gouvernement près de la cour régionale des pensions;

4° Enfin, il peut être désigné par le directeur de l'intendance
pour assister à certaines séances de commissions de réforme;
toutefois, en raison de son service spécial, ces désignations ne
doivent pas être fréquentes; il opère, dans ce cas, comme suppléant du sous-intendant militaire qualifié pour assurer ledit service.

Le sous-intendant régional des pensions correspond, en principe, avec le ministère des pensions par l'intermédiaire du directeur de l'intendance, qui transmet sa correspondance en original
en l'accompagnant de ses observations ou propositions, et, le
cas échéant, des copies des instructions qu'il a cru devoir donner.

Toutefois, les dossiers de pensions, les pièces statistiques et
envois analogues ne comportant qu'un bordereau d'envoi et ne
soulevant pas de questions de principe, sont échangés entre le
ministère des pensions et le sous-intendant régional des pensions
sans passer par l'intermédiaire du directeur de l'intendance.

La correspondance ministérielle ne se rapportant pas aux documents visés ci-dessus est adressée, en principe, au directeur
de l'intendance. Lorsque, exceptionnellement, le sous-intendant
régional des pensions reçoit directement du Ministre une demande de renseignements, il y répond directement; mais, dans ce

cas, une copie de la correspondance ainsi échangée est adressée
par lui au directeur de l'intendance à titre de compte rendu.

Le sous-intendant régional des pensions peut être chargé par
le directeur de l'intendance, et pour tout ou partie du service
des pensions, de signer, par délégation, les correspondances destinées aux organes des pensions stationnés dans la région.

*En aucun cas, le sous-intendant régional des pensions ne peut
être employé, même accidentellement, à un service autre que le
service des pensions.*

ART. 3. — *Rôle du sous-intendant militaire départemental.*

Le rôle du sous-intendant militaire départemental, en matière
de pension, a une importance capitale.

Ses attributions sont multiples :

1° Il intervient, comme commissaire du gouvernement près la
commission de réforme, dans la constatation des droits des militaires à pension d'invalidité;

2° Il se tient en liaison constante avec le centre spécial de
réforme pour la constitution des dossiers de pension des militaires; sans s'immiscer dans l'organisation du service du centre,
il donne les conseils nécessaires pour que ces dossiers soient, au
point de vue administratif, très rapidement en état d'être transmis;

3° Il procède à une première vérification de ces dossiers lorsqu'ils sont au complet et les transmet à la section régionale des
pensions;

4° Il est chargé de la constatation des droits à pension des
veuves ou orphelins et des droits aux allocations d'ascendants;

5° Il constitue et transmet les dossiers de ces ayants droit;

6° Il délivre à tous les postulants (militaires, veuves, orphelins,
ascendants), dont les droits à pension ou à allocation sont reconnus, des titres d'allocation provisoire d'attente;

7° Il procède à la régularisation, à la liquidation et à l'ordonnancement définitif des allocations d'attente perçues;

8° Il remet les titres définitifs de pension et détermine le décompte des arrérages dus;

9° Il est, en principe, appelé à siéger comme commissaire du
gouvernement près du tribunal départemental des pensions.

Pour assurer le service ainsi défini, il dispose d'une section départementale des pensions, et, pour cette partie du service, relève du ministère des pensions.

Il correspond, en principe, avec le ministère des pensions par l'intermédiaire du directeur de l'intendance (service régional des pensions).

Toutefois, les titres définitifs de pension et les imprimés fournis par l'administration centrale des pensions lui sont adressés directement par le ministère des pensions.

Lorsque, exceptionnellement, le sous-intendant militaire départemental reçoit directement du Ministre une demande de renseignements, il répond directement; mais, dans ce cas, une copie de la correspondance ainsi échangée est adressée par lui au directeur de l'intendance (service régional des pensions) à titre de compte rendu.

Art. 4. — *Rôle des sous-intendants militaires autres que les sous-intendants militaires régionaux ou départementaux en matière de pensions.*

Soit pour des raisons d'ordre géographique, soit par suite de l'absence momentanée du sous-intendant régional ou départemental, ou encore pour soulager le service de ces derniers, les sous-intendants militaires autres que les sous-intendants régionaux ou départementaux peuvent être désignés par le directeur de l'intendance, soit à titre permanent, soit à titre provisoire ou accidentel, pour assurer une partie nettement définie (1) du service des pensions incombant normalement aux sous-intendants régionaux ou départementaux.

Dans ces divers cas, les sous-intendants appelés à remplacer les sous-intendants régionaux ou départementaux opèrent pour le compte de ces derniers et cette suppléance permanente ou accidentelle ne modifie en rien l'organisation générale du service des pensions dans les régions telle qu'elle est fixée par les articles précédents.

Exception est faite à cette règle dans le cas où, au chef-lieu de la région, la section régionale et la section départementale de pensions auraient été fusionnées. Cette fusion, qui ne pourra être opérée que par une décision du Ministre des pensions, prise sur la proposition du directeur de l'intendance, aura pour effet de confier au sous-intendant régional la totalité des attributions

---

(1) *Exemples :* Liaison avec un centre spécial de réforme; délivrance des titres d'allocation d'attente; etc., etc.

et des responsabilité du sous-intendant départemental du chef-
lieu de région en matière de pensions.

Pour l'organisation des suppléances, permanentes ou accidentelles, des sous-intendants départementaux en matière de
pensions, le directeur de l'intendance devra s'inspirer, avant toute
autre considération, de la nécessité d'obtenir que le but final
du service des pensions (remise du titre définitif et décompte
des rappels) puisse être atteint rapidement. Toute mesure qui
aurait pour conséquence de ne pas permettre au sous-intendant
départemental d'être à même de pouvoir déterminer prompte-
ment la situation des postulants à pension ou à allocation, ou
qui le déposséderait des éléments d'appréciation nécessaires
à cet effet, devra être rigoureusement écartée.

TITRE II.

Fonctionnement du service des pensions.

§ 1er. — SECTIONS RÉGIONALES DES PENSIONS.

Art. 5. — *Personnel.*

Le personnel des sections régionales se compose :

1° *Du personnel d'encadrement;*

2° *Du personnel d'exécution.*

Le personnel d'encadrement, dont l'effectif est déterminé par
le Ministre des pensions, sur la proposition du directeur de
l'intendance, comprend :

a) Le sous-intendant régional des pensions;

b) Exceptionnellement, et seulement dans les sections particulièrement importantes, un sous-intendant ou adjoint à l'intendance, chargé de seconder le sous-intendant régional;

c) Un officier (1) chef des bureaux;

d) Des officiers ou employés principaux chefs des différents
bureaux de la section.

Les fonctionnaires de l'intendance et officiers de l'armée active sont mis à la disposition du ministère des pensions par le

---

(1) De l'armée active ou de complément, ou exceptionnellement un
officier en retraite.

ministère de la guerre et reçoivent leur affectation définitive du Ministre des pensions; il en est de même pour les fonctionnaires de l'intendance ou officiers d'administration du cadre auxiliaire dans la limite du nombre maximum que le Ministre des pensions est autorisé par la loi à employer. Les fonctionnaires de l'intendance et officiers d'administration, les officiers en retraite, et aussi les employés principaux (ces derniers exclusivement recrutés parmi le personnel civil spécialisé du service des pensions) sont nommés et affectés par le directeur de l'intendance.

Le personnel d'exécution comprend :

a) *Un personnel militaire* de gradés et soldats, pour remplir les emplois de chefs de groupe, de vaguemestre et de planton. Les chiffres de ce personnel sont fixés, sur la proposition du directeur de l'intendance, par le général commandant le C. A. qui désigne le ou les corps de la région chargés de le fournir

b) *Un personnel civil* régi en principe par les mêmes dispositions réglementaires que celles qui régissent le personnel similaire de l'administration de la guerre.

Les chiffres de ce personnel sont fixés, sur la proposition du directeur de l'intendance, par le Ministre des pensions (Direction de la Liquidation). En raison de la nécessité d'avoir un personnel d'élite, une durée de stage de trois mois sera imposée au personnel civil entrant dans les sections régionales pour toutes les catégories, et l'admission définitive sera prononcée par le directeur de l'intendance, sur la proposition du sous-intendant régional. Des avantages pourront être consentis en faveur de ce personnel, pour en assurer le recrutement : les directeurs de l'intendance pourront adresser des propositions au Ministre des pensions dans cet ordre d'idées, lorsqu'ils le jugeront utile.

Ce personnel de direction ou d'exécution de la section régionale des pensions, dont le traitement est supporté par le budget du ministère des pensions, ne pourra, en aucun cas, être employé à un autre service que celui des pensions.

Afin de conserver au service des pensions le personnel civil spécialisé, le Ministre des pensions peut, dans le cas de licenciement, ou en cas de changement de résidence, prononcer des mutations entre les sections régionales et départementales des différentes régions. Toutefois, ces mutations ne pourront être prononcées que sur la demande écrite de l'employé qui sera considéré comme résidant dans la localité de sa nouvelle affectation et n'aura droit à aucun frais de déplacement pour se rendre à sa nouvelle résidence. L'employé qui aura été ainsi l'objet d'une mutation conservera dans son nouvel emploi les avantages de grade et d'échelon de solde dont il jouissait dans le service qu'il a quitté; mais le montant de son traitement sera déterminé par les tarifs en vigueur dans la place de sa nouvelle affectation.

ART. 6. — Locaux.

L'installation matérielle des sections régionales des pensions est assurée par les soins des généraux commandant les régions, d'après les propositions faites par les directeurs de l'intendance.

Les locaux doivent être pourvus du téléphone, avec autant d'appareils que les besoins du service l'exigent.

ART. 7. — Fonctionnement du service.

Les sections régionales des pensions doivent comporter les bureaux suivants :

1° Fichier;

2° Renseignements au public;

3° Liquidation;

4° Garde des dossiers de pensions temporaires;

5° Contentieux.

1° FICHIER.

Le bureau du fichier constitue un organe important de la section régionale des pensions; c'est lui, en effet, qui permet de retrouver instantanément un dossier en cours de liquidation ou de donner les renseignements qui peuvent être nécessaires relativement à une demande déjà transmise.

En raison du très grand nombre de dossiers de pension, l'expérience a démontré qu'aucun autre mode de classement ne doit être substitué au fichier.

En conséquence, dans chaque section régionale, il doit être constitué un fichier comprenant autant de fiches qu'il existe de dossiers liquidés ou en cours de liquidation.

A la réception d'un dossier de pension ou d'allocation d'ascendant, il est établi une fiche spéciale frappée d'un numéro d'ordre et classée dans le fichier dans l'ordre alphabétique. La demande et les pièces qui l'accompagnent sont également frappées du même numéro d'ordre que la fiche et transmises au service de la liquidation.

Toutes les pièces concernant le service des pensions qui entrent à la section régionale doivent être présentées en premier lieu au bureau du fichier, où l'on s'assure, au moyen des fiches, s'il existe déjà un dossier ouvert au nom du postulant. Dans l'affirmative, ces pièces sont frappées du même numéro d'ordre que la fiche qu'elles concernent et transmises au service liquidateur. Dans la négative, une fiche est constituée, un numéro d'ordre lui est attribué, les pièces sont frappées du même numéro et transmises ensuite au service intéressé.

2° SERVICE DES RENSEIGNEMENTS AU PUBLIC.

Ce service est chargé de recevoir le public ou ses demandes écrites de renseignements, et de fournir les renseignements demandés, soit verbalement, soit par écrit.

3° SERVICE DE LIQUIDATION.

Les sections régionales sont chargées de procéder à la liquidation des dossiers de pension de militaires constitués par les centres de réforme, et des dossiers de pension de veuves ou orphelins et d'allocations d'ascendants constitués par les sous-intendances départementales.

Les pièces composant les dossiers de pensions d'invalidité sont réunies par les soins des centres spéciaux de réforme.

Les pièces composant un dossier de pension de veuve ou orphelins ou un dossier d'ascendant sont réunies par le sous-intendant départemental dans les conditions détaillées à l'article 11.

a) Dossiers d'invalidité.

Il y a lieu d'observer tout d'abord que, pour tout militaire ayant formulé une demande de pension et ayant été présenté devant une commission de réforme, un dossier complet doit être constitué par les soins du centre spécial de réforme, alors même que le militaire en question ne serait pas proposé pour une pension (par exemple lorsqu'il a été établi que l'affection invoquée n'était pas imputable au service ou encore lorsque l'invalidité a été évaluée à moins de 10 p. 100).

Dans tous les cas, le dossier constitué doit être transmis à la section régionale des pensions, et il est nécessaire que cette transmission ait lieu par l'intermédiaire du sous-intendant départemental intéressé, en vue d'une première vérification.

Mais, dans le cas où le militaire n'est pas proposé pour une pension, la section régionale n'a pas à établir un projet de liquidation : elle transmet simplement, sous bordereau spécial, le dossier complet à la commission consultative médicale.

De même, quand un ancien militaire, ayant passé devant une commission de réforme soit une visite réglementaire annuelle ou biennale, soit une visite demandée par lui, a été maintenu au bénéfice de sa pension sans modification de taux ni de durée, la section régionale des pensions n'a pas à procéder à une nouvelle liquidation. Elle doit se borner à envoyer le dossier directement à la commission consultative médicale par bordereau spécial portant la mention : « Renouvellement. »

La section régionale des pensions ne doit établir un projet de liquidation qu'à l'égard des militaires :

a) Qui sont proposés pour la première fois pour une pension d'infirmité;

b) Qui, déjà titulaires d'une pension ou d'une gratification, ont subi une nouvelle visite et sont l'objet d'une proposition ayant pour effet de modifier le taux de la première pension.

Dans ce cas, le bordereau d'envoi de dossiers à la commission consultative médicale doit porter dans la colonne « Observations » la mention : « Reproduction. »

Tous les dossiers de pension d'invalidité doivent être soumis, avant liquidation définitive, à la commission consultative médicale.

Afin de hâter la procédure, les sections régionales de province transmettent à la commission consultative médicale les dossiers accompagnés d'une liquidation provisoire. La commission consultative médicale, après avoir examiné les dossiers et formulé son avis, les fait parvenir directement au ministère des pensions (Direction de la Liquidation des Pensions), où il est procédé à une liquidation définitive.

La section régionale du gouvernement militaire de Paris, en raison de sa proximité de la commission consultative médicale, transmet au contraire, avant toute liquidation, les dossiers à l'examen de cette commission, qui les lui renvoie directement. Elle procède alors à l'établissement d'un projet de liquidation définitive qui est transmis au ministère des pensions (Direction de la Liquidation des Pensions).

b) Dossiers de veuves ou orphelins et d'ascendants.

En ce qui concerne les demandes de pensions de veuves et orphelins ou d'allocation d'ascendants, les sections régionales n'établissent de liquidation que si les demandes sont susceptibles d'être accueillies. Dans tous les autres cas, les dossiers sont transmis au Ministre des pensions (Direction de la Liquidation) appuyés d'une proposition de rejet.

Les dossiers de pensions de veuves ou orphelins et d'allocations d'ascendants sont soumis, dans les conditions indiquées ci-dessus, à la commission consultative médicale, dans le cas où il y a doute sur l'origine de l'affection cause du décès ou sur la nature de cette affection en ce qui concerne le taux à appliquer (taux exceptionnel ou taux normal).

c) Dispositions communes à toutes les catégories de dossiers.

Dès qu'un dossier de pension ou d'allocation arrive au service liquidateur de la section régionale, il est procédé au classement des pièces du dossier. Cette opération consiste à placer la demande et les pièces qui l'accompagnent dans une chemise portant le même numéro d'ordre que celui qui figure sur la fiche, la demande et les pièces annexées.

Cette chemise reçoit diverses annotations dont certaines sont variables suivant le cas. La physionomie générale de ces annotations est indiquée ci-après :

Nature de la pension demandée;
Date de réception du dossier;
Centre spécial de réforme ou sous-intendance qui a vérifié ou constitué le dossier;
Nom, prénoms, date et lieu de naissance du militaire;
Grade, dernier corps d'affectation et genre de mort du militaire décédé;
Nom, prénoms, date et lieu de naissance, degré de parenté, domicile du postulant;
Nom, prénoms et domicile du tuteur;
Date de départ, destination, nature et date de retour de la correspondance échangée pour la constitution définitive du dossier;
Date de la transmission du dossier à la commission médicale ou au Ministre.

Les chemises relatent, en somme, l'historique du dossier; elles sont classées par le service liquidateur, *dans l'ordre des numé-ros d'ordre*, dans les casiers *ad hoc*, d'après le classement par priorité prescrit par la circulaire mensuelle du 1er avril 1920.

La chemise du dossier établie, il est procédé immédiatement aux vérifications nécessaires.

A cet effet, une nomenclature des pièces est inscrite au verso de la chemise. L'employé chargé de la vérification examine cha-que pièce et porte sur la nomenclature, en regard de l'indication de la pièce, les observations qu'il relève. Si les observations sont reconnues justifiées par le chef de groupe, la correspondance nécessaire est rédigée sur-le-champ : le numéro d'ordre du dossier doit être inscrit sur les notes expédiées et le destinataire est invité à replacer dans sa réponse ledit numéro. Mention de la nature, de la destination et de la date d'envoi de la correspondance est faite sur la chemise-bordereau.

Pour faciliter cette correspondance et simplifier dans la plus large mesure possible le travail des employés, il doit être fait usage de formules imprimées ou autographiées sur lesquelles l'employé n'à qu'à porter des indications précises.

La correspondance expédiée, le dossier est classé dans le casier qui lui est affecté.

Au fur et à mesure que la correspondance rentre, les réponses et les pièces reçues sont déposées dans les dossiers et la date du retour est notée sur la chemise en regard de la pièce qu'elle concerne.

Dès que toute la correspondance échangée est rentrée, un projet de liquidation est établi et transmis avec le dossier, dans les conditions indiquées ci-dessus.

La chemise, complétée par la date de l'envoi, est classée dans le casier qui lui est affecté.

Il est précisé que la chemise d'un dossier ne doit jamais ressortir des archives du bureau dans lequel elle a été établie : seul le dossier est envoyé.

4° SERVICE DE GARDE DES DOSSIERS DE PENSIONNÉS TEMPORAIRES.

Le sous-intendant régional tient, outre son fichier général, un répertoire sur lequel sont inscrits, par mois de présentation, avec références aux fiches correspondantes, les noms de tous les pensionnés temporaires résidant dans la région.

Lorsqu'un militaire est proposé pour une pension temporaire, le sous-intendant régional conserve dans ses bureaux le dossier de l'intéressé comprenant toutes les pièces qui ne sont pas destinées à être annexées à la proposition de pension et aussi un double des certificats médicaux.

Il appartient au sous-intendant régional, en se référant aux indications de son répertoire et de son fichier, d'adresser d'office, en temps utile, ces dossiers au centre de réforme chargé de faire subir la visite aux intéressés dans les conditions prévues par la circulaire ministérielle du 16 avril 1920.

Le sous-intendant régional doit, avant d'adresser un dossier au centre de réforme, s'assurer de la résidence actuelle du pensionné afin de donner audit dossier sa véritable destination. Dans le cas où l'intéressé aurait changé de région, le sous-intendant régional doit envoyer directement le dossier à son collègue compétent, qui prendra alors toutes mesures nécessaires, après l'inscription du dossier sur son répertoire et à son fichier, pour la transmission au centre de réforme qualifié.

5° SERVICE DU CONTENTIEUX.

Le service du contentieux est chargé de préparer les conclusions du sous-intendant militaire siégeant à la cour régionale des pensions en qualité de commissaire du gouvernement.

§ 2. — SECTIONS DÉPARTEMENTALES DES PENSIONS.

ART. 8. — *Personnel.*

Le personnel des sections départementales des pensions se compose :

1° Du personnel d'encadrement;

2° Du personnel d'exécution.

Le personnel d'encadrement, dont l'effectif est fixé par le Ministre des pensions, sur la proposition du directeur de l'intendance, comprend :

a) Un officier (1), ou, à défaut, un employé principal chef du bureau de la section départementale des pensions, exclusivement chargé de diriger cette section conformément aux ordres et instructions du sous-intendant militaire responsable;

---

(1) En sus de l'officier d'administration chef de bureau de la sous-intendance départementale.

b) Lorsqu'il sera utile, et possible, un officier spécialement chargé d'effectuer la liaison avec le centre de réforme (1);

c) A la tête de chaque service de la section départementale des pensions, un chef de groupe (militaire gradé ou employé civil), très au courant de son service spécial et ayant autorité sur le personnel.

Les officiers de l'armée active (inaptes) appartenant aux armes combattantes sont affectés définitivement à leurs postes par le Ministre, sur la proposition du directeur de l'intendance.

Le personnel d'exécution comprend du personnel militaire et du personnel civil recruté dans les conditions indiquées à l'article 6 de la présente instruction pour le personnel d'exécution des sections régionales des pensions.

Les autres dispositions prévues pour le personnel civil des sections régionales par l'article 6 précité sont entièrement applicables au personnel des sections départementales des pensions. Les mutations de place à place dans la même région sont prononcées à la diligence du directeur de l'intendance de la région.

Art. 9. — Locaux.

L'installation matérielle des sections départementales des pensions est assurée par les soins des généraux commandant les régions, d'après les propositions faites par les directeurs de l'intendance.

Ces sections doivent être pourvues du téléphone avec autant d'appareils que les besoins du service l'exigent.

Art. 10. — Fonctionnement du service.

La section départementale des pensions comprend les services suivants :

1° Un fichier et un service de renseignements au public;

2° Un service de constitution et de vérification des dossiers;

3° Un service de délivrance des titres d'allocations d'attente, de notification et de remise des titres définitifs et de décompte des arrérages;

4° Un service du contentieux.

---

(1) En général cette liaison pourra être assurée par le chef de bureau de la section départementale des pensions; un employé spécialement choisi sera mis à la disposition du chef de bureau à cet effet, et le représentera en permanence à la section des pensions du centre de réforme.

1° Les indications données à l'article 8 (§ 1°), en ce qui concerne le fichier, sont applicables aux sections départementales des pensions.

2° En ce qui concerne spécialement la constitution des dossiers de pension d'invalidité, laquelle est effectuée par le centre spécial de réforme, le sous-intendant militaire ne doit pas s'immiscer dans le fonctionnement du service dudit centre, mais se tient en liaison constante avec ce centre dans les conditions indiquées à l'article 9 de la présente instruction.

Ces dossiers ainsi constitués au centre spécial de réforme sont vérifiés sur place par les soins du sous-intendant départemental, qui les adresse, après mise au point, à la section régionale des pensions.

En ce qui concerne les dossiers de pension de veuves ou orphelins, et les dossiers d'allocation d'ascendant, les pièces à réunir forment quatre groupes :

1° Demande du postulant;
2° Pièces d'état civil ou émanant d'autorités civiles;
3° Pièces militaires;
4° Pièces médicales.

Les pièces des deux premiers groupes doivent être produites par les postulants eux-mêmes, à qui les sous-intendants militaires remettront des nomenclatures détaillées. Toutefois, les rectifications de pièces produites doivent être demandées aux autorités compétentes par les fonctionnaires de l'intendance. Ceux-ci agissent de même et dans la plus large mesure possible, pour obtenir les pièces de l'espèce qui manqueraient dans les dossiers qu'ils reçoivent des intéressés.

Les pièces des deux dernières catégories sont demandées aux services compétents par les fonctionnaires de l'intendance. Les corps de troupe et autorités militaires chargés de fournir ces pièces doivent les envoyer dans le plus bref délai possible.

Au cas où les fonctionnaires de l'intendance n'ont pas reçu les pièces demandées dans le délai de quinze jours, ils rappellent leur demande; si satisfaction n'est pas donnée dans un nouveau délai de huit jours; ils adressent un second rappel qui doit être signé du directeur de l'intendance, par délégation du général commandant la région.

Enfin, si les pièces demandées ne sont pas parvenues dans les huit jours qui suivent ce second rappel, il en est rendu compte au général commandant la région, qui donne les ordres nécessaires pour la production immédiate des renseignements demandés et prononce toutes sanctions utiles.

Les postulants (veuves, orphelins ou ascendants) doivent fournir les certificats émanant des médecins civils ayant soigné leurs ayants cause au cours de leur dernière maladie, lorsque ces pièces sont reconnues indispensables pour l'établissement de leurs droits.

Les dispositions pratiques prévues à l'article 8 (§ C), sous la rubrique « Dispositions communes à toutes les catégories de dossiers », sont applicables dans les sections départementales des pensions.

3° Le 3ᵉ service, qui sera toujours confié à un bureau spécial, a pour attributions :

a) La délivrance des titres d'allocation d'attente, la régularisation, la liquidation et l'ordonnancement définitif des allocations perçues, dans les conditions prévues par les décrets des 1ᵉʳ juin 1919 (modifié le 2 août 1919 et le 5 mars 1920) et 20 octobre 1919;

b) La notification des décisions de concession ou de rejet de pension;

c) La remise des titres définitifs de pension et le décompte des arrérages dus conformément aux prescriptions de l'instruction ministérielle du 24 février 1920;

d) Le mandatement d'avances sur pension d'ancienneté.

Il est observé ici que la délivrance aux intéressés des titres d'allocation provisoire d'attente doit toujours être indiquée sur les chemises des dossiers et sur les bordereaux énumératifs.

Par modification de l'article 13 (§ 4°, 1ᵉʳ alinéa) de l'instruction ministérielle du 24 février 1920, les opérations de liquidation des arrérages dus sur les pensions, prescrites par cette instruction seront commencées, dans toute la mesure du possible, dès la remise à l'intéressé du titre d'allocation d'attente, par l'envoi immédiat à ce dernier du questionnaire qu'il est tenu de remplir.

A cet effet, il sera constitué un dossier spécial de décompte de rappels pour chaque dossier de pension vérifié ou constitué par la sous-intendance.

Ce dossier de décompte de rappels comprendra :

1° Le talon du titre P;

2° Une feuille de décompte d'arrérages dus et de précompte;

3° Une chemise-bordereau.

Ces dossiers ainsi constitués seront numérotés suivant une série spéciale de numéros comportant l'indice R, indiquant qu'il s'agit d'un dossier de décompte de rappels.

Le numéro spécial sera reproduit sur la fiche figurant au fichier général et concernant le dossier de pension correspondant.

La chemise-bordereau portera mention de la date d'émission du titre P, de la date d'envoi des questionnaires aux intéressés, de la date de retour des questionnaires, de la date d'envoi des demandes de renseignements aux autorités militaires et civiles chargées de donner les renseignements indispensables au précompte des sommes perçues.

Au fur et à mesure du retour des renseignements demandés, ceux-ci sont consignés sur la feuille de décompte, de telle sorte que, dans la plupart des cas, lors de l'arrivée de la notification de concession de pension, qui donne les bases du crédit du compte, le calcul du débit de ce même compte (délégation de solde, solde, allocations militaires, indemnités aux petits retraités, traitement civil, arrérages de la pension antérieurement concédée ou du titre P.. etc...). sera déjà établi : il n'y aura plus, en conséquence, qu'une balance à faire pour établir les droits du pensionné en ce qui concerne le rappel.

La chemise-bordereau mentionnera en outre la date de réception de la notification de pension ou du titre définitif, les dates d'envoi à l'intéressé : 1° de la notification de pension; 2° du titre définitif; 3° de la feuille de décompte; enfin, la date d'envoi au trésorier-payeur de l'avis de délivrance correspondant à cette feuille de décompte.

Cas où la circonscription territoriale du centre spécial de réforme
englobe plus d'un département.

Dans le cas où la circonscription territoriale du centre de réforme englobe plus d'un département, il y aura lieu de se conformer aux règles suivantes :

Pour les postulants à pension résidant dans un autre département que celui de la section départementale des pensions dont relève le centre spécial de réforme, le sous-intendant des pensions, chef de cette section départementale, fait parvenir, au sous-intendant militaire chef de la section départementale du département de la résidence du postulant à pension, le talon du titre d'allocation provisoire d'attente avec une fiche indiquant :

Les nom, prénoms, grade et dernier corps d'affectation de l'intéressé;

Date de la commission de réforme.

Le sous-intendant départemental du département de la résidence du postulant à pension, dès le reçu des pièces ci-dessus, ouvre, comme il est dit au présent article, un dossier de « rappels d'arrérages » et procède aux opérations prescrites pour l'établissement des feuilles de décompte des arrérages.

4° Le service du contentieux est chargé de préparer les conclusions du sous-intendant militaire siégeant au tribunal départemental des pensions en qualité de commissaire du gouvernement.

TITRE III.

Inspection et contrôle.

Art. 11. — *Inspection à l'intérieur des régions. — Comptes rendus.*

Les directeurs de l'intendance sont tenus de procéder, soit par eux-mêmes, soit par les soins du sous-intendant régional des pensions (adjoint au directeur), à des inspections techniques fréquentes, soit périodiques, soit inopinées, des organes de l'intendance de la région chargés du service des pensions; chacune des sous-intendances départementales doit être l'objet d'une inspection détaillée au moins une fois par trimestre. Les inspections techniques n'ont pas seulement pour but de redresser les erreurs commises ou de faire des observations; elles doivent, surtout au début, guider les sous-intendants départementaux dans l'organisation de leurs bureaux et la répartition méthodique du travail, faire profiter les services les moins perfectionnés de l'expérience acquise par le sous-intendant régional, soit dans la direction de la section régionale, soit par l'inspection d'autres sections départementales des pensions mieux dirigées. Ces inspections constituent pour le directeur le meilleur moyen d'augmenter, pour l'ensemble de sa région, le rendement du service des pensions, dont il est responsable vis-à-vis du Ministre pour tout ce qui concerne le service de l'intendance.

Un compte rendu trimestriel des opérations d'inspection faites au cours du trimestre écoulé, indiquant la durée de chacune d'elles et les résultats constatés dans chacun des organes inspectés. sera adressé au Ministre des pensions (Direction de la Liquidation; Cabinet du Directeur) pour le 15 du premier mois de chaque trimestre (1).

En outre, pour permettre à l'administration centrale de suivre d'une façon constante la marche du service des pensions dans les régions, les directeurs de l'intendance feront parvenir sous le timbre de la Direction de la Liquidation (Cabinet du Directeur), à la fin de chaque mois, un état du modèle B ci-joint (2), accompagné d'un rapport succinct sur la marche du service au cours du mois écoulé. A cette occasion, le directeur de l'intendance signalera les questions qu'il désire faire résoudre, dans un questionnaire divisé en autant de feuilles séparées que les questions posées intéressent de bureaux ou services de l'administration centrale.

Dans la première quinzaine de chaque trimestre, à une date qui sera fixée, pour chaque réunion, par le Ministre des pensions (Direction de la Liquidation), les directeurs de l'intendance se feront représenter par le sous-intendant régional des pensions qui leur est adjoint à une conférence qui se tiendra au ministère des pensions.

Art. 12. — Inspection par ordre du Ministre.

Le Ministre des pensions fera procéder fréquemment à des inspections inopinées des divers organes chargés du service des pensions dans les régions. Les généraux commandant les régions et les directeurs de service sont tenus de faciliter, par tous les moyens en leur pouvoir, la mission des fonctionnaires ou officiers désignés par le Ministre pour ces opérations d'inspection.

Maginot.

---

(1) Exceptionnellement, le premier compte rendu de ce genre sera adressé pour le 15 août 1920, au lieu du 15 juillet.

(2) Modèle remplacé par celui prescrit par la dépêche ministérielle n° 2919 S. E. du 15 décembre 1920.

MINISTÈRE
DES PENSIONS.

Modèle B.

^e RÉGION

___

RAPPORT MENSUEL SUR LE FONCTIONNEMENT

DU SERVICE DES PENSIONS.

___

A   , le   192   .

Le Directeur de l'Intendance de la   ^e région,

I. — *Dossier de pension et d'allocation en ins-tance dans les services de la région.*

En instance au commencement du mois

SERVICES.	INVALIDITÉS. Plus d'un mois.	INVALIDITÉS. Moins d'un mois.	VEUVES ET ORPHELINS. Plus d'un mois.	VEUVES ET ORPHELINS. Moins d'un mois.	ASCENDANTS. Plus d'un mois.	ASCENDANTS. Moins d'un mois.	TOTAL. Plus d'un mois.	TOTAL. Moins d'un mois.
Section régionale...........	500	900	200	400	900	300	1.600	1.600
Section départementale de Rouen	200	50	»	»	»	»	»	»
Total général.......								

NOMBRE DE DOSSIERS ENTRÉS AU COURS DU MOIS.

SERVICES.	INVALIDITÉS. Nombre.	INVALIDITÉS. Provenance.	VEUVES ET ORPHELINS. Nombre.	VEUVES ET ORPHELINS. Provenance.	ASCENDANTS. Nombre.	ASCENDANTS. Provenance.	Total.
Section régionale...........	700	S/I Rouen 200 S/I .... 100 S/I .... 200 Minist. 100	300	S/I Rouen. 110 S/I .... 50 Services divers. 100 Minist. 40			
Section départementale de Rouen							
Total général.......							

NOMBRE DE DOSSIERS SORTIS AU COURS DU MOIS.

SERVICES.	INVALIDITÉS. Nombre.	INVALIDITÉS. Destination.	VEUVES ET ORPHELINS. Nombre.	VEUVES ET ORPHELINS. Destination.	ASCENDANTS. Nombre.	ASCENDANTS. Destination.	Total.
Section régionale...........							
Section départementale de Rouen							
Total général.......							

I. — *Dossier de pension et d'allocation en instance dans les services de la région* (suite).

NOMBRE DE DOSSIERS EN INSTANCE A LA FIN DU MOIS.								NOMBRE DE TITRES « P » DÉLIVRÉS.								
INVALIDITÉS.		VEUVES ET ORPHELINS.		ASCENDANTS.		TOTAL.		A LA FIN DU MOIS PRÉCÉDENT.			AU COURS DU MOIS			TOTAL.		
Plus d'un mois.	Moins d'un mois.	Plus d'un mois.	Moins d'un mois.	Plus d'un mois.	Moins d'un mois.	Plus d'un mois.	Moins d'un mois.	I.	V et O.	A.	I.	V et O.	A.	I.	V et O.	A.

II. — *Personnel.*

SERVICES.	BUREAUX ou SECTIONS.	Fonctionnaires et officiers en sous-ordre.	Chefs de bureau civils et employés principaux.	Rédacteurs, rédactrices et comptables.	Dactylographes.	Copistes.	Gradés et soldats.	Manutention-naires.	TOTAL.
SECTION RÉGIONALE.	Cabinet	1	»	2	1	»	»	1	5
	Contentieux	»	1	1	»	»	»	»	2
	Fichier	»	1	»	»	10	1	2	14
	Renseignements	1	»	2	»	»	1	»	4
	Invalidités	1	»	10	2	5	1	»	19
	Veuves-Orphelins	»	1	12	1	8	»	1	23
	Ascendants	»	1	11	»	9	»	1	22
	....								
	....								
	....								
	TOTAL	3	4	38	4	32	3	5	89
Section départementale de Rouen.	Chef de la section	1	»	1	1	»	1	»	4
	Invalidités	»	1	2	»	2	»	1	6
	Veuves-Orphelins	»	1	2	»	4	1	»	8
	Ascendants	»	1	2	»	5	»	1	9
	Rappels	»	1	4	1	5	1	»	12
	Contentieux et ren-seignements	»	1	1	»	2	»	1	5
	....								
	TOTAL	1	5	12	2	18	3	3	44
	Chef de la section								
	....								
	....								
	....								
	....								
	....								
	....								
	....								
	....								
	....								
	....								
	....								
	....								
	....								
	....								
	TOTAL GÉNÉRAL								

*Décret établissant la classification des différents territoires
ouvrant droit au bénéfice des campagnes.*

(Direction de l'Intendance militaire; Service des Pensions.)

Paris, le 22 juin 1922.

DÉCRET.

Le Président de la République française,

Sur le rapport du Ministre de la guerre et des pensions, du
Ministre de la marine, du Ministre des colonies et du Ministre
des finances;

Vu les lois des 11 et 18 avril 1831, sur les pensions militaires
des armées de terre et de mer;

Vu les articles 9 et 11 de la loi du 16 avril 1920, portant modification à la législation des pensions des militaires et marins et
notamment des paragraphes 5 et 6 de l'article 9 ainsi conçu :

« Des règlements d'administration publique établiront la classification des territoires pour l'application de la disposition qui
précède.

« Dans les mêmes territoires, l'état de guerre donnera droit
à une majoration de moitié en sus de la durée effective qui s'ajou-
tera, le cas échéant, aux majorations prévues à l'alinéa précédent »;

Le Conseil d'Etat entendu,

Décrète :

Article 1er. Sera compté pour la moitié en sus de sa durée effective, le service qui aura été fait en temps de paix sur les territoires ci-après :

a) En Europe (sauf en Luxembourg);

b) Colonies et protectorats : territoires civils de l'Afrique du
Nord (Algérie, Tunisie, Maroc), colonies des Antilles et du Pa-
cifique, Saint-Pierre et Miquelon;

c) Autres pays hors d'Europe : ports d'Asie Mineure et de
Syrie, Egypte, Japon, Amérique (Guyane exceptée), Océanie.

Article 2. Sera compté pour la totalité en sus de sa durée effective, le service qui aura été fait en temps de paix hors d'Europe dans tous les territoires autres que ceux qui sont énumérés
à l'article 1er ci-dessus.

Article 3. La situation prévue par l'avant-dernier alinéa de l'article 9 de la loi du 16 avril 1920 comme ouvrant le droit à une majoration de moitié en sus de la durée effective s'entend d'un état, soit nécessitant des opérations effectives de guerre, soit imposant, en raison de l'insuffisance de la pacification ou en raison de troubles graves, le maintien des troupes ou des forces navales ou de police en état continuel d'alerte sans que cependant il y ait d'opérations militaires organisées.

Le commencement et la cessation de cet « état de guerre » sont fixés par décret rendu sur la proposition du ou des Ministres intéressés et du Ministre des finances (1).

Article 4. Le bénéfice des campagnes qui aurait été accordé par des décrets ou décisions soit déclarant l'état de guerre, soit ouvrant le droit à la campagne simple ou double en vertu des dispositions législatives abrogées par la loi susvisée du 16 avril 1920 est supprimé à compter de la date du présent règlement d'administration publique.

Décret accordant le bénéfice de la double campagne
aux militaires indigènes des troupes coloniales.

Paris, le 10 juillet 1922.

DÉCRET.

Le Président de la République française,

Sur le rapport des Ministres de la guerre et des pensions, des colonies et des finances,

Vu l'article 10 de la loi du 16 avril 1920 portant modification à la législation des pensions;

Vu les décrets des 25 septembre 1905 et 30 août 1917, portant règlement, en exécution de l'article 20 de la loi du 7 juillet 1900, sur les pensions militaires indigènes des troupes coloniales,

Décrète :

Article 1er. Sont rendues applicables aux militaires indigènes des troupes coloniales les dispositions ci-après de l'article 10 de la loi du 16 avril 1920 :

---

(1) Décret du 6 février 1924. — ART. 1er. — Le commencement de la situation prévue par l'art. 3 est fixé, pour tout le territoire de la Ruhr, y compris la tête de pont de Dusseldorf-Duisbourg, au 11 janvier 1923. — ART. 2. — A partir de cette date, le service fait dans ce territoire est compté pour la totalité en sus de sa durée effective.

« Sont admis à compter pour le double, en sus de la durée effective, le temps de service qu'ils auront accompli dans les positions indiquées ci-après entre le 2 août 1914 et la date qui sera fixée ou à fixer pour la cessation des hostilités :

« 1° Les militaires appartenant aux forces organisées, placées sous les ordres du général commandant en chef des armées françaises et ayant servi dans la zone des armées;

2° Les militaires appartenant aux forces organisées par le Ministre de la guerre sur d'autres théâtres d'opérations.

« Au cours de la période envisagée ci-dessus, le bénéfice de la double campagne ne prendra fin pour tout blessé de guerre qu'à l'expiration d'une année complète à partir du jour où il a reçu sa blessure. »

Extrait de la loi du 30 juin 1923 portant fixation du budget général de l'exercice 1923.

. . . .

Article 116. Par dérogation aux dispositions de l'article 10 de la loi du 11 avril 1831 sur les pensions de l'armée de terre en 1923 :

a) Les officiers supérieurs, les généraux et les fonctionnaires militaires assimilés qui, au cours des hostilités, avant le 11 novembre 1918, auraient, en vertu d'une lettre de service, exercé, pendant six mois au moins, dans les grades de lieutenant-colonel, de colonel, de général de brigade, ou dans les grades correspondants, un emploi du grade immédiatement supérieur, pourront être promus à ce grade en vue de leur admission immédiate à la retraite ou dans le cadre de réserve.

Toutefois, pourront bénéficier des mêmes mesures et sans limitation du temps d'exercice de l'emploi, les officiers qui, placés entre le 11 mai 1918 et le 11 novembre 1918, dans les conditions de grade et d'emploi précisées ci-dessus, auront été cités au moins une fois à l'ordre de l'armée à la tête de l'unté qu'ils commandaient par intérim, ou blessés dans l'exercice de leur commandement.

Ils bénéficieront des taux de pensions de retraite afférents à leur nouveau grade.

. . . .

b) Le bénéfice du taux de retraite visé ci-dessus est étendu aux officiers qui, se trouvant dans les mêmes conditions et déjà promus au grade supérieur depuis moins de deux ans, demanderaient à faire valoir leurs droits à la retraite ou à être admis au cadre de réserve.

. . . .

c) Les officiers supérieurs, les généraux et les fonctionnaires assimilés qui ont été placés dans le cadre de réserve ou admis à la retraite depuis le 11 novembre 1918, mais qui, antérieurement à cette date, avaient rempli les conditions de commandement fixées par le paragraphe *a*) ci-dessus, pourront être nommés au grade supérieur; ceux d'entre eux qui auront ainsi été promus officiers généraux ou assimilés passeront au cadre de réserve dès promulgation de la présente loi; ils recevront une solde de réserve égale à leur pension actuelle de retraite, à partir du 1ᵉʳ janvier 1924. La retraite ou la solde de réserve des autres officiers généraux ou supérieurs et assimilés visés dans le présent paragraphe ne sera pas modifiée.

d) Les officiers et fonctionnaires militaires pourvus, en qualité d'officiers de réserve, d'un grade d'officier général ou d'un grade correspondant, sont placés, du jour de leur promotion au grade d'officier général ou grade correspondant, dans le cadre de réserve de l'état-major général ou de leur corps spécial, d'après les principes de l'article 37 de la loi du 13 mars 1875. Ceux d'entre eux qui sont titulaires d'une pension de retraite recevront, à partir du 1ᵉʳ janvier 1924, une solde de réserve dont le taux sera égal à celui de leur pension.

Article 117. L'article 16 de la loi du 25 mars 1920 (1) est complété ainsi qu'il suit :

« La deuxième option ainsi formulée portera effet à partir du 1ᵉʳ janvier 1920. »

Le texte du 1ᵉʳ alinéa de l'article 59 de la loi du 31 mars 1919 est modifié ainsi qu'il suit :

---

(1) Loi sans objet. Loi du 14 avril 1924 et règlement du 5 septembre 1924.

« Les officiers de carrière et les militaires ou marins rengagés, qui n'ont pas accompli un nombre suffisant d'années de service pour avoir déjà droit soit à la pension proportionnelle, soit à la pension d'ancienneté, et qui ont été réformés pour infirmités attribuables au service, comportant l'octroi du bénéfice des campagnes de guerre, pourront opter pour une pension composée, pour chacune de leurs années de service, d'autant de fractions (1/30e ou 1/25e suivant leur arme et leur grade) du minimum de la pension d'ancienneté de leur grade, et augmentée, pour les campagnes dont ils bénéficient, du total de leurs annuités d'accroissement. »

Feuille de renseignements, au sujet de la mise en application de l'Instruction du 15 octobre 1924, relative à la liquidation des pensions militaires.

Paris, le 17 avril 1925.

DEMANDES.

1° Quel est le Ministre visé aux articles 1, 3, 4, 7, 8 et 24 ?

2° Quelles sont les pièces à adresser au Ministre de la guerre avec les demandes de mise à la retraite ou les propositions d'office de mise à la retraite ?

3° Comment faut-il entendre l'expression : « Demande de liquidation de pension » employée au paragraphe 1er de l'article 25 ?

4° Comment devra être composé le dossier de pension d'invalidité visé à l'article 27 lorsque le militaire demandera sa mise à la retraite ?

RÉPONSES.

1° Aux articles 1, 3 et 4, il s'agit du Ministre de la guerre. Au contraire, les articles 7, 8 et 24 visent le Ministre des pensions.

2° Aux demandes de mise à la retraite faites par les intéressés, il y a lieu de joindre toutes les pièces qui permettent au Ministre de la guerre de prendre une décision en toute connaissance de cause. En particulier, il y aura lieu d'annexer dans tous les cas un état général des services et campagnes arrêté au jour de la demande ou de la proposition. S'il s'agit d'une mise à la retraite pour invalidité — sur demande ou d'office — il est nécessaire de transmettre le dossier médical, et, en outre, en cas de proposition d'office concernant un officier ou sous-officier de carrière, le procès-verbal de la séance tenue par la Commission spéciale de la région et le rapport du chef de corps.

3° Cette expression signifie demande de mise à la retraite ou demande de liquidation de pension suivant qu'il s'agit d'une mise à la retraite sur demande de l'intéressé ou d'une mise à la retraite d'office.

4° La demande de liquidation de pension prévue par la réglementation en la matière doit être remplacée par une demande de mise à la retraite avec pension (modèle 4 annexé à l'instruction du 15 octobre 1924).

Circulaire portant envoi d'un modificatif à l'article 9 de l'ins-
truction du 29 juin 1924 (Mémorial, page 432), relative aux
avances sur pensions fondées sur la durée des services.

(Ministère des Pensions, des Primes et des Allocations de guerre;
Direction de la Liquidation des Pensions; Section administrative.)

N° 0151/Ad.   Paris, le 1ᵉʳ mai 1925.

Je vous adresse ci-joint une copie de la lettre n° 4747 du 28
février 1925 de M. le Ministre des finances dont les dispositions
annulent les prescriptions de la lettre n° 27776 du 26 novembre
1924 notifiées le 11 décembre 1924 sous n° 055 S. E./4.

Comme conséquence de cette décision l'article 9 de l'instruction du 29 juin 1924 pour l'application du décret de même date
est abrogé et remplacé par le modificatif annexé à la présente
circulaire.

Je vous prie d'adresser toutes instructions nécessaires aux
sous-intendants militaires chefs des sections départementales des
pensions pour l'exécution des nouvelles dispositions envisagées.
Les trésoriers-payeurs généraux ayant appliqué ces dispositions
dès réception d'une circulaire du ministère des finances en date
du 16 mars 1925 ont annulé les ordres de reversement déjà émis
et doivent adresser aux ordonnateurs au lieu et place d'un récépissé, le certificat relatif au précompte, ainsi qu'un avis d'annulation de l'ordre de reversement.

Il est rappelé, toutefois, que les prescriptions spéciales de
l'article 11 (paragraphe B) de l'instruction du 29 juin 1924 relatives au remboursement des avances sur pensions mixtes ne sont
nullement modifiées, les avances consenties sur la pension rému-
nérant les services étant portées au débit de la feuille de décompte des pensionnés.

Nota. — L'avant-dernier alinéa de l'article 43 de l'instruction du 15 octobre 1924 devra être modifié comme suit, compte tenu des changements
apportés à la réglementation des avances par le modificatif ci-joint :

(Ces modifications sont portées page 297.)

MINISTÈRE
DES FINANCES.

DIRECTION
de la
COMPTABILITÉ PUBLIQUE.

N° 4747.
T. P. G.

*Remboursement
d'avances sur pension*

Paris, le 25 février 1925.

Le Ministre des Finances
à Monsieur le Ministre des Pensions
(5° Direction - Personnel et Comptabilité).

Par lettre n° 27776 T. P. G. du 26 novembre dernier, je vous ai indiqué l'imputation à donner aux recettes provenant des remboursements d'avances sur pension consenties aux personnels civils et militaires en instance de pension.

La procédure envisagée dans cette communication n'a pu jusqu'à présent, entrer en application, sa mise en vigueur étant subordonnée au vote du budget de l'exercice 1925.

Or, à la suite des débats parlementaires auxquels a donné lieu la discussion du budget, la suppression de la ligne de recettes intitulée « Remboursement des avances consenties aux personnels civils et militaires en instance de pension » a été décidée. Le montant des sommes payées sous forme d'avances sera précompté sur les arrérages de la pension, au moment où celle-ci sera mise en payement, et la dépense imputée au chapitre des pensions ne sera constatée que pour le net. Cette méthode a pour objet de faire disparaître du budget une recette d'ordre et une dépense équivalente au chapitre des pensions, qui accroissaient inutilement le volume des masses budgétaires. Elle entraîne la suppression de l'ordre de reversement établi au titre du compte de recettes budgétaires, dont toutes les indications, à l'exception de celles relatives à la désignation dudit compte, devront désormais figurer sur le certificat relatif aux avances.

Je vous prie, en conséquence, de bien vouloir considérer comme nulles et non avenues, les indications de ma lettre susvisée et d'aviser les services intéressés de votre administration des nouvelles dispositions adoptées en la matière.

Des instructions sont données par mes soins aux trésoriers payeurs généraux, pour que le comptable assignataire de la pension adresse à l'administration d'origine du pensionné un certificat faisant connaître que le montant des avances a été récupéré sur le rappel d'arrérages de la pension.

Modificatif à l'instruction du 29 juin 1924.

L'article 9 de l'instruction du 29 juin 1924 est remplacé comme suit :

(Ce texte nouveau est porté à la page 175.)

TABLES

TABLE MÉTHODIQUE DES MATIÈRES

TABLE CHRONOLOGIQUE

TABLE ALPHABÉTIQUE

A

B

C

O

P